방송 현장 35년 리뷰
그때 그 이슈

방송 현장 35년 리뷰

그때 그 이슈

초판 1쇄 발행 2024년 12월 20일

지은이 김흥식
펴낸이 장길수
펴낸곳 지식과감성#
출판등록 제2012-000081호

디자인 정윤솔
편집 정윤솔
검수 주경민, 이현
마케팅 김윤길, 정은혜

주소 서울시 금천구 벚꽃로298 대륭포스트타워6차 1212호
전화 070-4651-3730~4
팩스 070-4325-7006
이메일 ksbookup@naver.com
홈페이지 www.knsbookup.com

ISBN 979-11-392-2310-1(03070)
값 16,700원

- 이 책의 판권은 지은이에게 있습니다.
- 이 책 내용의 전부 또는 일부를 재사용하려면 반드시 지은이의 서면 동의를 받아야 합니다.
- 잘못된 책은 구입하신 곳에서 바꾸어 드립니다.

지식과감성#
홈페이지 바로가기

방송 현장 35년 리뷰

그때 그 이슈

김홍식 지음

책머리에

자기가 하고 싶은 일, 취미를 평생 직업으로 삼았다면 그는 행복하다고 말할 수 있을 것이다. 그토록 선망하던 방송 분야에서 지금껏 활동해 온 필자도 그중 한 사람이 될 것이다.

베이비부머 맏이 세대인 필자는 어린 시절 충북 청주의 농촌 오지마을에서 (라디오 공동수신) 방송을 들으며 방송인의 꿈을 키웠다. 중고교, 대학, 군대 생활을 통틀어 '방송' 단어를 잊지 않고 살았다. 마이크만 생각하면 가슴이 뛰었다. 그리고 그 꿈은 KBS 공채 합격으로 실현되었다. 10-20대의 꿈이 이뤄진 것이다. 첫사랑 상대와 드디어 결혼에 골인한 셈이다.

방송 활동도 다양했다. 앵커, 취재기자, 시사토론 MC 같은 현업은 물론 취재와 편집데스크, 보도국장, 홍보실장, 콘텐츠 마케팅 분야 본부장 등 관련 분야를 두루 섭렵했다. 나를 지켜봐 온 방송사 후배가 퇴직한 나를 보고 말한다.

"선배님은 여한이 없겠어요, 그토록 하고 싶어 하던 방송을 원 없이 했으니…."

　방송의 힘은 크고 영향력은 막강했다. 그러나 무한대로 뻗어 나가는 전파의 영향력 못지않게 저널리스트로서의 책임감도 막중했다. 방송의 순기능을 살려 공익 활동을 적극 펼쳤다. 국민을 하나로 모은 감동의 현장도 방송의 힘이었다.

　방송 매체에 번뜩이는 아이디어, 기획을 실어 범국민적 캠페인을 이끌어 낸 것을 잊을 수 없다. 가뭄지역 양수기 보내기 캠페인 제안으로 144억 성금 모금의 단초를 만들어 재난을 극복한 사례가 먼저 떠오른다. '내 고향 쌀 팔아주기', '사랑의 김장 담가주기', 'KBS 헌혈 캠페인' 제안, 'TV 활용교육(TIE)', '청소년 효문화 대상'을 창안한 것도 방송이라는 매체가 있었기에 가능했다.

　방송과의 인연은 현업에 그치지 않았다. 퇴직 이후 고맙게도 방송과 홍보 분야의 재능 기부 기회가 이어졌다. 정부업무평가위원 시절 문체부의 문화콘텐츠 분야에 대한 정책 평가와 자문을 맡기도 했다. 이어 정책방송인 KTV 심의 담당 위원 시절 방송 분야 평가와 제안을 통해 역량을 발휘한 것도 결국 '방송' 영역이었다. 또한 대학에서 5년간 방송과 홍보 분야 강의를 하며 후학들에게 방송의 영향력과 매력을 알린 점도 보람이었다. 방송은 참으로 나의 재능을 살리고 꿈을 이루게 하고 지역 사회, 국가를 위해 봉사할 기회를 준 고마운 존재였다.

되돌아보면 내 삶의 터전과 생활은 온통 방송이었다. 공영방송 KBS 방송 현장 35년, 퇴직 후 방송 홍보 분야 관련 업무 10년까지 합치면 방송과 함께한 기간이 거의 45년에 이른다.

그러나 시니어에 접어드니 허탈한 느낌이 없지 않았다. 방송을 흔히 'ON AIR'로 표현하듯 방송 현장에서 그토록 많은 말들을 공중에 쏘아 올렸으나 이를 모아 정리한 내용물이 없다는 점에 아쉬움이 컸다. 살아온 날들, 방송에서 오간 말과 생생한 기억들을 체계적으로 정리해 보고 싶은 욕구가 생겼다. 다행히 1980-90년대 주요 리포트, 앵커 멘트, 클로징 멘트 원고뭉치가 보존돼 있었다. 그냥 한 번 보고 버리기에는 아까운 신문기사, 칼럼, 유명인사 어록 자료를 스크랩한 노트 30권도 남아 있었다. 이를 정리한 것이 바로 이 책이다. 1980-90년대 체험한 방송 역사와 뒷얘기가 담겨 있다.

책을 쓰다 보니 다큐와 경험담이 혼재된 '버라이어티' 구성이 되고 말았다. 앞부분은 취재기자와 앵커 시절 체험을 통한 저널리스트 전문 분야를 다루고 이어 방송을 통한 캠페인, 스피치, 홍보 경험과 전략을 다뤘다.

결국 책의 줄거리는 앵커, 취재기자, 홍보맨 스토리로 귀결된다. 그것이 지금까지 살아온 나의 삶의 궤적이자 방송인으로서의 인생 결산이다.

내가 그토록 하고 싶어 하던 방송을 평생 직업으로 삼아 꿈을 이루고 방송을 통해 공익을 위한 봉사활동을 펼친 점에 보람을 느낀다.

"해냈다는 만족감보다는 어딘가 미흡하다는 자괴심이 앞설 뿐입니다." 학위 논문 후기이다. 이 책을 내고 보니 똑같은 심정이다. 그러나 버킷 리스트의 하나를 마무리했다는 후련함은 크다.

나의 방송 인생을 함께 달려온 동료와 선배 후배님들, 알게 모르게 힘과 용기를 주신 모든 분들에게 머리 숙여 감사드린다. 묵묵히 지켜봐 준 가족에게도 무한한 사랑을 보낸다.

이제 또 다른 세계를 향해 가슴을 활짝 펴고 힘껏 나아갈 것이다.

2024년 10월 가을날에

김홍식

목차

책머리에 4

1편 "역사의 증언" 촌철살인 클로징 멘트

1. 날카롭고 위트 넘치는 멘트를 찾아라   18

2. '30초 승부', '그때 그 뉴스' 클로징 멘트   20
■ 조계사 앞을 밝힌 성탄 트리? 20 | 몸싸움과 비명, 여의도 1번지의 민낯 21 | 스폰서 검사 잡음, 대검 청렴도 '꼴찌' 21 | 검찰의 파사현정은 말뿐인가? 22 | "장군들 승용차의 별판을 떼어내라!" 23 | 간 큰 카지노 공무원, 도박 자금 출처는? 23 | "전관예우 뿌리 뽑겠다"…고위 법관 출신은 줄줄이 로펌행 23 | "시간이 얼마 남지 않았습니다!" 국민과 가슴 졸였던 천안함 장병 구조 순간 24 | 안보에 구멍, 김정일 사망 까맣게 몰랐다니… 25 | 7mm 너트, 사소한 부주의가 대형사고 부른다 25 | 축제의 밤…흑인 재선 대통령의 탄생 26

3. 클로징 멘트로 본 '살아 있는 역사의 기록'   26
■ 장관 딸, 군수 딸, 시장 조카 줄줄이 특혜 의혹 27 | 서민은 추석 부담, 국회엔 선물 넘친다 27 | 부장판사가 던진 막말 파문 27 | 맥없이 뚫린 철책선, 무너진 중앙청사 3중 첨단 보안 시설 28 | 원전에 엉터리 부품 공급이라니…최악의 전력난 '발 동동' 28 | 나로호 발사 차질, 알고 보니 '불편한 진실' 28 | 대학생 덮친 산사태, 인재인가 천재인가? 29 | 강남역 침수 벌써 다섯 번째, 반복되는 물난리 해법 없나 30 | 나사 풀린 공직 기강…'2박 3일' 목금연찬회까지 31 | 대법관의 귀거래사 "고향집에서 텃밭 가꾸겠다" 31 | "수험생 학부모가 수능 시험 문제를 냈다?" 31 | 공공기관 혈세 '펑펑', 홍보대사 모델료 60억 32 | 거세개탁(擧世皆濁), 연말 혼탁한 사회에 보낸 죽비 32

2편 앵커 멘트로 본 '그때 그 이슈'

■ 늘어나는 가계빚 이슈 35 | 말로만 약자 보호, '그들만의 잔치' 40 | 난투극, 난장판 국회, 낮잠 자는 법안 48 | 낙하산, 알박기…말뿐인 공직자 인사 공정 52 | 군의 초기 대응 도마, 국방장관의 지시 1호는? 54 | 저출생 1위, '고아 수출국' 오명까지… 55 | 어린이끼리 성폭력…충격의 발단은 인터넷 음란물 57 | 의사 vs 약사 줄다리기, 누구를 위한 싸움인가 60 | 사립대 의대 등록금보다 비싼 유치원 학비 61 | "이래서 경기 보겠나?"…프로축구 승부 조작 62 | 외국인 130만 시대…다문화 가정도 이제 '한 가족' 63 | "조상님, 뵐 면목이 없습니다" 아직도 환수 못 한 문화재 64 | 양잿물로 학교 급식용 식판을 세척? 65 | 타자니 불안하고 안 타자니 불편하고… 66 | 금연자보다 흡연자가 더 독하다? 67 | 음주 잦은 송년 모임…간도 쉬고 싶다 68

3편 핵심 찌른 사이다 논평

■ "장보기가 무섭다" 경제 분야 멘트 71 | '끝없는 이슈' 사회 분야 멘트 76 | 검찰, 어디로 가고 있나? 92 | '격동의 세월' 정치 분야 멘트 94 | 세계를 휩쓰는 한류, 문화 분야 멘트 107 | '오 필승 코리아!' 국민감동 스포츠 분야 멘트 110 | 따뜻한 감동, 훈훈한 미담 멘트 117 | 칭찬합시다, 긍정의 메시지 담은 멘트 121 | 종방 멘트, 책갈피 속에 묻어둔 '클로징 멘트' 124

4편 뉴스의 완성도, 앵커에 달렸다

1장 앵커는 뉴스의 꽃인가? 132

2장 그 시대 전설로 남은 국내외 유명 앵커 141
1. 미국 TV뉴스의 유명 앵커 141
2. 한국의 앵커시대 143
3. 명암 엇갈린 앵커의 정계 진출 150

3장 앵커가 방송을 잘하기 위한 선결 과제 151
1. 방송 문장이 먼저 달라져야 한다 152
2. 앵커의 진행 방식도 바뀌어야 한다 173
3. 앵커 멘트의 재구성, 이렇게 달라진다 188
 (1) 최종주자 앵커를 거친 대담 내용, 멘트의 재탄생 188
 (2) 앵커 멘트의 재구성, 유형별 리모델링 사례 189

■ 이슈 제기형 재구성 189 | 관련 있는 리포트 맥락 잇기 194 | 핵심 찌르는 Q&A 재구성 198 | 디테일 논리 재구성 201 | 앞지르기 앵커 질문 바꾸기 202 | 위트 넘친 앵커 멘트, 분위기 반전 204 | 뉴스의 활력소, 양념성 멘트 205 | 핵심을 요약 정리하는 마무리 멘트 209

5편 위기의 농업, 그 길을 찾다

■ '응답하라' 80년대 아날로그 시절 취재 풍경 214 | "혹시 농대 출신입니까?" 농업전문기자로 215

1장　1980년대 '그때 그 시절' 이색 리포트　　217
■ 농촌에도 삐삐 첫선 217 ㅣ 외양간에도 CCTV 등장 219 ㅣ 음악 들려주니 농작물도 '쑥쑥' 221 ㅣ 농산물에도 판촉 포스터 223 ㅣ 농산도 A/S 시대 224 ㅣ '호박 젤리'를 아십니까? 226 ㅣ 식물 전문병원 인기 228

2장　긴급 출동, 위기의 농업 현장　　230
1. 불량 외국 씨앗이 몰려온다　　230
2. 원앙새마저 마구 수입　　235

3장　관찰취재의 개가, 농가 피해 막았다　　237
1. 병해충 확산 주범은 '트럭 불빛'　　237
2. 3D 현상, 농촌 실태를 이슈로　　239

4장　"물폭탄 피해를 막아라" 긴박했던 철야 재난 방송　　242
1. 허리에 밧줄 감고 급류 속 재난 보도　　242
2. 100년 만의 기습 폭설, 긴급 제설 캠페인　　245

5장　정책으로 이끌어낸 단독 고발 리포트　　246
■ 멀쩡한 3백억 원어치 농기계 부품, 헐값에 고철로 넘긴다 248 ㅣ 농가 사육 꿩을 '보호 조류'에서 '가축'으로 253 ㅣ 승객만 '봉'인가, 거스름돈 안 주는 시내버스 횡포 256

6장　위기 농업에 길은 있다　　260
■ 〈해외 취재〉 '일본 농업의 저력, 고품질로 승부를 건다' 260 ㅣ 〈긴급진단〉 '위기에 처한 농업을 살리자' 기획 시리즈 264

7장 첨단 영농, 농업의 미래 어디까지? 265
- 고령화, 인력난은 인공지능이 해결사 266 | 식량난 솔루션, '애그테크' 등장 267 | 농업혁명 새바람, 'K-스마트팜' 268

8장 현장 르포… 병 드는 농촌 환경 269
- 산허리 잘려나간 국립공원 속리산 269 | 땅속에 몰래 묻은 불법 공장 폐기물 272

9장 '큰절 장관 낙마'… 잊지 못할 취재 낙수 274
- 장관이 넙죽 사과의 큰절? 274 | "언론, 너희 때문에 낙선했다" 275 | "청와대입니다" 276

6편 대통령과의 만남, 특별 대담

1. 김대중 대통령과의 만남, '소류지 준설' 즉석 제안　278
2. 노무현 대통령과 특별 회견, "대통령 말 믿으라 하이소!"　280

7편 국민을 하나로, 감동의 캠페인 방송

1장 농촌사랑 불씨가 144억 기적의 성금으로　290
1. "농촌을 살립시다" 잇단 캠페인 전개　290
2. 가뭄을 극복한 〈양수기 보내기〉 캠페인　291
3. "풍작 되니 쌀값 걱정"…〈내고향 쌀 팔아주기〉 캠페인　296
4. '버려지는 김장채소'…〈사랑의 김장 담가주기〉 캠페인　299
5. 기승전 '농촌사랑'…방송인의 보람　301

2장 아이디어 '밀알', 국민감동 캠페인으로 302
1. 사랑의 헌혈 캠페인 302
2. 청소년 대상 TV활용교육(TIE), 효문화 캠페인 전개 306
3. KBS 최초 과학 대하드라마 〈장영실〉 제작 제안 312

3장 언론이 반대하면 정책 무산? '언론의 영향력' 검증 314
- 핫이슈 정책사례, 주요 언론기사 분석 315

8편 말의 힘, 긍정의 메시지

1장 말한 대로, 믿는 대로 이뤄진다 322
■ '꿈은 이뤄진다' 월드컵 4강 진출 322 | '꿈을 이룬' 오바마, 만델라 흑인 대통령 323 | '소년의 꿈' 기록이 '대통령'으로 323 | 노벨상 꿈이 현실로, 수상자석 예약 60년 후 수상 324 | 출연료 1,000만 달러 꿈을 이룬 배우 지망생 짐 캐리 325 | "병과 치료는 마음먹기에 달렸다" 326 | 가수 운명, 노랫말처럼 된다 326

2장 '말이 씨가 된다' 긍정의 말로 바꿔라 327

3장 말하기, 스피치도 기술이다 329

4장 감동과 울림을 주는 특별한 메시지 사례 342
■ 오바마 '51초의 침묵' 342 | '대야를 걷어찬' 부처님의 아들 교육 344 | 아들에게 넙죽 큰절, 명재상 황희 347 | 66세 영조를 감탄케 한 15세 정순왕후 347 | "아직 12척의 배가 남아 있습니다" 349 | '당당히 죽으라' 국민을 울린 안중근 어머니 351 | "경기감사 한 것보다 기쁘다" 김구 어머니의 옥바라지 353 | 가난한 나라 대통령의 눈물, 독일 총리의 결정적 조언 354 | '4전 5기' 신화 홍수환 챔피언 356 | 장애인올림픽도 금메달, 마라톤 전설 아베

베 358 | 가뭄에 양수기 끌어안고 울어버린 육영수 여사 359 | "기자에게 무례한 질문이란 없다" 360 | '사랑의 원자탄' 손양원 목사 361 | "실수 많이 했죠" 국민가수 이미자의 솔직함 362 | 한눈에 남진·나훈아 발굴한 기획사 대표 364 | BTS도 무명 시절이 있었다 364 | 가왕 조용필의 〈비련〉이 남긴 기적 366 | 저금통장 통째로 넘겨준 탤런트 김혜자 367 | 국보급 아나운서 이광재, 임택근 368 | 사형 직전 김구 살린 전화 한 통 371 | 젊음 되살리는 '시곗바늘 거꾸로 돌리기' 372 | 간호사를 울린 '편지로 한 임종' 374

9편 홍보는 전략이다

1장 명암 엇갈린 홍보의 세계　　　　　　　　　　　　378
■ "청와대에서 가장 힘센 수석" 378 | CEO 되려면 홍보 코스는 필수 379 | "홍보는 한여름 돼지고기" 380 | 홍보실장 떠나자 "지옥 탈출" 환호 381

2장 되돌아본 홍보 6년, '그때 그 홍보'　　　　　　　　382

3장 국민과 함께한 감동 그 현장　　　　　　　　　　　390
1. 감동의 인간드라마 〈이산가족 찾기〉 생방송　　　　　390
2. 외환위기 극복의 불씨 '금 모으기 운동'　　　　　　　392
3. 세계에 한국 알린 88 서울올림픽, 2002 월드컵　　　　394
4. 한류 이끈 〈겨울연가〉, 명품 KBS 콘텐츠　　　　　　395
5. 시청자가 뽑은 KBS TOP 10 프로그램　　　　　　　399

4장 네거티브 보도 대응 홍보 전략　　　　　　　　　　400
1. 진영논리로 엇갈린 공영방송 관련 보도　　　　　　　400
2. 팩트 체크 후, 문서로 차분하게 대응하라　　　　　　401
3. 긴급 해명자료 릴리스, 기자회견으로 확산 차단　　　403

4. 네거티브 보도, 전략적으로 대응하라 403
5. '사실 왜곡' 기고문에는 반박문으로 대응 404

5장 위기대응 홍보, 어떻게 할 것인가? 435
1. 위기 대응 홍보, 베스트와 워스트 사례? 405
2. 위기 최소화 솔루션 있다 406
3. 발상의 전환, 위기를 기회로 407

6장 효율적인 홍보를 위한 전략 410

에필로그 415

- 1편 -

"역사의 증언"
촌철살인 클로징 멘트

1. 날카롭고 위트 넘치는 멘트를 찾아라

뉴스의 꽃은 앵커이고 앵커의 멋은 클로징 멘트에 있다. 하루 종합뉴스를 방송한 뒤 마무리 부분에 시선이 쏠린다. 이때 그날 뉴스의 핵심 포인트를 잡아 한마디로 정리하는 클로징 멘트가 결정적이다. 때로는 톡 쏘는 신랄한 비판에, 때로는 시원한 사이다 발언에, 또는 위트 넘친 풍자에 시청자들의 반응이 커진다. 촌철살인의 클로징 멘트가 그날 키워드로 남는다.

▷ 피 말리는 작업 끝에 나오는 클로징 멘트

앵커들은 그날 클로징 멘트 작성에 고민한다. 무엇을 어떻게 말할 것인가. 소재와 메시지 선택에 고심한다. 어느 날은 번뜩이는 아이디어로 쉽게 정해지지만 두 시간 넘게 생각을 거듭하기도 한다. 초읽기에 몰린 방송 직전까지 피를 말리는 작업이다.

클로징 멘트는 간결하고 함축적이어야 한다. 날카로움과 적절한 위트에다 위험 수위를 조절해야 한다. 이해가 엇갈리는 이슈에 대해서는 형평성, 객관성도 필수이다.

클로징 멘트의 반응은 크다. 뉴스 시청률에 영향을 주고 앵커의 인기의 척도가 되기도 한다. 클로징 멘트 덕에 성공 가도를 달린 앵커도 있지만 설화로 조기 퇴장하고 가혹한 대가를 치른 앵커도 있었다. 우리나라 방송의 앵커 시대를 연 대표 주자 봉두완 앵커는 튀는 멘트로 이름을 날렸으나 영욕이 엇갈렸다. 대통령의 초대를 받기도 하고 남산 안기부에 불려가 곤욕을 치른 일화를 저서에서 털어놓기도 했다.

▷ TV, 라디오 앵커 시절 클로징 멘트를 정리하다

필자는 청주방송총국 TV 〈9시 뉴스〉, 아침 〈뉴스광장〉 고정 앵커와 시사정보 프로그램 〈지금 충북은〉, 〈주간초점〉 등 MC를 맡으며 20년 넘게 클로징 멘트를 했다.

서울 본사에서는 KBS1 라디오의 대표적인 종합뉴스인 아침 8시 〈뉴스와 화제〉, 오후 2시 〈뉴스중계탑〉을 5년 가까이 방송하며 일상적으로 클로징 멘트를 해 왔다.

당시 KBS의 대표적인 라디오 종합뉴스로는 오전 8시 시보와 함께 35분간 진행된 〈뉴스와 화제〉, 당일 뉴스의 포커스를 현장감 있게 35분간 짚어 보는 오후 2시 〈뉴스중계탑〉이 청취율이 높고 영향력이 있었다.

그날 역사를 정리하는 종합뉴스의 화룡점정은 촌철살인의 클로징 멘트였다.

역사의 긴박했던 순간을 기록한 클로징 멘트, 사이다 맛처럼 톡 쏘는 신랄한 비판, 풍자와 해학이 깃든 위트 있는 클로징 멘트들이 기억에 남는다. 클로징 멘트를 하고 나면 스스로 시원하거나 개운치 않은 뒷맛이 느껴지기도 한다. 시청자들의 전화와 댓글로 반응이 표현되고 조직 내부의 반응도 나온다. 어느 앵커는 장수하지만 단명으로 끝나는 배경도 알고 보면 클로징 멘트였다.

영향력이 큰 방송은 영상물로도 남지만 아직 방송은 인쇄 매체에 비해 기록성은 떨어진다. 방송인들이 아쉬움으로 느끼는 이유이다. 그러나 필자에게는 방송은 ON AIR 공중으로 날려 보냈지만 원고는 남아 있었다. 당시 시간에 쫓기며 치열하게 고민하다 방송된 클로징 멘트를 한번 정리해 보자는 생각이 저술로 이어졌다. 그것이 그 시대 방송 역사의 한 단면을 보여 주는 기록이고 당사자에게는 잊을 수 없는 추억의 장이 될 수 있다는 생각에서였다.

2. '30초 승부', '그때 그 뉴스' 클로징 멘트

▷ 조계사 앞을 밝힌 성탄 트리?

"조계사 일주문 앞에 성탄 트리가 불을 밝혔습니다. 조계사 합창단이 캐럴도 불렀습니다. 조계종 총무원장 자승 스님은 성탄절 축하 메시지를 통해 '예수의 마음, 부처의 지혜로 살아 누구나 예수가 되고 부처가 되자'

고 말했습니다. 곳곳에서 갈등과 불화가 깊어지는 속에 큰 울림을 주고 있습니다."

2010년 12월 21일 〈뉴스와 화제〉 클로징 멘트였다. 사회의 갈등은 물론 종교 사이 화합도 쉽지 않은 세태에서 신선한 멘트로 반향이 컸다. 아직도 기억에 남는 멘트다.

▷ 몸싸움과 비명, 여의도 1번지의 민낯

정치와 권력기관을 질타하는 클로징 멘트도 있었다.
"욕설과 고성, 몸싸움, 유리문이 와장창 깨지며 비명이 터졌습니다. 어젯밤 우리 국회의 모습입니다. '언제까지 국회가 이런 모습 보일지 걱정이다', 바로 본회의장 쟁탈전을 벌이던 한 국회의원의 탄식입니다. 오늘 퇴근길 빙판길이 걱정입니다."(2010. 12. 8. 〈뉴스와 화제〉)

민생은 아랑곳하지 않는 민의의 전당, 폭력 국회의 모습과 당장 민생의 현장, 퇴근길 '빙판길'을 걱정해야 하는 서민의 애환이 대비되는 멘트였다.

▷ 스폰서 검사 잡음, 대검 청렴도 '꼴찌'

비리 검찰을 질타하는 멘트가 청취자들의 호응을 얻었다.

"어느 기관보다 엄정하고 공정해야 할 대검찰청이 청렴도 조사에서 '꼴찌'를 했습니다. 그동안 스폰서 검사 등 여러 차례 잡음이 컸었죠. 또 장관 딸 특채로 여론의 뭇매를 맞은 외교통상부, 각종 인사 비리가 끊이지 않은 서울시 교육청은 지난해에 비해 청렴도가 가장 많이 떨어진 기관으로 평가됐습니다. 국민권익위원회가 민원인과 공직자를 대상으로 조사한 결과입니다. 반면 법제처와 국토해양부, 서울시는 청렴도가 가장 우수한 기관으로 선정됐습니다."(2010. 12. 9. 〈뉴스와 화제〉)

▷ 검찰의 파사현정은 말뿐인가?

"김○○ 부장검사가 어젯밤 구속됐습니다(방송에서는 실명이 그대로 나갔음). 범인의 죄를 물어야 할 검사가 구치소에 수감되는 처지에 놓였습니다. 지금까지 드러난 비리 액수만 9억 원이 넘습니다. 김 검사는 기자들의 질문에도 입을 열지 않았습니다. 이를 지켜보는 검찰총장도 유구무언이었습니다. 그저 서면을 통해 국민에게 사과드린다고 말했습니다. 그러면서 전향적인 검찰 개혁 방안을 추진하겠다는 입장을 밝혔습니다. 검찰은 '벤츠 여검사', '스폰서 검사' 파문이 있을 때마다 머리를 숙였습니다. 그때마다 국민에 대한 사과와 함께 집안 단속을 다짐했지만 빈말로 끝나곤 했습니다. 검찰은 이제 말로써가 아니라 결연한 행동으로 '달라졌음'을 보여 줘야 합니다. 스스로 바뀌지 않으면 검찰 개혁의 고삐를 피할 수 없을 겁니다."(2012. 11. 20. 〈뉴스와 화제〉)

▷ "장군들 승용차의 별판을 떼어내라!"

"장군들 승용차의 별판을 떼어 내라!

김관진 국방장관의 엄명이 떨어졌습니다. 권위의식을 버리라는 표현 같은데 군 개혁, 어디까지 이뤄질지 관심사입니다.

오늘 눈 폭탄이 예보돼 있습니다."(2011. 1. 4. 〈뉴스와 화제〉)

▷ 간 큰 카지노 공무원들, 도박 자금 출처는?

"강원랜드 카지노에서 상습적으로 도박을 해 온 이른바 '간 큰 카지노 공무원들' 얘기, 씁쓸하기만 합니다. 180 차례나 출입한 고위 공무원도 있었습니다. 탕진한 돈이 무려 20억 원을 넘습니다. 문제는 고위 공무원의 도박 자금이 어디서 나왔느냐는 겁니다. 공직 기강 해이, 이대론 안 됩니다.

다시 한파가 몰아닥치고 있습니다."(2011. 1. 5. 〈뉴스와 화제〉)

▷ "전관예우 뿌리 뽑겠다"…고위 법관 출신은 줄줄이 로펌행

"'나도 대법관 퇴임 후 로펌에 가면 1년에 100억 원 벌 수 있었다.' 바로 김영란 권익위원장이 전관예우의 문제점을 지적하면서 한 말입니다. 그러면서 '부패의 핵'인 전관예우 뿌리 뽑겠다고 단호하게 밝혔습니다. 이런 가운데 최근 법원장과 부장판사 출신 퇴직 법관 12명이 줄줄이 로펌행을 택했습니다.

안개가 짙은 출근길, 운전 조심하셔야겠습니다."(2011. 2. 23. 〈뉴스
와 화제〉)

▷ "시간이 얼마 남지 않았습니다!" 국민과 가슴 졸였던 천안함
　장병 구조 순간

2010년 3월 26일 밤 9시 22분 백령도 해상에서 경계 임무 수행 중이던 천안함이 북한 잠수정의 기습 어뢰 공격으로 침몰한다. 이 과정에서 승조원 104명 중 해군 장병 46명이 전사하고 58명이 구조된다. 천안함 침몰 나흘째 되는 날 〈뉴스중계탑〉 헤드라인과 클로징 멘트는 당시의 긴박한 상황을 알린다.

오프닝 멘트
"초계함 침몰 나흘째인 오늘, 실종자 대부분이 있는 곳으로 알려진 함미 위치가 최종 확인됐습니다. 군 당국은 수색 작업을 서두르고 있습니다. 실종자들이 생존할 수 있는 시한이 다가오고 있기 때문입니다. 생존 시한을 최대 69시간이 되는 오늘 오후 6시나 7시로 보고 있습니다.
　가족들은 발을 동동 구르며 현장을 지켜보고 있습니다.
　국민도 하루빨리 실종자들이 구조되기를 간절히 바라고 있습니다."

클로징 멘트
"오늘처럼 시간이 빨리 지나가는 날도 없을 겁니다. 시간의 흐름이 야속하기까지 합니다. 실종된 해군 장병들이 버틸 수 있는 '생존 한계 시간'

이 점점 다가오고 있습니다. '시간이 얼마 안 남았는데, 사람부터 살려 주세요!' 가족들은 손을 마주 잡고 애를 태우고 있습니다. 국민들도 제대로 일손을 잡지 못하고 있습니다. 구조 작업이 다시 본격적으로 시작됐다는데, 신속한 구조 작업과 무사 생환, 간절히 기원합니다."(2010. 3. 29. 〈뉴스중계탑〉)

▷ 안보에 구멍, 김정일 사망 까맣게 몰랐다니…

안보의 허점을 지적하며 정곡을 찌르는 클로징 멘트가 시선을 끈다.

"김정일 위원장은 이미 지난 주말 사망했지만, 정부는 북한이 발표하기 전까지 까맣게 모르고 있었습니다. 대북 정보에 큰 허점을 드러냈습니다. 위기관리 대응에 우려를 낳고 있습니다. 그러나 북한발 변수에도 시민들은 차분했습니다. 생필품 사재기는 없었습니다. 차분하고 성숙된 시민의식에 걸맞게 정부의 기민한 대응이 요구되는 시점입니다."(2011. 12. 20. 〈뉴스와 화제〉)

▷ 7mm 너트, 사소한 부주의가 대형사고 부른다

'둑은 개미구멍으로 무너진다'(제궤의혈 堤潰蟻穴). 무너진 근무 기강에 대한 경종을 울리는 클로징 멘트도 있었다.

"사소한 부주의가 엄청난 결과를 빚습니다. 하마터면 대형 사고로 이어질 뻔한 KTX 열차 사고, 원인을 알고 보니 7밀리미터 너트를 조이지 않았기 때문이었습니다. 사흘간 가동이 중단돼 25억 피해를 낸 영광 원전 5호기 사고 원인도 실수로 놓아둔 30센티미터 길이의 작은 드라이버인 것으로 드러났습니다. 해이해진 근무 기강이 국가 기간 시설을 멈춰 서게 하는 일이 잇따르고 있습니다."(2011. 2. 16. 〈뉴스와 화제〉)

▷ 축제의 밤…흑인 재선 대통령의 탄생

"이변은 없었습니다. 오바마의 완벽한 승리였습니다. 시카고는 온통 축제의 밤이었습니다. 역대 어느 선거보다 치열했던 대선 레이스는 '흑인 재선 대통령의 탄생'이란 역사를 새로 쓰고 막을 내렸습니다.

중국은 시진핑 시대의 막이 오릅니다. 'G2 국가, 미국의 오바마-중국의 시진핑' 시대 개막. 앞으로 국제 정치, 경제 주도권 경쟁, 어떻게 전개될지 주목되고 있습니다. 이런 격변의 시대에 우리나라 대통령은 또 누가 될지, 역사가 기다리고 있습니다."(2012. 11. 8. 〈뉴스와 화제〉)

3. 클로징 멘트로 본 '살아 있는 역사의 기록'

간결하면서도 핵심을 찌르는 클로징 멘트가 앵커의 백미이다. 역시 힘 있는 기관을 질타하는 멘트가 시선을 끈다. 반향도 크다. 출근길에 듣는 시원한 사이다 발언 한마디에 청취자들은 공감하고 대리 만족을 느낀다.

언제나 그랬듯이 필자가 앵커를 맡았던 시기도 격동의 시대였다. 그 기간 특히 문제점을 지적하고 이른바 핵심적인 권력 기관을 질타한 〈뉴스와 화제〉 클로징 멘트가 기억에 남는다. 이를 간추려 본다.

▷ 장관 딸, 군수 딸, 시장 조카 줄줄이 특혜 의혹

"어느 기관보다 공정해야 할 공무원 선발이 도마 위에 올랐습니다. 외교부에서 장관의 딸이 특별 채용 돼 특혜 논란을 빚었습니다. 그런데 지방자치단체도 예외가 아니었습니다. 군수의 딸, 시장 조카도 특채 의혹을 받고 있습니다. 공정한 사회가 되려면 이런 문제부터 바로잡혀야 됩니다."(2011. 9. 9. 〈뉴스와 화제〉)

▷ 서민은 추석 부담, 국회엔 선물 넘친다

"추석 성수품 가격이 크게 오르는 바람에 선물 주고받기도 부담스러운데 국회는 딴 세상인 모양입니다. 각 부처와 이익단체에서 보내온 선물이 넘쳐 나고 있다고 합니다. 국정감사를 앞두고 미리 눈도장을 찍기 위해서라는군요.
안전한 귀성길 되시기 바랍니다."(2010. 9. 18. 〈뉴스와 화제〉)

▷ 부장판사가 던진 막말 파문

"'늙으면 죽어야 해요.' 60대 증인에게 40대 부장판사가 한 말입니다. 막말 파문이 커지고 있습니다. 대법원장까지 나서서 사과했으나 쉽게 꺾이지 않고 있습니다. 자정 노력에도 법관의 막말, 반말, 고압적 태도, 좀처럼 사라지지 않고 있습니다. 법관의 태도도 이제 '국민의 눈높이'에 맞춰야 됩니다."(2012. 10. 26. 〈뉴스와 화제〉)

▷ 맥없이 뚫린 철책선, 무너진 중앙청사 3중 첨단 보안 시설

"이렇게 허술한 겁니까? 최전방 철책선이 뚫려 충격을 줬는데(노크 귀순) 이번에는 정부 중앙 청사가 맥없이 뚫렸습니다. 평소 경비는 삼엄하던데 청사 출입증과 비슷하게 생긴 가짜 출입증으로 쉽게 들어갈 수 있었습니다. 그렇게 철저하다는 엑스레이 검색대, 스피드 게이트 같은 3중 첨단 보안 장비 시스템도 휴일 방심 앞에서는 무용지물이었습니다. 심장부의 핵심 시설 보안이 쉽게 무너지는 것을 보며 '불안하다'는 분들 많습니다. 더 큰 소 잃기 전에 외양간, 단단히 고쳐야 됩니다."(2011. 10. 15. 〈뉴스와 화제〉)

▷ 원전에 엉터리 부품 공급이라니…최악의 전력난 '발 동동'

"어쩌다 이 지경까지 왔나? 국내 원전에 엉터리 부품이 10년간 대량 공급돼 온 것으로 드러났습니다. 끝내 영광 5, 6호기는 연말까지 가동이 전면 중단됩니다. 당장 올겨울 최악의 전력난이 우려되고 있습니다. 한수원에 국민의 생명과 재산을 맡겨도 되겠느냐는 말까지 나오고 있습니다. 특단의 대책이 필요한 이유입니다."(2012. 11. 6. 〈뉴스와 화제〉)

▷ 나로호 발사 차질, 알고 보니 '불편한 진실'

"발사를 불과 몇 시간 앞두고 나로호 3차 발사가 연기됐습니다. 러시아산(産) 고무링이 발목을 잡았습니다. 발사가 다소 늦춰지더라도 성

공적인 발사가 이뤄지기를 국민은 바라고 있습니다. 그런데 '불편한 진실'도 있습니다. 문제가 발생한 나로호 1단 로켓의 경우 러시아가 만들고 책임을 지고 있습니다. 그러다 보니 문제가 생겨도 우리나라 기술진은 제대로 손을 쓸 수가 없습니다. 가을비에 단풍도 지고 있는 아침입니다."(2012. 10. 27. 〈뉴스와 화제〉)

▷ 대학생 덮친 산사태, 인재인가 천재인가?

2011년 7월 수도권과 강원도 지역에 집중 호우로 피해가 속출했는데 사고를 악화시킨 원인이 인재(人災)라는 지적이 많았다. 당시 아침뉴스에서는 이 점을 강도 높게 비판했다.

"강원도 춘천에서 산사태가 잇따라 인근 펜션과 식당을 덮치면서 대학생 등 7명이 숨지고 20여 명이 다쳤습니다. 아직까지 구조하지 못한 매몰자도 있습니다. 투숙객은 봉사활동을 나왔던 대학생들이었습니다. 안타깝습니다. … 설마 하는 안전 불감증이 또 한 번 참사로 이어졌습니다. 이번 산사태도 역시 자연재해라기보다는 인재였습니다. 폭우가 예고됐는데도 별다른 대비 없이 공사를 한 게 화근이었습니다. 안전 관리가 허술한 곳, 아직도 많습니다. 서둘러 대책을 세워야 합니다."(2011. 6. 27. 〈뉴스와 화제〉)

방송 사흘 뒤 서울 우면산 산사태가 일어난다. 1년 전 산사태의 판박이였다. 예고된 인재였다는 논란이 컸다. 늑장 대응도 화를 키웠다. 7월 30

일 방송에서 행정당국의 무책임을 개탄하는 클로징 멘트가 방송된다.

"이번 수해, 인재냐 천재냐 논란이 큰데 선뜻 이해할 수 없는 부분도 있습니다. 산림청이 이미 지난해 우면산 산사태 위험을 경고했는데도 서울시가 늑장 대처해 위험을 키운 게 아니냐는 지적이 그겁니다. 또 서초구청은 산사태 예보를 발령하라는 산림청의 경고를 받고도 별다른 조치를 취하지 않았다는 의혹도 받고 있습니다. 가족을 잃거나 삶의 터전을 잃은 이재민들로서는 분통 터지는 일이 아닐 수 없습니다. 복구가 한창인데 내일 또 폭우가 내린다는 예보입니다. 철저하게 대비하시기 바랍니다."(2011. 7. 30. 〈뉴스와 화제〉)

▷ 강남역 침수 벌써 다섯 번째, 반복되는 물난리 해법 없나

"하늘에 구멍이라도 뚫린 건가…. '물폭탄'이란 말까지 나온 집중 호우였습니다. 게릴라성 호우로 산사태가 나고 농경지가 다시 침수됐습니다. 순식간에 도심은 물바다로 변했습니다. 서울 강남역은 또 물에 잠겼습니다. 벌써 다섯 번째입니다. 하루 오가는 인구가 100만 명을 헤아린다는데 속절없이 물난리가 반복되고 있습니다. 자연 재해라고 하지만 수해가 나면 '인재'냐 '천재'냐 논란으로 뒷북치기 일쑤입니다. 상습 침수 지역, 언제까지 피해가 되풀이돼야 하는 겁니까?"(2011. 8. 16. 〈뉴스와 화제〉)

▷ 나사 풀린 공직 기강…'2박 3일' 목금연찬회까지

"예능 프로그램에서는 〈1박 2일〉이 인기를 모으고 있는데, 공직사회에서는 '2박 3일 목금 연찬회'가 요즘 인기라고 합니다. 목요일 금요일에 세미나 열고 주말엔 술 마시고 골프 친다는데… 공직기강 해이, 대통령도 지적하고 나섰습니다. '이제 한계에 왔다. 이대론 안 된다.' … 다음 달부터 감찰 활동이 강화된다는데, 공직사회 비리 뿌리 뽑아야 됩니다."(2011. 6. 16. 〈뉴스와 화제〉)

▷ 대법관의 귀거래사 "고향집에서 텃밭 가꾸겠다"

"최근 저축은행 사태로 전관예우의 고질적인 폐해가 그대로 드러났습니다. 전직 고위 공직자 출신 전관예우도 이제 고리를 끊어야 합니다.
전관예우 금지법의 첫 적용 대상이 되는 이홍훈 대법관의 말이 인상적입니다. '다음 달 정년퇴직하면 고향집에서 1년간 텃밭을 가꾸겠다'고 말했습니다."(2011. 5. 19. 〈뉴스와 화제〉)

▷ "수험생 학부모가 수능 시험 문제를 냈다?"

자녀가 보는 수능 시험 문제를 그 학부모가 냈다? 믿고 싶지 않은 내용, 그러나 사실이었습니다. 감사원 감사 결과입니다. 수능 시험 출제위원 중 학부모가 포함된 문제, 파문이 커지고 있습니다. 문제 유출 가능성까지 제기되고 있습니다.

'수험생 자녀가 없다'는 출제위원 허위 확인서를 평가원이 '제대로 확인하지 않은 것'으로 드러났습니다. 수능 시험 출제와 관리에도 구멍이 뚫린 겁니다. 교육부를 바라보는 수험생과 학부모들의 시선이 곱지 않습니다. 재발 방지 대책, 서둘러 마련돼야 합니다."(2011. 7. 19. 〈뉴스와 화제〉)

▷ 공공기관 혈세 '펑펑', 홍보대사 모델료 60억

"정부와 공공기관에서도 경쟁적으로 홍보대사를 위촉하고 있는데, 여기에 드는 돈이 엄청납니다. 국회 국토해양위원회 자료를 보면 연예인 모델료 명목으로 쓴 돈이 최근 4년간 무려 60억 원이 넘는 것으로 드러났습니다. 물론 홍보도 필요하겠죠. 그러나 부처별 지나친 경쟁으로 세금 '너무 펑펑 쓰는 거 아닌지' 검증이 필요한 부분입니다."(2012. 11. 15. 〈뉴스와 화제〉)

▷ 거세개탁(擧世皆濁), 연말 혼탁한 사회에 보낸 죽비

"맹추위 속에 한 해가 저물어 가고 있습니다. 대선이 있었던 올해는 참으로 '말'도 많았습니다. '강남스타일', '멘붕'이라는 단어도 떠오르고요. 교수신문은 올해 사자성어로 거세개탁(擧世皆濁)을 내놨습니다. 들 거, 세상 세, 다 개, 흐릴 탁입니다. '세상이 모두 탁해 홀로 깨어 있기 힘들다'는 뜻입니다. 혼탁한 우리 사회에서 위정자와 지식인의 자성을 촉구하는 내용입니다. 연말, 사회에 던지는 죽비로 풀이됩니다.
화이트 크리스마스가 예보됐습니다."(2012. 12. 24. 〈뉴스와 화제〉)

-2편-
앵커 멘트로 본
'그때 그 이슈'

2010년대 앵커 멘트를 정리하다 보니 그 시대 각 분야별 핫이슈가 드러난다. 가계부채, 약자 보호 등 경제 이슈, 낙하산 알박기와 폭력 국회에 대한 질타가 앞 순위를 차지했다. 저출생, 자살률 1위 등 사회적 이슈도 눈에 띈다.

'그때 그 핵심 이슈'에 대한 앵커 멘트는 그 시대 거울이다. 시대상을 반영하는 역사의 한 단면이다. 이를 정리하는 큰 이유 중의 하나이다.

아침 6시 이전에 출근해 방송 시작까지 2시간 동안은 온통 전쟁이다. 원고를 보며 앵커 멘트 손질, 출연 기자와의 Q&A 재구성, 오프닝 멘트와 클로징 멘트 작성, 메시지에 맞는 코멘트 작성에 눈코 뜰 새가 없다. 방송 도중 순발력 있게 떠오르는 생생한 애드리브가 때로는 진가를 발휘하기도 한다.

〈뉴스와 화제〉에 방송된 '대담 중 앵커 논평' 몇 가지 사례를 정리해 본다.

1. 늘어나는 가계빚 이슈

가계 부채 관련 보도는 10년 넘도록 언론의 핫이슈였다.
 - '빚투'에 빚더미… 부채 비율 10년 새 21. 75% 급증(2023. 2. 28.), 한국 가계부채 세계 3위… 부채 감소 '느릿느릿'(3. 1.), 경제학자들 경고… 고령층 빚 MZ가 떠안는다(2. 1.), 2014년 이후 30대 부채 최대 증가… 한국경제 뇌관(2. 1.)(《헤럴드경제》,《연합뉴스》등 보도)

이처럼 2023년 연초 언론의 핫이슈는 온통 '가계빚'이었다. 아파트 값 상승에 빚내서 투자하는 '빚투족'들이 빠르게 늘면서 청년들의 부채 비율이 최근 10년 새 크게 증가한 것으로 집계됐다. 특히 위험 수준의 빚을 지고 있는 청년 비율은 두 배 넘게 높아졌다. 금리가 크게 오르면서 지난해 가계 지출의 27%가량은 세금이나 이자로 빠져나간 것으로 확인됐다. 고금리 현상에다 상환기일이 돌아오면서 청년들은 어려운 상황에 직면하고 있다.

13년 전인 2011년 경제 이슈도 '가계부채'였다. 당시 〈뉴스와 화제〉 경제 아이템의 앵커 오프닝과 마무리 멘트를 보자.

▷ 가계빚 뇌관…채무자, 금융위원장 밤잠 설친다는데…

앵커 멘트
 (a) "가계빚이 눈덩이처럼 불어나고 있습니다. 그런데 더 큰 문제는 이

자만 갚고 있는 현재도 어려운데 거치 기간이 끝나 원금까지 갚게 되는 때가 다가오고 있다는 겁니다. 가계부채 부담이 더 악화되고 있습니다. 정부도 고심이 커졌습니다. 정부의 움직임 자세히 알아보죠. 경제부 ○○○ 기자 나와 있습니다."

마무리 멘트

"집 사려고, 창업하려고 대출받은 분들, 요즘 밤잠을 설친다는데… 아까 ○ 기자 얘기 들어보니까 김석동 금융위원장도 가계부채 걱정에 잠을 못 이룬다죠? 가계발 금융대란, 막아야 됩니다."(2011. 6. 17.)

앵커 멘트

(b) "경제난, 가계 부채난이 결국 개인 워크아웃 신청자 100만 명 시대를 초래했습니다. 가계부채 문제에서 가장 심각한 건 이자가 불어나는 겁니다. 최근 이자가 원금보다 더 많을 만큼 부채에 시달리는 계층이 적지 않습니다. 그래서 정부에서 내놓은 것이 개인워크아웃 제도입니다. 자세히 알아봅니다. 경제부 ○○○ 기자 급히 불렀습니다."

Q&A

Q1. 이자 갚으려고 카드 돌려막기를 하다 채무 불이행자가 된 분들이 적지 않다는데 어느 정도입니까?

Q2. 이런 분들이 결국 빚을 감당하지 못해 채무조정 문을 두드리게 되는데 개인 워크아웃이 어떤 제도입니까? (이자 전액 탕감, 원금 최대 50%까지 감면)

Q3. 신청자가 얼마나 됩니까? (100만 명 넘어섰다)

Q4. 신청한다고 다 채무조정이 되는 건 아닐 텐데, 신청이 받아들여져 빚에서 벗어나는 사람이 얼마나 됩니까?

Q5. 빚더미에서 벗어난 분들은 그나마 다행인데, 지금 청취자 가운데 궁금한 분들 있을 거예요. 신청은 어떻게 해야 됩니까? (사적 제도: 신용회복위원회 운영, 공적 제도: 법원의 개인회생, 개인파산)

마무리 멘트

"빚은 빚을 부릅니다. 감당하기 정말 어렵습니다. 그래서 마련된 개인워크아웃, 이것도 쉽지는 않습니다. 신청자가 100만 명을 넘어섰는데요. 신청자 10명 중 1명만 빚에서 탈출한다고 합니다. 힘든 시기, 잘 이겨내시기 바랍니다."(2011. 6. 20.)

앵커 멘트

(c) "가계빚이 뇌관으로 등장했습니다. 사상 최대치를 기록하고 있습니다. 사태가 심각해지자 금융당국이 급한 불을 끄느라 시중은행의 가계대출을 억제하고 나섰는데요. 여기에도 문제가 있습니다. 대출상환 압박이 가해지면서 대출자들이 금리가 높은 2금융권으로 몰릴 수 있다는 겁니다. 경제부 기자와 자세히 짚어 보죠."

Q&A

Q1. 시중은행 대출을 억제하니까 풍선효과로 대출받으려는 사람들이 금리가 더 비싼 2금융권으로 몰리면 가계 부채 더 부실해지는 거

아닙니까?

Q2. 실제로 2금융권 대출자가 늘어나고 있나요?

Q3. 결국 채무자 빚만 더 늘어나는 셈인데, 무슨 대책이 없는 건가요?

마무리 멘트

"가계빚이 갈수록 늘어나 876조 원에 이르고 있는데, 이거 결국은 가계, 은행, 정부 모두에게 책임이 있다는 주장도 나오던데요. 그러나저러나 가을 이사철이 또 걱정입니다. 전세난으로 돈 쓸 일 또 다가오고 있는데요. 가정이나 정부나 정교한 빚 줄이기 전략이 필요한 시점입니다."(2011. 8. 23.)

▷ 또 카드대란 '빨간불'

앵커 멘트

"신용카드 문제, 생각해 봅니다. 2002년이었죠, 카드대란. 아직도 생생히 기억됩니다만 또 문젭니다. 신용카드 발급 숫자가 2002년 카드대란 수준을 훌쩍 뛰어넘었습니다. 저신용자에 대한 대출도 늘어나고 있습니다. 경제부 ○○○ 기자와 짚어 봅니다. ○ 기자!"

Q&A

Q1. 지금 카드가 어느 정도 발급된 겁니까?

Q2. 이렇게 늘어나는 무슨 이유가 있겠죠?

Q3. 불법 호객행위, 과당 경쟁이 빚어지고 있다는 얘긴데… 이런 마구

잡이 경쟁이 일어나는 근본 원인은 뭘까요?

Q4. 이런 과열 경쟁이 결국 카드대출 부실로 이어져 채무 불이행자를 양산할 수 있다는 설명이네요?

Q5. 실제로 이런 분 만나봤습니까?

Q6. 걱정인데요…. 금융당국은 뭐 하고 있습니까?

클로징 멘트

"과열 경쟁-카드대출 부실-카드빚 돌려 막기-채무 불이행자 양산-경제 혼란… 이거 다 2002년 카드대란 때 경험했던 거 아닙니까? 경제 아픔은 한 번으로 족합니다. 빨간불 들어온 카드대란, 막아야 됩니다."(2011. 5. 21.)

▷ 가계 부채는 여전히 '뜨거운 감자', 2024년에도 위험 요인

가계부채 이슈는 갈수록 악화되고 있다. 2024년 들어서도 가계 부채가 악화돼 경제의 리스크 요인으로 전망됐다.

저성장과 고금리가 지속되는 가운데 가계부채와 부동산PF(프로젝트 파이낸싱)가 가장 큰 위험 요소가 될 것이라는 보도가 잇따랐다.

한국경제TV가 국내 주요 시중은행과 지방은행, 인터넷 은행의 은행장들을 대상으로 설문 조사한 결과, 은행장들은 한결같이 늘어난 부채와 대출 부실 문제를 가장 큰 위험 요소로 꼽았다.(2014. 01. 05.)

최상목 경제부총리도 1월 4일 2024년 경제정책 방향 브리핑에서 "누적된 고물가·고금리 부담에다 부동산 PF, 가계부채 등 잠재적 위험 요인에 대한 우려"로 경제 전망을 어둡게 진단했다. 가계부채는 해결의 실마리를 찾기보다 오히려 악화되고 있다. '영끌 빚투' 청년들의 원금과 이자 부담이 늘어나면서 리스크가 큰 뇌관으로 남아 있다.

2. 말로만 약자 보호, '그들만의 잔치'

▷ 말로만 서민 복지, 겨울나기 힘겨운 '에너지 빈곤층'

앵커 멘트
"그야말로 엄동설한입니다. 오늘도 매서운 한파가 계속되고 있습니다. 그런데 우리 주위에는 추위에 떨며 한겨울을 나야 하는 이웃들이 적지 않습니다. 현장을 취재한 기자가 나와 있습니다. ○○○ 기자."

Q&A
Q1. 30년 만의 추위라던데… 이런 날씨를 전기장판만으로 버티기는 쉽지 않아 보이는데 얼마 전 한 할머니는 화재로 목숨을 잃었다는 뉴스도 있었죠?

Q2. 기름만 지원됐어도 피할 수 있었던 사고였는데… 이렇게 난방비를 감당하지 못해 힘겹게 겨울을 나는 이웃들이 도대체 얼마나 될까요?

Q3. 이른바 에너지 빈곤층의 난방비 부담, 어느 정도입니까?

Q4. 여야 정치권, 정부 당국자들, 서민층 복지 얘기 경쟁적으로 많이 해

왔는데, 에너지 빈곤층에 대한 지원은 왜 나 몰라라 하는 겁니까?
Q5. 더구나 올 연말에는 사회복지공동모금회 비리 여파 때문인지 나눔의 열기도 예전 같지 않다고 그래요. 그런 만큼 정부의 지원 대책이 아쉽습니다. 성탄절 아침, 겨울나기 힘든 이웃, 생각해 봤습니다.(2010. 12. 25.)

▷ 말로만 중소기업 살리기, 제품 구입은 대기업 선호

앵커 멘트

"말로만 중소기업 살리자 해놓고 정부와 공공기관에서는 이를 외면했습니다. 규정을 어기고 중소기업 제품 대신 대기업 제품을 사들였습니다. 무려 2조 원에 이릅니다. 그 실태와 문제점 짚어봅니다. ○○○ 기자."

Q&A

Q1. 먼저 법 조항부터 살펴보죠. 규정이 어떻게 돼 있습니까? (중소기업제품 구매촉진 및 판로지원에 관한 법률 시행령 4조 3항)
Q2. 지키지 않는 곳, 구체적으로 어디입니까?
Q3. 주로 힘 있는 공공기관인데 왜 중소기업 제품을 외면한다는 건지 그 이유, 물어봤습니까?
Q4. 그렇다면 결국 중소기업으로 가야 할 돈 2조원이 대기업으로 흘러갔다, 이런 얘기 아닙니까?
Q5. 그럼 '중소기업제품 구매촉진법', 이거 안 지켜도 되는 겁니까? (2012. 10. 9.)

▷ '5천 원짜리 치킨 등장'…대기업 할인 경쟁에 멍드는 골목 상권

앵커 멘트

"얼마 전 A마트가 대형 피자를 싼 값에 내놨었죠. 그런데 이번에는 B마트가 나섰습니다(실제 방송에서는 업체 이름이 방송됨). 치킨 한 마리를 5천 원에 내놓은 겁니다. 싸니까 소비자들은 일단 반깁니다. 하지만 서민 생계형, 피자나 치킨 자영업자들이 문제입니다. 대기업이 너무 골목 상권을 침해하는 것 아니냐는 비난이 거셉니다. 취재기자 자리했습니다. ○○○ 기자."

Q&A

Q1. 오늘부터 판매된다는데 정말로 프라이드치킨 한 마리, 5천 원에 살 수 있습니까?

Q2. 어떻게 이런 가격에 판매가 가능한 건가요? 치킨 전문점의 치킨 가격에 거품이 그만큼 많았다는 건가요?

Q3. 주변 치킨집 걱정이 크겠네요?

Q4. 치킨이나 피자 하면 대표적인 생계형 자영업 아닙니까? 그런데 이런 업종에까지 대기업들이 꼭 들어와야 하는 겁니까?

마무리 멘트

"앞서 치킨집 주인의 말이 절절히 다가오네요. '대기업들이 자기가 할 일만 하면 좋겠다. 너무 작은 것까지 먹겠다고 하면 영세 상인들은 어

떻게 살라는 겁니까?' 영세 골목 상권, 막다른 골목에 몰리고 있는데요. 한 자영업자의 '함께 살자'는 상생을 강조한 말이 큰 울림을 주고 있습니다."(2010. 12. 9.)

▷ 대주주만 배불리는 배당금

앵커 멘트

"주주가 회사로부터 배당금을 받는 것은 당연한 권리죠. 그런데 상당수 비상장회사의 대주주들이 회사 순이익보다 많은 배당금을 받은 것으로 드러나 물의를 빚고 있습니다."

Q&A

Q1. 대주주 가운데 가장 많이 배당을 받은 대주주는 누굽니까?
Q2. 문제는 회사 순이익보다 배당금을 많이 받는다는 거 아닙니까?
Q3. 대주주의 전횡을 막을 방법이 있을까요?

클로징 멘트

"비상장 기업 대주주들 '그들만의 배당 잔치'라는 말이 나오고 있습니다. 결국 대주주들의 전횡을 감시할 수 있는 법적 장치가 필요하다는 것이 전문가들의 지적입니다. 늘 지나친 것이 화를 부릅니다."(2011. 5. 10.)

▷ '세금 없는 부의 대물림', 재벌 일가에 일감 몰아주기

2011년 여름은 재벌의 2-3세 일감 몰아주기가 뜨거운 이슈로 등장했다.

앵커 멘트

"대기업들이 총수 가족이 운영하는 회사에 일감을 몰아주는 행태가 '세금 없는 부의 대물림'이라는 측면에서 비난이 거세지고 있습니다. 실태와 대책, 알아봅니다. 경제부 기자 나와 있습니다. ○○○ 기자."

Q&A

Q1. 대통령까지 직접 나서서 재벌의 이런 행태를 비판했는데 일감 몰아주기, 얼마나 심한 겁니까?
Q2. 재벌 2-3세들 돈 어느 정도 벌었답니까?
Q3. 머리 좋은 정부 당국자들도 이런 사실 모를 리 없겠죠?
Q4. 그래서 재벌 주주 2-3세에게 세금을 물리겠다는 건데 무슨 문제가 있나요?(2011. 7. 1.)

▷ 상생은 뒷전, 허리 휘는 백화점의 자릿세 횡포

앵커 멘트

"백화점에서 상품을 판매하고 있는 입점 업체들은 백화점 측에 판매 수수료라는 '자릿세'를 내고 있는데 중소 업체들은 이 수수료 부담에 허리가 휜다고 하소연합니다. 취재기자 나와 있습니다. ○○○ 기자."

Q&A

Q1. 중소기업중앙회가 오늘 빅3 백화점의 판매 수수료를 공개할 예정이라는데 백화점이 받는 판매 수수료, 도대체 어느 정도입니까?

Q2. 매출의 30-40%를 자릿세로 내야 한다…. 이러고도 입점 업체들 견디어낼지 의문인데, 입점 업체들 얘기 들어봤습니까?

Q3. 판매 수수료도 부담이지만 다른 부담이 또 있다면서요?

Q4. 이런 백화점의 횡포, 왜 개선되지 않는 겁니까?

Q5. 최근 대기업과 중소기업, 동반 성장이다, 상생이다, 화두가 되고 있는데 백화점 대기업들은 판매 수수료에 대해 어떤 입장인지 궁금하네요. 만나봤습니까?

Q6. 소비자 입장에서는 또 이런 생각도 드네요. 백화점에서 받는 높은 수수료가 결국 소비자 부담으로 이어지는 건 아닌지요?

Q7. 보다 못한 공정거래위원회가 나섰는데 빅3 백화점도 결국 움직이겠죠?(2011. 6. 9.)

▷ 공짜폰 경쟁…알고 보니 부담은 소비자

앵커 멘트

"휴대폰 경쟁이 치열합니다. 통신 회사들이 최근 가입자 뺏어오기에 열을 올리고 있습니다. 무기는 휴대전화 판매점에 지나칠 정도로 뿌리는 보조금입니다. 그러면서 휴대전화 요금을 내리라고 할 때는 통신 회사들이 '여력이 없어서 못 내린다'라고 했거든요. 그런데 보조금 경쟁에는 어떻게 이렇게 돈을 펑펑 쓰는 건지 ○○○ 기자와 알아보겠습니다."

Q&A

Q1. 요즘 공짜폰 준다는 데 많아졌거든요?

Q2. 그 비싼 스마트폰 단말기를 공짜로 준다? 어떻게 가능한 겁니까? (통신사가 판매점에 주는 보조금 경쟁)

Q3. 얼핏 보면 통신 회사 입장에서는 손해일 것 같은데 당연히 나름의 계산이 있는 거겠죠?

Q4. 소비자 입장에서는 좋은 거 아니냐, 이런 생각도 들 거예요. 공짜폰도 받고 할인 혜택도 받고 말이죠? (늘어난 보조금 등 마케팅 비용은 고스란히 요금에 포함돼서 전체 소비자 부담으로 전가)

Q5. 휴대전화 요금 내리라고 하면 그때마다 통신 회사들은 "여력이 없다"고 주장해 왔는데 요즘 보조금 경쟁을 보면 앞뒤가 안 맞는 거 아닙니까? (통신 요금 비싼 이유로 거론되는 단말기 보조금의 경쟁 제한, 규제해서 소비자들이 체감할 수 있는 요금 인하로 유도하는 정부 정책 아쉽다)

마무리 멘트

"돈을 펑펑 쓰는 보조금 경쟁, 알고 보면 이런 마케팅 비용이 결국 요금에 포함돼서 전체 소비자 부담으로 돌아온다는 사실, ○ 기자 설명 듣고 안 분들 많을 겁니다. 공짜폰, 그저 반길 일만은 아니네요? ○○○ 기자였습니다."(2011. 6. 21.)

▷ "국세청 공무원들 공부 좀 해야겠네요!"

탈세 상속 지능화… "잡아내려면 국세청 공무원들 공부 좀 해야겠네요!" 뛰는 국세청 단속 공무원에, 날고 있는 탈세 범죄 지능화를 꼬집은 코멘트였다.

2011년 상반기 국세청 조사에서 변칙으로 증여하거나 상속을 한 혐의로 기업가와 자산가 200여 명이 적발됐다. 이를 7월 13일 〈뉴스와 화제〉에서 경제 초점으로 다룬다.

앵커 멘트

"대기업 사주나 자산가들이 세금을 내지 않고 부(富)를 대물림하다 적발됐습니다. 탈세 유형도 갈수록 지능화되고 있습니다. 경제부 ○○○ 기자 나와 있습니다."

Q&A

Q1. 돈 있는 사람들이 무더기로 적발됐다는데 어떤 사람들입니까?

Q2. 탈세하는 수법도 가지가지라는데 어떤 사례가 있었습니까?
 (주식을 제3자 명의를 통해 편법으로 증여)

Q3. 이렇게 수법이 교묘하고 지능화되고 있는데 이런 거 잡아내려면 국세청 공무원들도 더 많이 공부해야겠네요…. 국세청장이 전국 지방 국세청 조사국장회의를 소집했죠? 어떤 지시가 있었나요?

마무리 멘트

"우리나라 돈 많은 분들, 세금 안 내고 재산을 대물림하려다 망신을 톡톡히 당하고 있는데… 해외 재력가들의 사회 환원을 배웠으면 좋겠습니다. 빌 게이츠, 워렌 버핏 같은 기업가들 생각나는데, 통 큰 기부 활동을 벌이고 있지 않습니까?"(2011. 7. 13.)

3. 난투극, 난장판 국회, 낮잠 자는 법안

▷ 난투극까지 벌인 '폭력 예산국회' 언제까지?

앵커 멘트

(a) "먼저 국회로 갑니다. 새해 예산안 처리를 놓고 대립해 온 여야가 접점을 찾지 못하고 끝내 충돌했습니다. 여야가 의장석을 둘러싸고 몸싸움을 벌였습니다."

Q&A

Q1. ○ 기자, 오늘 새벽 출근하다 보니까 의원회관 불이 환하던데 밤새 어떤 일이 벌어진 겁니까?

Q2. 본회의장 쟁탈전, 연말국회 연례행사가 돼버렸는데 지금 국회 어떤 상황입니까?(2010. 12. 8.)

앵커 멘트

(b) "첫 소식입니다. 새해 예산안이 한나라당 주도로 국회 본회의를 통과했습니다. 야당이 물리력을 동원해 강하게 반대하면서 국회는 또 난장판이 됐는데요. 현장을 지켜본 국회 출입기자 나와 있습니다."

Q1. 이번에도 예산안 처리 과정에서 어김없이 폭력 사태가 일어났는데 3년째 거듭되고 있는 거 아닙니까? 선진국 의회에서는 볼썽사나운 난장판 폭력 사라진 지 오래인데… 여야 원내대표는 뭐라고 말하고 있던가요?

Q2. 정국이 날씨만큼이나 급속히 얼어붙고 있는데… 앞으로 한미FTA 비준 과정, 어떨 거로 봅니까?(12. 9.)

앵커 멘트

(c) "폭력으로 얼룩진 예산 국회는 끝났습니다. 그러나 정치권은 후폭풍이 거셉니다. 여야는 서로 네 탓 공방을 하고 있고… 정국은 얼어붙었습니다."

Q1. ○ 기자 국회 폭력 사태를 놓고 여야가 네 탓 공방을 넘어서 서로 법적 대응 얘기까지 나오고 있죠? …얼굴 가격, 발길질, 멱살잡이, 집단 난투극… 격투기를 방불케 했는데, 화면으로 보니까 누가 누구를 때렸는지 드러나더군요.

Q2. 그런데 치고받는 난장판 속에서도 여야 의원들이 자신의 지역구 예산은 철저히 챙겼다고 그래요? …이러다 보니 정작 챙겨야 할 국

가의 중요한 예산은 확보 못 했다는 뒷얘기도 들립니다.(12. 10.)

▷ '19禁 국회' 방청 온 어린이들 무슨 생각했을까요?

"여야 왜 이렇게 싸우는 겁니까? 어제 국회 예결특위에서 고성과 막말이 오가는 장면이 고스란히 국회방송을 통해 전국에 생중계됐습니다. 미성년자는 볼 수 없는 성인용 등급 판정을 해야 할 정도입니다. 견학 온 초등학교 어린이 300명도 금배지 단 국회의원들의 볼썽 사나운 모습 지켜봤다는데… 어린이들 무슨 생각했을까요? 정말 부끄럽습니다."(2010. 11. 20.)

▷ 낮잠 자는 법안, "의원님들 밥값은 하셔야죠"

앵커 멘트

"병을 고치러 병원에 갔다가 상태가 더 악화되거나 심지어 숨지는 '의료 사고' 피해자들이 적지 않습니다. 그러나 이런 억울함이 여기서 그치는 게 아닙니다. '의료사고 소송'에서도 패소하기 일쑤입니다. 이를 해결해 주고자 관련 법안이 발의됐습니다. 그러나 어찌된 영문인지 의료사고 관련 법안은 국회에서 계속 낮잠을 자고 있습니다. 자세한 내용 알아봅니다. ○○○ 기자."

Q&A
Q1. 의료사고로 가족을 잃고도 소송에서 진 사례를 취재한 거죠?

Q2. 자식을 잃은 것도 땅을 칠 일인데 7년간 소송, 얼마나 가슴 답답했을까요. 이런 사례처럼 의료사고를 당한 환자 쪽이 재판에서 패소하는 경우는 얼마나 되는지 알아봤나요?

Q3. 의료소송 900여 건 가운데 환자 측이 승소한 경우는 단 6건뿐이라는데 재판에서 의학전문가인 의료진을 이기기가 현실적으로 어렵겠죠?

Q4. 무슨 해법이 없을까요? 관련 법안은 어떻게 되고 있습니까?
(의료진의 과실을 환자나 의사 등 당사자가 아닌 의료분쟁조정위원회에서 결정하도록 하는 법안이 국회에 제출돼 있지만 1년 넘게 계류 중입니다.)

마무리 멘트

"국회의원 세비, 월 급여가 처음으로 1,000만 원을 넘어섰다고 합니다. '세비 오른 만큼 의원들 더 뛰어라', '국회, 이제 밥값을 해야 한다.' 주권자인 국민의 준엄한 요구사항입니다. 의료사고와 소송, 피해자 두 번 울게 되는데 이런 문제 해결하려면 의원님들 빨리 관련 법안 통과시켜 주셔야겠습니다. 의료분쟁조정위원회가 제 역할을 하는 날이 빨리 왔으면 좋겠습니다."(2010. 12. 25.)

(의료분쟁조정법은 그 후 국회 의결과정을 거쳐 2012년 4월 8일에야 시행된다.)

4. 낙하산, 알박기…말뿐인 공직자 인사 공정

▷ 공기업 감사는 청와대 출신 낙하산 자리인가?

앵커 멘트

"공기업 감사 자리는 '신이 내린 자리'라고 말하곤 합니다. 억대 연봉에 임기가 보장됩니다. 그런데 정권 말 청와대 출신 인사들이 한꺼번에 여러 명이 이 자리를 차지했습니다. 또다시 낙하산 인사 논란이 일고 있습니다. 정권 말 이런 낙하산 인사 행태, 지적을 받아 왔는데 이번에도 마찬가지였습니다."

Q&A

Q1. 어느 자리에 낙하산이 내려앉은 겁니까?

Q2. 정권 말 반복되는 이런 현상, 왜 그런 겁니까?

Q3. O 기자, 한 가지 궁금한 건 낙하산은 그렇다 치고 공기업 감사의 임무도 막중할 텐데, 업무를 감당할 전문성은 있는 겁니까?

마무리 코멘트

"막판 측근 챙기기도 중요할지 몰라도 공기업 감사 자리, 전문성 떨어지는 사람이 고액 연봉 받으며 지낼 정도로 그렇게 한가한 자리는 아니지 않습니까?"(2012. 12. 25.)

▷ 로펌 고문, 알고 보니 고위공직자 출신 즐비

클로징 멘트

"대형 법률회사들이 '고문' 모시기에 열을 올리고 있습니다. 그런데 고문 직책을 갖고 있는 인사들의 대부분이 고위 공직자 출신이었습니다. 한 시민단체가 대표적인 법률회사 6곳을 조사한 결과입니다…. 내로라 하는 대형 로펌이 고위 공직자를 영입해 연봉 수십억씩 주는 이유는 무엇이겠습니까? 자신이 근무했던 기관을 대상으로 로비를 하거나 문제가 생겼을 때 막아 달라는 의도가 있다는 게 합리적인 의심 아니겠습니까?

심지어 이들 전직 고위 공직자 가운데는 법률회사와 공직 사이를 왔다 갔다 한 경우도 있다는데 혀를 찰 노릇입니다."(2011. 5. 19.)

▷ 향응, 돈 받은 공무원 무조건 처벌된다

클로징 멘트

"그동안 돈 받았다 걸려든 공직자들, '대가성은 없었다' 이렇게 발뺌하곤 했었는데 앞으로 이런 말 통하지 않게 됩니다. 공직사회의 부정, 부패를 해결하기 위한 강도 높은 대책이 추진됩니다. 금품, 향응을 받은 공직자들은 '대가성이 없더라도' 형사처벌을 받게 됩니다. 국민권익위원회가 대가성이 입증되지 않으면 처벌하기 어려운 현행법을 보완할 새 입법안을 마련한 겁니다."(2012. 8. 17.)

5. 군의 초기 대응 도마, 국방장관의 지시 1호는?

▷ "국방부 장관은 뭐라고 했나요?"

대담 중 멘트

"이번 북한군의 연평도 포격 도발을 계기로 군의 초기 대응이 미흡했다는 지적이 나오고 있습니다. 군의 위기 대응 능력이 다시 도마 위에 올랐는데요… 어제 국회에서도 170발 맞고 80발만 응사했다… 이런 비판도 나왔습니다. 6.25 이후 처음으로 북한의 포격으로 민간인 피해까지 발생했는데도 우리 군 대응이 적절치 못했다는 지적이 나왔어요. 이에 대해 국방부 장관은 뭐라고 했습니까?"(2010. 11. 24.)

▷ 국방부 장관의 엄명, "선 조치, 후 보고하라!"

2010년은 특히 한반도 긴장감이 고조된 한 해였다. 그해 3월 26일 밤 천안함 피격 사건에 이어 11월 23일에는 연평도 포격 사건이 일어난다.

연말 12월 7일 국방부에서는 전군 지휘관 회의가 열린 데 이어 8일에는 한미 군 수뇌부 회의가 열린다. 이날 국방부 출입기자가 나온 〈뉴스와 화제〉에서 이 상황이 상세히 다뤄졌다.

앵커 멘트

"어제 국방부에서는 김관진 국방장관 주재로 전군 주요 지휘관 회의가 열렸습니다. 자위권 행사에 대한 구체적인 지휘 지침과 군 개혁안이 제시됐습니다. 오늘은 한미 군 수뇌부가 회의를 열고 북한의 연평도 포격 도발 이후 안보상황을 점검합니다."

Q&A

Q1. ○ 기자, 먼저 자위권 행사, 어떤 지침입니까?

Q2. 군대 생활 할 때 많이 들었던 말인데 '선(先)조치, 후(後)보고' 지시가 내려졌죠? 국방부 장관의 지시는 단호하네요. 사태가 발생했을 때 상부에 보고하느라 시간 끌지 말고 먼저 적을 초기에 현장에서 제압한 뒤 지휘 보고는 이후에 해도 된다는 뜻 아닙니까? 신속한 초기 대응을 지시한 건데요.

Q3. 그러자면 우리 군 바뀌어야 되는데 개혁안이 나온 게 있습니까?

Q4. 우리 군의 자위권 차원의 응징 방침에 미국도 공감한 것으로 전해지고 있는데…. 오늘 한미 군 수뇌부가 만나면 구체적인 방안이 논의되겠죠?(2010. 12. 8.)

6. 저출생 1위, '고아 수출국' 오명까지…

▷ 저출생 1위 국가, 해외 입양은 수만 명

앵커 멘트

"'고아 수출국', '입양 후진국'이라는 말 들어보셨습니까? 2011년 대한민국의 현주소입니다. 정부가 이런 오명을 씻기 위해 몇 년 전부터 해외 입양을 제한했는데 성과를 거두지 못하고 있습니다. 국내 입양이 늘지 않고 있는 겁니다. 입양 정책에 대한 전반적인 검토가 필요한 시점인데요. ○○○ 기자 자리했습니다."

Q&A

Q1. 어제가 '입양의 날'이었죠. 먼저 국내 입양 실태부터 짚어 보죠? (입양 대상 아동 한 해 900명, 그중 90%가 미혼모 아이들)

Q2. 국내 입양도 늘지 않고 그나마 입양했다 입양 관계를 끊는 경우도 적지 않던데…. 우리의 입양 정책, 뭐가 문제입니까? (입양 숙려제, 법원을 통한 입양 허가제 도입 필요)

Q3. 입양대상 아이들을 줄이기 위해서 먼저 아이를 낳은 미혼모 지원이 필요하다는 주장인데요. 그렇다면 미혼모를 위한 정책으로는 어떤 게 필요할까요? (친생부모와 아동 권리를 더 강화해야)

마무리 멘트

"해외로 입양되는 아기가 비행기 안에서 외국인 양부모 품에서 서럽게 울다가 우리나라 여승무원이 업어주니까 울음을 그치더라." 이런 일화도 있었다는데, 정말 '고아 수출국' 오명 씻어야 됩니다. 그러자면 국내 입양 늘리고 또 미혼모 지원도 강화돼야겠죠.(2011. 5. 12.)

입양의 날 클로징 멘트

'기른 정'이 '낳은 정'보다 강하다고 합니다. 정부청사관리소 공무원 탁정식 씨 부부는 아이 8명을 입양해 키우고 있습니다. 그중 4명은 장애아입니다. 1자가 나란히 겹치는 11일인 오늘은 '입양의 날'입니다. 우리나라는 아직도 '입양 후진국'을 벗어나지 못하고 있습니다. 해마다 아이 1,000명을 해외로 보내고 있습니다. 대한민국 국격으로 보아 이제 오명을 씻어야 됩니다.(2011. 5. 11.)

- 입양 실태 보도 그 후

'고아 수출국' 이슈를 다룬 지 10년… 그 모습이 달라졌을까?

한국에서 해외입양은 '과거'의 일이 아니라 여전히 '현재진행형'이다. 지난 5년(2016-2021)간 해외로 입양된 아이가 1,439명에 이른다. 한국이 '고아 수출국' 1위는 가까스로 벗어났지만, 여전히 낮지 않은 수치이다. 출생아 대비 국제 입양 수는 중국보다 약 7배나 많다. 1955년부터 시작된 누적 국제 입양아 수가 20만 명에 이른다.

세계 경제 10위권에 드는 대한민국이 여전히 국제 입양 송출국 순위권에 들고 있는 현실은 '불편한 진실'이다. 세계 1위가 된 저출생 문제가 국가 현안이 된 시점에서 새로운 접근이 필요하다. 국내 입양, 해외 입양에 대한 국가와 사회의 인식 변화와 함께 제도적 개선이 요구된다.

7. 어린이끼리 성폭력…충격의 발단은 인터넷 음란물

▷ 인터넷 음란물이 성폭행까지 유발

2008년 봄을 뜨겁게 한 충격적인 사건이 등장한다.(2008. 5. 1.) 대구의 한 초등학교에서 어린이들이 집단 성폭력 사건을 일으킨 것이다. 초등학교 교내 집단 성폭력 사태의 발단은 인터넷, 케이블TV의 음란물이었다. 이를 본 남학생들이 이 내용을 모방, 동성(同性) 후배를 성폭행한 것에서 시작됐다. 이어 피해 남학생들이 가해자들에 가담, 같은 학교 여학생을 성폭행하는 범죄로 커진다.

학교 안에서 어린이들이 성폭력 가해자와 피해자로 뒤엉키는 초유의 사태가 벌어진 것이다. 가해자와 피해자 수는 최소 50명에서 최대 100여 명에 이를 것으로 경찰은 추산했다.

이 사건은 1년 전 한 교사가 학생들이 성행위 흉내를 내는 것을 보고 놀라 상담에 나서면서부터 드러났다. 상담 결과 6학년 학생을 중심으로 음란물 내용을 모방, 3-5학년 남학생들에게 성기를 만지게 하고 변태적 성행위를 강요했으며 이를 거부하면 폭행하고 집단 따돌림을 했던 것으로 밝혀졌다.

가해 학생들은 대부분 맞벌이 가정 출신으로 부모들이 집에 없는 시간에 인터넷과 케이블 방송, IPTV(인터넷TV) 등에서 음란물을 본 뒤 이를 모방해 성범죄를 저지른 것으로 전해졌다.

학교와 교육청 측이 동성(同性)간 성폭력 문제에 무지해 초기에 사건 대처를 제대로 못 한 것이 사건을 악화시켰다는 지적도 제기됐다.

▷ 디지털 음란물 '봇물', 딥페이크까지 '비상'

2008년 봄을 뜨겁게 한 충격적인 사건은 하나의 징후로 예고편에 불과했다. 16년이 지난 2024년은 어떻게 변했을까.

디지털 환경 속 음란물에 노출된 청소년들의 일탈 행위가 유행처럼 번지고 있다. 채팅 앱, SNS 음란물이 성행하면서 청소년들의 충동적 성범죄가 증가하고 있다. 특히 최근 들어서는 딥페이크가 핫이슈로 등장했다. 영국 BBC방송이 "한국이 딥페이크 비상사태에 직면했다"고 보도할 정도로 심각한 상황이다. 인공지능(AI)을 악용해 실제 얼굴을 음란물과 합성한 가짜 영상물이 범람하고 있는 것이다. 피해자는 연예인은 물론 초등학생, 여군, 교사 등 광범위하다. 10대들이 장난삼아, 재미 삼아 교사를 대상으로 딥페이크 범죄를 저지를 정도로 심각하다. 위험 수위가 높아지자 대통령의 엄단 지시가 내려지고 여가부와 방송통신심의위원회가 긴급 대응에 나섰지만 차단과 단속에 어려움을 겪고 있다.

급한 불을 끄기 위한 정부의 발 빠른 대책이 요구된다.

허위 영상물 소지·구입·시청 행위를 처벌하는 규정을 새로 만들고, 딥페이크물 제작·유통 처벌 기준을 높이는 법률 개정이 선행돼야 한다. AI 기술을 악용한 사진이나 영상 등 생성물을 통제할 법안 마련도 시급한 상황이다.

정부는 2024년 9월 26일 국가 AI위원회 출범, 첫 회의를 열고 연내 '딥페이크 강력 규제'를 위한 AI 기본법 제정 추진 방침을 밝혔다.

8. 의사 vs 약사 줄다리기, 누구를 위한 싸움인가

▷ "밥그릇 싸움보다 국민 건강이 우선"

앵커 멘트

"상비약의 슈퍼마켓 판매 논의를 위한 중앙약사심의위원회가 어제 약사법 개정에 찬성하는 쪽으로 결론을 냈습니다. 정부의 법 개정 추진에는 일단 탄력을 받게 됐습니다. 그러나 앞일이 순탄치만은 않아 보인다는데… 취재기자 자리했습니다."

Q&A

Q1. 어제 마라톤 회의에서 그래도 가시적인 결과가 좀 나온 겁니까?

Q2. 약사 쪽은 여전히 법 개정에 반대 입장인데 약의 재분류 문제는 어떻게 됐나요? 이 부분은 또 의사 측이 반대해 왔지 않습니까?

Q3. 중앙약사심의위원회가 약사법 개정에 찬성하는 쪽으로 결론 냈지만 어제도 약사 측 4명은 반대 입장을 밝혔는데요. 의사-약사 간 줄다리기가 치열한데… 앞으로도 산 넘어 산이죠?

Q4. 여론의 흐름은 어떻습니까? ("단체 이익보다 공익이 우선 돼야")

마무리 멘트

"의사와 약사의 팽팽한 줄다리기… '누가 이길지가 아니라 누가 국민을 위하는 것인지' 국민이 지켜보고 있습니다."(2011. 7. 2.)

9. 사립대 의대 등록금보다 비싼 유치원 학비

앵커 멘트

"요즘 '반값 등록금' 문제가 논란인데 대학 등록금보다 학부모 허리를 더 휘게 하는 게 있습니다. 바로 유치원비인데요. 조기 영어교육 바람이 불면서 사립 유치원비는 웬만한 대학 등록금보다 비싸다고 합니다. 경제부 ○○○ 기자 나와 있습니다."

Q&A

Q1. 설마 하는 생각조차 드는데요. 이런 유치원이 여러 군데인가요?

Q2. 실제로 이런 유치원이 어느 정도 늘어나고 있습니까?

Q3. 유치원비 왜 이렇게 많이 받는 겁니까?

클로징 멘트

"사립 유치원비 1년 치가 2천만 원이 넘는다? 사립대 의대 등록금보다도 큰 액수라는데… 가계 부담이 이만저만이 아닐 듯합니다. 물론 '손주의 교육은 할아버지의 경제력'이라는 말이 있긴 합니다만 이런 조기 교육비 부담이 결국 저출생에도 영향을 미치게 되는 건 아닌지… 한번 생각해 볼 문제입니다."(2011. 7. 19.)

10. "이래서 경기 보겠나?"…프로축구 승부 조작

오프닝 멘트

"프로축구 경기 이래서 보겠습니까? 국내 프로축구 승부 조작 사건이 일파만파 확산되고 있습니다. 전 국가대표 선수도 검찰 조사를 받았습니다. 수사가 확대되고 있는데요. 스포츠취재부 ○○○ 기자 나와 있습니다. ○ 기자!"

Q&A

Q1. 스포츠취재 기자가 오늘은 '사회부 사건기자'가 된 것 같네요. 검찰 수사, 지금 어떻게 진행되고 있습니까?

Q2. 체포된 선수 4명, 어떤 혐의를 받고 있습니까?

Q3. 승부를 조작하기 위해 선수를 매수했다는데 돈이 얼마나 들어간 겁니까?

Q4. '사건이 터지고 나니까 올 것이 왔다' 이런 반응인데 프로축구 승부 조작 얘기는 이미 퍼져 있었죠?

Q5. 프로축구 승부 조작이 의심되는 경기를 분석해 놓은 것을 보니까 골키퍼가 1:1 상황에서 막지 않고 그냥 서 있었다… "질 경기가 아니었는데 5골 패배했다" 전 프로축구 감독의 증언도 있던데요. 주로 골키퍼와 수비수가 브로커들에게 표적이 되는 건가요?

Q6. 축구계는 충격에 빠졌다는데… 프로축구연맹이 긴급 대책 회의를 열었다죠? 무슨 속 시원한 대책이 나왔습니까?

마무리 멘트

"'정정당당해야 할 스포츠 경기에서 승부가 조작되다니…' 열심히 응원했던 팬들의 분노와 실망도 큽니다. 한국 축구계, 페어플레이 정신부터 배워야 됩니다. 자성하고 쇄신해서 바로 서는 기회로 삼아야 합니다."(2011. 5. 27.)

11. 외국인 130만 시대…다문화 가정도 이제 '한 가족'

앵커 멘트

"국내에 거주하는 외국인 수가 130만 명을 넘어섰습니다. 우리도 사실상 다문화 사회로 진입한 거죠. 그러나 해결해야 할 과제가 많습니다. 외국인들에 대한 편견과 오해가 문제입니다. ○○○ 기자 나와 있습니다."

Q&A

Q1. 외국인 수가 해마다 늘어나는 추세였는데 130만 시대를 맞았네요?

Q2. 외국인이 많다는 건 인력 시장에 가 보면 실감이 난다고 그래요? (산업현장 3D업종 근무)

Q3. 외국인과의 갈등 문제는 어떻습니까? (다문화 가정의 어린 자녀들에게까지 갈등 여파 번져)

Q4. 풀어가야 할 과제가 적지 않은데 이런 갈등 어떻게 극복해야 될까요? (인식 전환 필요)

마무리 멘트

"사실 우리나라가 어려웠을 당시 우리나라 국민들도 해외에서 어려움을 겪던 시절이 있었지 않습니까? 독일 파견 광부, 간호사들… 중동에서 땀을 흘렸던 해외 근로자들이 생각납니다. 멀리하지 말고 따뜻하게 감싸 안는 포용하는 자세가 아쉽습니다."(2011. 8. 4.)

▷ 이민청 설립안 발의, 이민 과제 해결 청신호

여당인 국민의힘이 이민청 설립안(정부조직법 개정안)을 발의했다. 이민청은 출입국 및 체류 관리, 국적, 난민, 외국인 사회통합 관련 사무를 관장하게 된다. 이민청이 문을 열면 무엇보다 이민을 둘러싼 복잡한 과제 해결로 인구 문제 대처에도 기여할 것으로 기대된다.

12. "조상님, 뵐 면목이 없습니다"
   아직도 환수 못 한 문화재

앵커 멘트

"일제 강점기에 나라 잃은 설움을 당한 건 우리 민족만이 아니었습니다. 소중한 우리 문화재가 강탈 또는 도굴 당해 일본으로 넘어가는 수난을 겪었는데요. 해방된 지 67년이 지났는데도 아직도 일본 땅에 그대로 남아 있는 문화재가 적지 않습니다. 문화부 취재기자 나와 있습니다. ○○○ 기자."

Q&A

Q1. 일단 지금 일본에 남아 있는 우리 문화재, 얼마나 됩니까?

Q2. 30만 점이나 되면 귀중한 문화재도 많을 거 아닙니까?

Q3. 이 가운데 되찾아 온 건 얼마나 되나요?

Q4. 우리 문화재, 우리가 찾아오는 건데 왜 이렇게 어렵습니까?

Q5. 어쨌든 꼭 환수해야 할 텐데 성과를 높일 수 있는 묘책이 없을까요?

클로징 멘트

"문화재는 조상의 얼과 지혜가 담겨 있는 보물인데 아직도 일본에 그대로 있다는 게 후손들로서는 참 부끄러운 일입니다. 특히 광복절 아침 더욱 송구스럽게 생각됩니다. 빨리 꼭 찾아야겠습니다."(2012. 8. 15.)

13. 양잿물로 학교 급식용 식판을 세척?

앵커 멘트

"〈세상에 이런일이〉에 나올 법한 충격적인 뉴스도 있습니다. 급식용 식판을 양잿물이 들어 있는 세제로 세척하고 있습니다. 전국 초중고교 10곳 중 7곳에서 실제 일어나고 있는 일입니다. 믿기 어렵지만 교육부에서 내놓은 자료 내용입니다. 취재기자 연결합니다. ○○○ 기자."

Q&A

Q1. 학부모님들 놀라셨을 텐데요. 수산화나트륨이 들어간 식기 세척

제를 쓰고 있다는 건데, 이거 양잿물 아닌가요?

Q2. 식판 세척하면서 제대로 헹구지 않으면 학생들 건강을 위협할 수 있는 건데요. 잔류량 검사는 하고 있던가요?(2011. 8. 20.)

방송 후기

방송이 나간 뒤 후폭풍이 거셌다. 자녀의 건강을 걱정하는 학부모들의 전화와 교육 당국의 무책임을 성토하는 메일이 잇따랐다. 교육 당국은 학교에서 안전한 식기 세척제를 쓰도록 개선 방안을 서둘러 내놓았다.

14. 타자니 불안하고 안 타자니 불편하고…

앵커 멘트

"이해할 수 없는 게 KTX입니다. 올해에만 무려 33건이나 고장을 일으켜 '사고철'이라는 오명을 얻게 됐는데 사고는 휴일도 없었습니다. 대구 연결합니다."

Q&A

Q1. KTX가 이번에는 터널 안에서 멈춰 섰네요? (황학터널 안에서 고장, 승객 480여 명이 캄캄한 터널 속에서 한 시간 동안 찜통더위와 공포에 시달려…)

Q2. 타자니 불안하고 안 타자니 그렇고… KTX 안전 사고 한두 번이 아닌데, 코레일 너무 느슨한 거 아닙니까?(2011. 7. 18.)

15. 금연자보다 흡연자가 더 독하다?

금연 성공률이 5%에 그친다는 조사 결과가 있다. 금연, 결심은 쉬워도 실천은 어렵다. 새해 들어 사흘째 되는 날 아침 〈뉴스와 화제〉에서는 연초 금연 문제를 다룬다.

Q&A

Q1. 의료복지팀 ○○○ 기자 나와 있습니다. 의료복지팀 기자들도 담배 피우나요?

Q2. 일단 흡연율이 떨어졌다는데 흡연율 조사 결과 어떻게 나왔습니까? (지난해 말 처음으로 30%대로 떨어져)

Q3. 그래도 40-50대 남성들 건강 생각해서 결단을 내리신 거 정말 잘하셨습니다. 우리나라 흡연율, 선진국과 비교하면 어떻습니까?

Q4. 연초만 되면 금연 결심했다가 또 피우시는 분들 적지 않거든요. 작심삼일, 오늘이 바로 시험대가 되는 날인데… 어떻게 해야 성공할 수 있을까요? (니코틴 함유 껌 이용, 술자리 피하고 규칙적인 운동)

마무리 멘트

"이런 대화가 있었다고 그래요. 금연했다고 하니까 '참 무서운 사람이다. 어떻게 담배를 끊을 수 있느냐?' 대답은 이렇습니다. '몸에 해로운 담배를 피우는 당신이 더 독하지, 안 피우는 내가 더 독한 사람이냐?…'

흡연은 백해무익합니다. 또 함께 있는 사람에게까지 피해를 줍니다. 이왕 새해 어렵게 결심하셨으니 꼭 실천해 보시죠!"(2011. 1. 3.)

16. 음주 잦은 송년 모임…간도 쉬고 싶다

앵커 멘트

"오늘도 주말이라 송년 모임 있는 분 계시죠? 송년 모임하면 술 얘기 빼놓을 수 없죠. 연말 잦은 술자리가 이어지다 보면 간도 지치기 마련입니다. 오늘 간 건강 짚어 보겠습니다.
사회부 ○○○ 기자 나왔습니다."

Q&A

Q1. 올해 직장인 종합검진 결과 직장인 절반에 지방간 증상이 나왔다고 그래요. 우선 지방간, 어떤 겁니까?

Q2. 직장인 40대 남성 절반에 지방간이 있다고 했는데 그냥 무심코 넘기면 어떻게 됩니까? (방치하면 간염, 간경화, 간암 유발)

Q3. 지방간 만만히 볼 게 아닌데, 치료 방법은 있습니까? (치료약은 없다… 금주, 적절한 식이 조절, 운동으로 체중 줄여야)

마무리 멘트

"사회부 기자들 스트레스도 많은데… ○ 기자는 며칠에 한 번꼴로 술을 마십니까?… 역시 처방은 금주나 절주, 운동이군요. 휴간일(休肝日) 얘기도 나오고 있죠? 연말 잦은 술자리, 간도 좀 생각하셔야 됩니다."(2010. 12. 11.)

- 3편 -

핵심 찌른 사이다 논평

취재기자와 대담 시 앵커의 논평이 때로는 뼈 있는 질타로 이어져 비판 기능을 수행했다. 요즘 표현으로 핵심을 시원하게 찌르는 '사이다 발언'을 하면 청취자의 반응은 컸다. 그러나 앵커로서는 적절한 수위 조절의 묘가 필요한 부분이다. 너무 지나치게 선을 넘었다 조기 퇴진하는 앵커도 있었다. 그렇다고 할 말을 못 하고 밋밋하게 넘어가면 앵커의 역할을 제대로 했다고 말할 수 있겠는가. 스스로도 떳떳하지 못할 것이다.

논평을 할 때 필자는 그 나름대로의 기준이 있었다. 먼저 공동선, 공익, 국민의 편에서 무엇이 정의인가를 판단 기준으로 삼았다. 예를 들면 A는 이렇게 주장한다. B는 이런 이유로 반대한다. 그렇다면 한발 물러서, 또는 공익을 위해 솔루션으로 C는 어떻겠는가? 하는 식이다. 물론 논리와 구체적 타당성, 합리성, 가치기준, 사회상규, 평균인의 상식에 부합해야 공감도를 높일 수 있다.

결국 그 판단은 수용자인 시청자와 청취자의 몫이다. 어떤 경우에도 저널리스트로서의 품격과 스탠스는 잃지 말아야 한다.

앵커 시절 나름 고민 끝에 논평한 클로징 멘트를 분야별로 정리해 본다.

1. "장보기가 무섭다" 경제 분야 멘트

　직장인과 주부들은 물가에 민감하다. 가처분 소득과 직결되기 때문이다. 관심거리이고 모이면 얘깃거리이다. 안 오르는 것이 남편 월급과 자녀의 성적이고 오르는 것이 물가라고 푸념을 한다. 채솟값이 오르면 또 가계부 걱정이다.

　〈뉴스와 화제〉,〈뉴스중계탑〉 경제 분야 클로징 멘트를 정리해 보니 배추, 상추 등 채솟값 급등에 대한 코멘트가 많았다. 반면 소값과 돼지값 하락 문제점도 언급됐다.

　특히 MZ세대의 관심사인 취업과 결혼, 대학생 부채와 베이비부머들의 노후 문제도 이슈화됐다.

　2009년부터 방송된 라디오 종합뉴스 클로징 멘트를 중심으로 이를 정리해 본다.

▷ 결혼 발목 잡는 불황…노후까지 걱정

　"불황이 이사와 결혼의 발목까지 잡고 있습니다. 가을은 이사철, 결혼 시즌인데도 요즘 이사와 결혼이 급격히 줄었습니다. 바로 경기 침체, 불황 때문이라고 합니다.

　단풍이 절정인 요즘 결혼 시즌입니다. 사랑하면서도 경제 사정으로 결혼 시기를 늦추시는 분들 얼마나 상심이 크겠습니까? 베이비부머들의 노후도 걱정입니다. 집값은 크게 떨어지고 금리마저 낮아 은퇴자 수입이 4년 새 반토막이 났습니다. 우리나라의 연금 체계가 세계 주요국 가운데

'최하위권'인 것으로 조사됐다는 소식도 있습니다. 노후 보장의 버팀목인 국민연금, 이제 더 늦기 전에 손질해야 합니다."(2012. 10. 29.)

▷ 청춘, 얼마나 더 아파야 됩니까?

청년세대의 취업난, 가계 부채, 결혼 문제를 논평한 클로징 멘트는 10년이 지난 요즘도 맞는 말이어서 씁쓸하기만 하다.

"20대 청춘, 얼마나 더 아파야 된단 말입니까? 내년 고용시장이 더 꽁꽁 얼어붙을 것이란 전망이 나왔는데 새 정부의 정책 우선순위도 청년 일자리 창출에 둬야 합니다."(2012. 12. 29.)

당시 김난도 교수의 《아프니까 청춘이다》가 베스트셀러 1위였다.

▷ 빚더미 몰린 대학생 5만 명, 채무 불이행자 위기

"대학생 5만 명이 빚더미에 몰려 있습니다. 빚 총액이 무려 8백억 원에 이릅니다. 그것도 이자가 비싼 대부업체에서 빚을 지고 있습니다. 등록금과 생활비를 감당하느라 고리채 수렁에 빠져 있습니다. 사회 진출을 하기도 전에 금융채무 불이행자로 내몰리는 것은 아닌지 걱정입니다."(2011. 8. 5.)

▷ 돼지고기보다 5배 비싼 '금추'

"'상추는 추가로 더 주지 않습니다.' 식당에 이런 안내문이 나붙었습니다. 상춧값이 하루가 다르게 뛰어 돼지고기보다 5배나 비싸졌습니다. 그러다 보니 요즘 족발집에 상추가 없고 김밥에도 시금치 대신 부추가 들어갑니다.

태풍과 장마로 농산물 가격이 급등하고 있습니다. 추석 물가에도 비상이 걸렸습니다."(2011. 8. 30.)

▷ 배춧값 고공 행진 부추기는 중간 상인 횡포

뛰는 물가에 대한 언급이 많았다. 현상과 함께 유통 구조 개선 등 대책을 촉구하는 멘트도 있었다.

"40년간 채소 장사 했다는 시장 상인도 '이런 일은 처음 겪는다'고 말합니다. 배추 한 포기에 만 2천 원, 배춧값이 하늘 높을 줄 모르고 치솟고 있습니다…. 김장철을 앞두고 '배추 대란'이 현실로 다가오는 게 아니냐는 우려가 높아지고 있습니다. 그 배후도 드러났습니다. 복잡한 유통 구조 문제, 일부 중간 도매상들의 횡포, 오늘 경제부 기자 취재에서도 확인됐습니다. 산지에서는 한 포기에 1,500원인 배추가 소비자들에게는 만 원 넘게 팔리고 있었습니다. 농협을 통한 직거래, 유통과정 개선 같은 해결 방안이 시급합니다.

당정청 수뇌부가 오늘 '배추회의'를 연다는데 근본적인 문제, 잘 따져

봐야 할 겁니다."(2010. 10. 6.)

▷ 뛰는 물가에 주부들 허리가 휜다

"요즘 주부들의 고민이 이만저만이 아닙니다. 고물가와 허리가 휘는 교육비 때문인데요. 장마 후 오르는 농산물값, 다시 뛰는 기름값, 공공요금, 전셋값, 걱정이 하나둘이 아닙니다.

오늘 대통령 주재로 물가 급등에 따른 긴급 관계장관 대책 회의가 열린다는데 무슨 속 시원한 대책이 나왔으면 좋겠습니다."(2011. 7. 20.)

▷ "장보기가 무섭다"

"폭염에 기온만 올라가는 게 아닙니다. 채소와 가공 식품 값이 줄줄이 뛰고 있습니다. 주부들 장보기가 무섭다는 말까지 나오고 있습니다.

팍팍한 살림살이, 좀 나아질까요? 정부가 솔루션으로 내년도 세법 개편안을 내놓긴 했습니다. 고소득자와 기업에 대해서는 세금 더 걷고 서민의 세금은 깎아 준다는 게 골자인데요. 지금으로선 기대 반 걱정 반입니다."(2011. 8. 9.)

▷ 소값 돼지값 폭락, 쇠고기값은 그대로

소값 돼지값이 떨어지면 사육농민들의 타격이 크다. 농심을 울리는 축산정책이 도마에 오른다. 과잉 사육으로 인한 가격 폭락, 소값은 떨어져도 쇠고기값은 그대로인 현상은 취재기자의 단골 메뉴였다. 2010년 농업 분야 이슈도 가축값 하락이었다.

10년이 훌쩍 지난 2024년에도 달라지지 않았다. 당시 동향을 분석하고 해법을 촉구하는 클로징 멘트가 발견된다.

"소는 한때 농가의 재산 1호였습니다. 그러나 요즘은 천덕꾸러기가 돼 버렸습니다. 어제가 바로 '한우의 날'이었습니다. 반값 한우고기 판매 행사가 잇따르면서 소비자들이 장사진을 이뤘습니다. 소비자들의 호응과는 달리 정작 한우 사육농가의 시름은 깊어 갑니다. 소값 내림세가 좀처럼 멈출 줄을 모르기 때문입니다. 사룟값 같은 사육비용은 치솟았지만 소값은 평년보다 30% 넘게 떨어졌습니다. 소를 키워 봤자 남는 게 별로 없다는 게 농민들의 한숨 어린 푸념입니다.

그러나 정육점이나 식당에서 파는 쇠고기값은 그대롭니다. 소를 적정량보다 너무 많이 키워서 소값이 떨어진다는 지적도 있습니다. 반복되는 소값 파동, 정부도 농민들도 이제 그 해법을 찾을 때입니다."(2010. 9. 28.)

▷ '날개 없는 추락' 돼지고기값 폭락

"요즘 나뭇잎만 떨어지는 게 아닙니다. 돼지고기값이 날개 없는 추락을 계속하고 있습니다. 한 달 새 폭락을 거듭해 올 초 가격보다 절반 이하로 떨어졌습니다. 양돈농민들은 사룟값도 안 나온다고 울상입니다.

돼지고기값이 하락한 것은 돼지 숫자가 늘어난 데다 경기 불황에 따른 소비 부진 때문입니다. 사육 규모는 급격히 늘어난 반면 삼겹살값이 떨어져도 소비는 줄어들고 있는 것입니다. 불황이 돼지값에도 직격탄을 날리고 있습니다."(2010. 10. 8.)

2. '끝없는 이슈' 사회 분야 멘트

책을 쓴 2024년을 기준으로 〈뉴스중계탑〉과 〈뉴스와 화제〉를 방송할 당시와의 시간 차이가 무려 14년 정도 난다. 그런데도 당시 이슈가 지금도 그대로 이슈가 되고 있는 아이템이 적지 않았다. 급속한 과학 발전과 사회 변화 속에서도 풀어가기가 어려운 난제임이 분명하다. 노인 기준, 이산가족 상봉, 연평도 평화, 어린이 성폭행, 자살 세계 1위, 은행의 고졸 공채 문제는 해결이 안 된 채 지금도 이슈가 그대로 진행 중이다.

이번에는 2009년부터 4년간 라디오 종합뉴스 〈뉴스중계탑〉과 〈뉴스와 화제〉에 방송된 사회 분야 주요 뉴스 클로징 멘트를 살펴본다.

▷ "어찌 이런 일이…" 7살 어린이 성폭행 파문

- 엄마들의 분노, 근본 대책 촉구, 시리즈 멘트로 이슈화

2009년 나주 7살 어린이 성폭행 사건은 파문이 컸다. 학부모들이 들고 일어나고 이대로는 안 된다는 여론이 높아졌다. 급기야 법원의 솜방망이 처벌까지 이슈화된다.

클로징 멘트도 이 이슈를 일주일 동안 이어가 어젠다 세팅을 이끌었다.

(a) "어떻게 이런 일이 일어날 수 있는 겁니까? 믿고 싶지 않은 일이 벌어졌습니다. 집에서 잠자던 7살 여자 어린이가 이불에 둘러싸인 채 괴한에게 납치돼 성폭행 당하는 사건이 일어났습니다. 이 어린이는 장기 손상으로 응급 수술까지 받아야 했습니다. '조두순 악몽'이 되살아나는 충격적인 사건이 아닐 수 없습니다. 이제 특단의 대책을 더 이상 미룰 수 없는 시점입니다."(2009. 9. 1.)

(b) "어제는 어린이 성폭행 사건으로 떠들썩한 하루였습니다. 가정집에까지 쳐들어와 납치하는 대담해진 범죄에 치를 떠는 분들이 많았습니다. 그러나 이번에도 '조두순 사건' 때처럼 그 순간만 요란한 이슈가 돼선 안 될 겁니다. 날뛰는 흉포한 성범죄, 고삐를 잡는 근본적이고도 촘촘한 대책이 시급합니다."(9. 2.)

(c) "이제 어머니들까지 나섰습니다. 아동 성범죄자가 발붙이지 못하도록 엄히 처벌해 달라는 겁니다. 지금까지 우리 법원의 처벌은 '솜방망이'였습니다. '전과가 없다', '범인이 술 마신 상태였다', '피해자와 합의했다' 이런 이유로 성범죄자의 절반 가까이가 집행유예로 풀려났습니다.

그런데 미국은 다릅니다. 11살 소녀 집단 성폭행 사건 범인에게 최근 종신형에 가까운 징역 99년이 선고됐습니다. 범인에게 더 이상 자비를 베풀어서는 안 된다는 검찰 주장이 받아들여진 겁니다. 우리나라 사법부에 시사하는 바가 큽니다."(9. 3.)

(d) "아르바이트 여대생이 성폭행을 당한 뒤 극단적 선택을 하고 말았

습니다. 자고 일어나면 성폭행 사건이 줄을 잇고 있습니다. 어린이나 어른이나 불안하기는 마찬가지입니다. 그도 그럴 것이 아직 잡지 못한 성범죄자 9천 명이 버젓이 거리를 활보하고 있습니다. 성범죄, 늘고 있는데 검거율은 떨어지고 있다는 게 문제입니다."(9. 6.)

▷ 노인 기준 논란, 10년 만에 도돌이표

노인 기준에 관한 논란은 2023년 핫이슈이다. 노인 연령 상향 이슈가 뜨거워지면서 지하철 무임승차 논란부터 국민연금 수급 시기, 정년 연장 논의까지 이어지고 있다.

이런 논의에 불을 댕긴 것은 대구시와 서울시다. 대구시가 먼저 지하철 무임승차 연령을 만 65세에서 70세로 올리는 방안을 검토하겠다고 나서자 서울시도 연령 기준 개편에 나설 뜻을 밝혔다. '만 65세'인 노인 기준 연령 상향 논의가 다시 불붙고 있다. 사실 이 이슈는 10년 전에도 뜨거운 이슈였다.

"지하철 경로석이 비어 있어도 앉지 않고 서 있는 노인분들도 있습니다. 65세 되신 여성은 '노약자석에 앉을 만큼 늙었다고 생각 안 한다'고 말합니다. '젊은 노인'이 늘고 있습니다. 정부가 고령자의 기준을 현행 65세에서 70세나 75세로 올리는 방안을 추진하기로 했다고 밝혔습니다. 이에 따라 정년제도와 연금제도를 손보는 일도 이슈로 떠올랐습니다."(2012. 9. 12.)

▷ 애타는 고령 이산가족, "상봉, 더 이상 기다릴 순 없다"

  남북문제가 경색되면서 이산가족 상봉, 다시 끊겼다. 고령 생존자들은 세상 뜨기 전 생사 확인, 목소리라도 듣고 싶어 한다. 2009년 이산가족 상봉도 그나마 다행이지만 상봉 대상에서 제외된 고령자들의 아쉬움이 컸었다. 그해 9월 26일 당시 방송 클로징 멘트에서도 이산가족 상봉 이슈가 다뤄졌다.

  (a) "이제 40분 정도 남았죠…. 이산가족들이 꿈에 그리던 부모형제와 첫 만남을 갖습니다. 2박 3일간의 짧은 만남을 58년이나 기다려야 했습니다. 추석 명절을 앞두고 있어서 혈육의 정이 더욱 각별하리라 생각됩니다."
  "오늘부터 이산가족 2차 상봉행사가 시작됩니다만 상봉이 좌절된 70대 실향민이 스스로 목숨을 끊었다는 안타까운 소식도 있었습니다."(2009. 9. 26. 〈뉴스중계탑〉)

  (b) "남쪽 이산가족 상봉 신청자가 아직도 8만여 명이 남아 있습니다. 상봉 날만 기다리다 하루 열 명 꼴로 세상을 뜨고 있습니다. 생존자 38%가 80세 이상이라는 통계도 나와 있습니다. 고령자들이 세상을 뜨기 전에 무슨 방안이 나와야 할 텐데요…."(2009. 9. 26. 〈뉴스와 화제〉)

▷ 아, 그날! 화약연기 휘감은 연평도

"평온했던 연평도. 이제 불타고 무너지고 처참하게 찢겼습니다. 텅 빈 집에는 김장용 배추가 나뒹굴고 있었습니다. 화약 연기가 휘감은 섬. 연평도의 현재 실제 상황입니다.

북한의 무력 도발을 규탄하는 목소리가 커지고 있습니다. 수고가 많았지만 군 당국에도 아쉬움이 남습니다. 초기 대응이 미흡했다는 지적이 나오고 있습니다. 위기 대응 능력을 다시 한번 점검하는 계기가 돼야 할 겁니다."(2010. 11. 24. 〈뉴스와 화제〉)

2010년 11월 23일 오후 2시 34분부터 한반도 서해 5도의 하나인 연평도를 북한군이 포격한 사건이 일어났다. 연평도 도발은 정전 협정 이후 최초로 발생한 민간 거주 구역에 대한 공격으로, 휴전이 깨질 수도 있었던 일촉즉발의 상황이었다. 당시 정부와 군 당국의 초기 대응 문제를 놓고 국회에서도 논란이 컸다.

▷ 철모에 불이 붙었는데도…해병대원의 우뚝 선 군인정신

"북한의 연평도 포격 도발에 군의 대응이 '허술했다'는 지적이 잇따르고 있는데요. 한 해병대 사병의 용감한 감투 정신이 화제가 되고 있습니다. 포탄의 화염으로 철모에 불이 붙어 타들어가 화상을 입고도 대응 포격을 계속했다는 겁니다. 이 불에 탄 철모는 해병대 박물관에 그대로 보관된다고 합니다. 영원히 꺼지지 않는 해병대 정신의 표상이 될 겁니다. 오늘 아침 영하의 추운 날씨입니다. 전방은 더 춥겠죠. 국군장병의 노고를 생각합니다. 금요일 아침 〈뉴스와 화제〉였습니다. 감사합니다."(2010. 11. 26.)

▷ 대한민국은 '자살공화국'인가?

1030세대, 사망 원인 1위는 '자살'이다. 자살률도 OECD 1위이다. 노인 자살률도 OECD 국가 중 압도적 1위였다. 통계청이 발표한 '2020년 사망 원인 통계 결과'에 따르면, 인구 10만 명당 자살 사망률은 25.7명인데, 이는 OECD 평균의 2.1배에 이르는 수치이다. '자살공화국'의 불명예를 벗지 못하고 있다. 특히 한 해 3,000명 이상 노인이 극단적 선택을 한다. '고도성장'의 서글픈 이면이다. 2025년 초고령 사회를 앞두고 핫이슈가 아닐 수 없다.

'극단적 선택'이란 단어로 순화된 자살 문제는 2009년과 2010년에도 사회적 화두였다. 2010년에는 자살 방지를 외쳐 왔던 인기 강사가 자살하는 사건이 벌어진다. 10월 7일 '행복 전도사'로 알려진 유명 여성 강사 최윤희 씨가 극단 선택을 해 사회에 큰 충격을 줬다. 지병을 이겨 내지 못하고 스스로 목숨을 끊었다지만 행복 바이러스를 전파하는 데 앞장서 왔던 인기 강사의 갑작스러운 죽음에 사람들은 놀랐다. 허탈감과 상실감을 느꼈다.

유명인과 연예인 자살은 베르테르 효과, 모방 자살로 이어졌다. 보도에 신중을 기해야 하는 이유이다. 이는 통계적으로 명확하게 드러나 있었다. 배우 이은주 씨(2005년 2월), 가수 유니 씨(2007년 1월), 배우 정다빈

씨(2007년 2월), 안재환 씨(2008년 9월), 최진실 씨(2008년 10월), 조성민 씨(2013년 1월) 등 유명 연예인이 자살했을 때 월별 자살자 그래프는 가파르게 상승했다. 연예인의 자살 직후 2개월 동안 스스로 목숨을 끊은 사람은 평소보다 평균 606명이 더 많았다. 특히 2008년 10월 최진실 씨 자살 후 2개월 동안 스스로 목숨을 끊은 3,081명 중에 1,008명이 최 씨 자살에 영향을 받은 것으로 관련기관은 추정했다.

2008-2010년 사이 자살 이슈를 다룬 당시 클로징 멘트를 살펴본다.

"만 2천858명, 이 숫자는 지난해 우리나라 자살 사망자 수입니다. 42분에 한 명꼴로, 하루 35명이 스스로 목숨을 끊습니다. 자살률을 보면 사회적 약자인 서민과 노인층이 높고 남성이 여성보다 2배가 높습니다. 물론 여러 가지 말 못 할 이유는 있겠지요. 그러나 생명은 무엇보다 소중한 겁니다.
어느 영문학자는 말했습니다. '자살' 단어를 거꾸로 발음하면 '살자'가 된다고… 오늘은 세계 자살 예방의 날입니다."(2009. 9. 10.)

▷ '자살 위험 수위'…자살까지 연예인 모방

(a) "탤런트 최진실 씨의 자살이 커다란 충격을 주면서 이른바 '모방 자살' 사건이 일어나고 있습니다. 사회적 이슈로 등장해 우려를 낳고 있습니다. 이럴 때일수록 생명에 대한 소중함을 일깨우고 가족과 주위 사람의 따뜻한 사랑과 관심이 필요하다는 게 전문가의 조언입니다."(2008. 10. 3.)

(b) "보건복지부의 충격적인 통계자료가 하나 나왔습니다. 우리나라에서 하루에 평균 35명이 스스로 목숨을 끊는다는 겁니다. 자살 사망률이 OECD국가 중에서 가장 높습니다. 특히 20-30대가 많았습니다. 종교 지도자들이 오늘 나섰습니다. 자살을 막기 위해 함께 노력하자는 다짐이 있었습니다."(2010. 3. 24.)

▷ '자살'을 거꾸로 읽으면 '살자'

"우리나라 남녀 모두 교통사고보다 자살로 숨질 확률이 높다는 조사 결과가 나왔습니다. 어제는 흡연율이 OECD 회원국 가운데 가장 높다는 소식 전해 드렸는데, 오늘은 우리나라 여성 자살률이 OECD 국가 중 가장 높았다는 우울한 소식이 들어왔습니다. '자살'을 거꾸로 읽으면 '살자'가 됩니다. 이제 자살 예방에 국가도 종교 단체도 적극 나서야 할 시점입니다."(2010. 7. 8.)

'내 힘들다'를 거꾸로 읽으면 '다들 힘내'가 된다는 말이 유행한 것도 그즈음이다.

▷ 이혼율 1위, 부부 10계명을 아십니까

"'처음 사랑을 잊지 말고 칭찬할 것을 찾아라.', '아픈 곳을 끄집어내지 않는다.' 바로 부부가 지켜야 할 10계명 가운데 일부입니다. 오늘은 21일, 둘이 하나가 된다는 의미의 부부의 날입니다. 불치병 아내를 33년 동안 병시중을 든 남편이 '올해의 부부상'을 받았습니다. 부부의 날, 모처럼 부부끼리 오붓한 시간을 가져 보시죠."

2011년 5월 21일 '부부의 날' 〈뉴스와 화제〉 클로징 멘트이다.

그런데 부부의 날 '불편한 진실'도 있었다.
해로를 약속했던 부부가 갈라서는 이혼이 크게 늘어나고 있다. 통계청의 연도별 〈이혼 건수〉를 조사한 결과 1970년대 줄곧 1만 건을 조금 넘겼던 이혼 건수는 이후 지속적으로 상승해 1998년 급기야 10만 건을 넘었다. 이후 2003년에는 역대 최고치인 16만 건을 상회하면서 정점을 찍었다.
세계경제개발기구(OECD)가 발표한 '한눈에 보는 사회 2019'에 따르면 한국 이혼율이 34개 OECD 국가 중 9위였다. 인구 1,000명당 이혼 건수를 의미하는 조이혼율은 2016년 기준 2.1명으로 한국이 아시아 회원국 중 1위이다. 최근 들어서는 고령화에 따른 황혼 이혼이 늘어나는 추세를 보이고 있다.
이혼 사유는 대부분 경제적 문제이다. 2008년 글로벌 금융위기 이후 이혼 사유 1위가 종전 '성격 차이'에서 '경제적 문제'로 바뀐다. 20-30대보다 40-50대가 경제적 이유에 따른 이혼이 많았다. 전문가들은 이혼율이 증가하는 가장 큰 이유로 '개인의 행복을 더 중시하는 사회로의 변화'와 '이혼에 대한 가치관 변화' 두 가지를 꼽는다. 이혼에 따른 가정 해체 속도는 갈수록 빨라질 것이라는 어두운 전망도 나온다.

필자도 주례 경험이 있다. 신랑 신부에게 '기쁠 때나, 슬플 때나 함께하겠습니까?'라고 질문하면 '예'라고 답을 한다. 의례적인 표현 같으나 부부가 평생 고락을 함께하겠다는 다짐을 하는 순간은 평생 잊지 못할 장면이다. 그러나 이를 지키지 못해 헤어지는 부부가 늘어나고 있다는 사실은 안타까운 일이다. 당사자들의 아픔은 물론 자녀들에게까지 그 영향이 나타나고, 결국 가족 해체의 여파는 사회에까지 미치게 되는 것이다. 부부는 기쁠 때나 슬플 때나 삶의 유일한 동반자여야 한다. 두 손을 꼭 잡고 다정하게 걸어가는 노부부를 보면 성공한 이상적인 부부로 보인다. 그러나 이 노부부에게도 함께한 세월만큼이나 '대추 한 알', '먹구름' 같은 갈등과 위기가 왜 없었겠는가. 부부는 서로 '다름'을 인정하고 '같음' 쪽으로 맞춰 나가야 한다고 말한다.

이혼을 예방하는 솔루션으로 부부 10계명, 남편 10계명, 아내 10계명, 서로 존중하는 부부가 되기 위한 10계명 등이 많이 나와 있다. 그러나 그 내용은 비슷했다. 배우자 칭찬하기, 경청, 부부가 함께하는 취미 활동을 권하는 내용이 대부분이다.

▷ 고졸 시대 열리나?…'반갑다, 은행 다시 고졸 채용'

앵커 멘트

"외환위기 이후 은행들이 고졸 출신 행원들을 거의 뽑지 않았는데요. 그러나 달라집니다. 고졸 행원을 다시 채용합니다. 앞으로는 은행 창구에서 고졸 출신 행원들을 만날 수 있게 됩니다. 모처럼 밝은 소식인데요. 경제부 ○○○ 기자 나와 있습니다."

Q&A

Q1. 요즘 은행권에서 앞다퉈 고졸 출신 행원들을 뽑는다는데… 그 이유가 궁금합니다?

Q2. 대통령이 고졸 출신 여성 행원들 앞에서 "나도 야간 상고 출신"이라는 말을 해서 화제가 됐었는데요. 그럼 고졸 채용 인원은 얼마나 됩니까?

Q3. 일단 고졸 출신 인재들에게는 반가운 소식인데요. 꿈꾸던 은행에 들어가면 또 직면하는 현실적 고민도 있을 거예요? (고졸-대졸자 간의 임금 격차 해소, 능력별 승진제도 등)

Q4. 고등학교에서도 은행 취업 준비 교육 더 열심히 해야 될 텐데, 가 봤습니까? (은행에서 원하는 맞춤형 교육 시작)

Q5. 이런 식 교육이라면 학생들 취업 걱정 안 해도 되겠네요? (특성화, 실업계 고교 집중 지원, 고졸 인재 전략적 육성, 기업도 학벌주의 탈피, 고졸 출신 채용이 전체 산업계로 확산될 것으로 전망…)

마무리 멘트

"○ 기자도 말했지만 이번 은행의 고졸 채용 확산은 학력을 파괴한다는 점에서도 큰 의미가 있고요. '학력 인플레이션', '고학력 거품'을 걷어내는 효과가 기대됩니다. 이를 확실히 정착되기 위해서는 임금 격차 해소는 물론 고졸 출신도 능력과 노력에 따라서는 간부, 임원까지 성장할 수 있는 제도적 뒷받침도 마련돼야 할 거예요?"(2011. 7. 22.)

▷ '고졸 채용'…학력 인플레이션 거품 해소될까

필자가 대학에 다니던 1970년대 초만 해도 농촌 면(面) 소재지에서 대학생은 2-3명에 불과했다. 지금은 고교 졸업생 대학 진학률이 72.5%(2020년 기준)로 OECD 국가 중 1위이다. 학력 인플레이션 현상은 대졸 실업자 양산 등 사회적·경제적 낭비를 초래하기도 한다. 그래서 2011년에도 이를 해소하는 방안이 과제였다. 학력보다 능력 있는 인재가 성공하는 사회를 만들고 일자리 미스매칭을 해소하기 위해서도 고졸 인재 채용을 늘리자는 주장이 힘을 얻었다. 그러나 여전히 미완의 과제로 남아있다. 당시 클로징 멘트가 인상적이다.

"지난해 서울시 9급 공무원 공채에서 고졸 합격자는 단 1명뿐이었습니다. 은행에서도 창구 업무를 대학원까지 나온 직원이 맡는 경우도 있습니다. 우리 사회에 '학력 인플레이션'에 따른 '고학력 거품' 정말 심각한데요. 이런 가운데 반가운 소식도 있습니다. 국내 은행들이 앞으로 3년간 고졸 인력 2천700명을 뽑기로 했다는 겁니다. 고졸 출신들이 능력과 노력에 따라 은행 간부로 당당히 성장·발전할 수 있는 토양이 마련되는 계기가 되길 바랍니다."(2011. 7. 21.)

▷ 드디어 상고 출신이 은행장으로

클로징 멘트에서 언급된 앵커의 바람은 그로부터 8-10년 만에 현실화된다. 은행원의 '별'로 통하는 상무급 이상 임원진에 상업·공업고등학교

'고졸 출신' 인사가 대거 포진된 것으로 나타났다.

고교 졸업 후 바로 은행 생활을 시작해 대학 출신 경쟁자들을 제치고 요직에 오른 것이다. 이른바 '개천용'이다. 더욱이 은행장이나 금융그룹 회장 자리까지 오른 입지전적인 인물들도 등장한다. 그 대표적 인물이 덕수상고 출신 진옥동 신한은행장(2019), 강경상고 출신 함영주 하나금융그룹회장(2022년), 전주여상 출신으로 유리천장을 깬 강선숙 수협은행장(2022년)이다. 정계에서 고졸 대통령(김대중, 노무현)이 나왔듯이 금융계에서도 고졸 은행장이 배출된 것이다. 앞으로도 고졸 신화의 주인공이 계속 이어지길 기대해 본다.

▷ '벤츠 유모차'는 낙제점, 외제 선호에 경종

한때 일명 '강남 유모차', '고소영 유모차'란 말이 떠돌았다. 어떤 유모차를 사용하느냐에 따라 엄마들끼리 등급이 매겨진다. 아이와 함께 외출할 때 가장 먼저 눈에 띄는 유모차는 엄마들의 자존심을 세워 주는 것이기도 했다. 그러다 보니 자연히 수입 유모차를 경쟁하듯 사들였다. 문제는 '수입 유모차'의 꺼질 줄 모르는 가격 거품이었다.

당시 인기가 높았던 이탈리아산 유모차 판매 가격이 이탈리아 현지에서는 97만 9,000원이었으나 한국 수입 판매가격은 198만 원으로 껑충 뛴다. 가격 차이가 거의 2배가 났다. 수입 업체가 독점적으로 제품을 들여와 비싼 값에 공급하는 유통 구조가 문제였다. 그런데도 값비싼 수입 유모차의 인기는 그칠 줄 몰랐다. 판매량은 증가 추세를 보였다. 엄마들의 과시욕, 경쟁 심리와 이를 부추기는 상술이 만나면서 빚어진 사회 현상이었다. 이를 경계하고 나선 것이 2012년 11월 30일 〈뉴스와 화제〉 클로징 멘트이다.

"수입 유모차는 할아버지, 외할아버지의 경제력을 나타낸다는 말이 있습니다. 그런데 '벤츠 유모차'로 불리는 169만 원짜리 인기 수입 유모차의 성능은 국제 품질 조사 결과 '낙제점'이었습니다. 오히려 품질이 국산 36만 원짜리보다도 떨어졌습니다. 반면 값이 싼데도 '만족' 등급을 받은 국산품도 있습니다. 고가의 외제 유모차, 알고 보니 엄마들의 실속 없는 사치품이었습니다."(2012. 11. 30. 〈뉴스와 화제〉)

그렇다면 외제를 선호하는 우리나라 국민들의 행태가 10년 뒤에는 어떤 모습일지 궁금하다. 한마디로 '명품 소비 1위, 행복은 꼴찌'로 요약된다. 모건 스탠리가 2023년 1월에 낸 보고서에 따르면 한국은 미국이나 일본, 유럽 국가들을 제치고 1인당 명품 소비 1위 국가에 올랐다. 지난해 명품 옷과 가방을 사는데 쓴 돈이 168억 달러(약 21조 원)에 이르러 전년 대비 24% 늘어난 것으로 나타났다. 외신들은 한국 명품 소비 열풍의 원인으로 자산 가격 상승, 한류 등과 더불어 돈을 최고로 치는 문화, 소셜 미디어를 통한 과시욕 경쟁 등을 꼽았다.

반면 한국이 물질적으로 풍요로워졌지만 정신적으로는 '꼴찌' 수준이었다.

경제협력개발기구(OECD) 삶의 만족도 조사(2023)에서 한국은 38개국 중 35위에 그쳤다.

▷ 일본 여성들의 용기 있는 사과, 일본 정부는 요지부동

"'종군 위안부 문제에 대해 가슴 속 깊이 사죄드리겠습니다.' 이 말은 일본 정부가 한 게 아닙니다. 바로 한국에 거주하는 '일본 여성들'의 말이었습니다. 광복절을 하루 앞둔 어제 한국에 시집와 사는 일본 여성들이 대전에서 특별한 모임을 열었습니다. 이 자리에서 위안부 할머니들에게 진심으로 참회하고 사과했습니다. 과거사 문제에 대해 일본 정부가 계속 진실과 책임을 외면하고 있는 상황과 대조적입니다. 이 일본 여성들은 한국에 살면서 이제야 역사적 진실을 알게 돼 용기를 내게 됐다고 입장을 밝혔습니다. 뜻깊은 광복절 보내시기 바랍니다."(2012. 8. 15. 〈뉴스와 화제〉)

광복절을 맞아 시의성 있는 클로징 멘트가 눈길을 끌었다.
그러나 광복절 이후 일본 여성들의 양심선언과 달리 일본 총리의 억지 발언이 국민의 분노 게이지를 높인다. 당시 클로징 멘트이다.

"'위안부를 강제 연행한 증거를 대라' 일본 노다 총리의 이런 말을 듣다 보면 적반하장, 후안무치란 단어가 저절로 떠오릅니다. 이에 대해 국내 변호사는 되받아칩니다. '20년 이상을 비바람 속에서 진실 규명과 명예 회복을 외쳐 온 일본군 '성노예 제도'의 피해자, 그 자신들보다 더 명백한 증거가 어디 있겠는가?' 주장입니다. 오늘은 일본에 의해 대한제국이 강제 병합된 '경술국치일'입니다."(8. 29.)

위안부 이슈는 10년이 더 지난 지금도 미완의 과제로 남아 있다.

"유엔 회원국까지 나서 위안부 피해자 배상과 정부 차원의 공식 사과 등을 촉구했지만 부정적인 일본 태도는 요지부동이다."(연합뉴스, 2023. 2. 2.)

▷ 과음, 연간 손실 7조…"송년회 과음을 삼갑시다"

송년회 모임이 한창이던 2012년 연말 〈뉴스와 화제〉 클로징 멘트가 인상적이다.

"한 해가 저물어 가고 있습니다. 여기저기서 송년 모임이 잇따르고 있습니다. 이래저래 술을 가까이하게 되는데요. 그러나 과음과 폭음으로 인한 피해도 커지고 있습니다.

한국보건사회연구원 조사를 보면, 해마다 술 때문에 빚어지는 사회경제적 손실이 무려 7조 3천억 원에 이르고 있습니다. 술이 건강과 경제를 해칩니다.

대설인 오늘도 또 눈이 내립니다. 빙판길 안전주의보까지 내려졌습니다. 술 조심, 길 조심하셔야겠습니다."(2012. 12. 7.)

한 해의 마지막 달을 장식하는 각종 송년 모임 모습이 요즘은 달라졌다. 불황과 코로나19의 영향도 컸다. 간단한 점심 모임이나 단체 영화 관람 등 젊은 층이 선호하는 모습으로 바뀌는 추세이다.

그러나 여전히 대세는 술이다. 애주가들은 음주의 이점을 주장한다. 술도 없으면 무슨 재미로 사느냐는 푸념이다.

술도 역시 지나친 것이 문제일 것이다. 만만치 않은 술값도 문제지만 연이은 과음은 각종 질환을 유발한다. 술로 빚어지는 사소한 다툼부터 음주 운전 사고, 인명피해, 각종 사건 사고 유발 등 폐해가 이만저만이 아니다. "술 취해서 망언한 것은 술 깨고 난 후에 후회한다(醉中妄言 醒後悔)"라는 가르침은 〈주자십회(朱子十悔)〉에도 나온다.

절주가 필요한 이유이다. 과음하면 2-3일은 술을 마시지 말 것을 전문의들은 권고한다. 그래서 휴간일(休肝日)이란 단어까지 등장한다. 알코올이 분해되는 과정에서 충분한 휴식 시간이 필요하다는 것이다.

3. 검찰, 어디로 가고 있나?

검사와 판사들은 등산 갈 때도 직위, 직급, 사법연수원 기수에 따라 산에 오르는 순서가 정해진다고 한다. 그만큼 위계질서가 생명이다. 검찰을 떠올리면 피라미드 계층 구조가 생각난다. 엄격한 상명하복 관계이다. 검찰총장을 정점으로 일사분란하게 직무를 수행하는 것을 놓고 '검사동일체(檢事同一體)의 원칙'이라고 한다. 그러나 2012년에는 이 원칙에도 균열이 생긴다. 수뢰, 성추문 등 잇따른 악재로 파열음이 난다. 지도부 내분은 물론 밑에서 치받는 상명 불복 사태가 빚어지기도 했다.

이를 지적하며 개탄하는 클로징 멘트가 잇따랐다.

▷ 검찰총장과 중수부장 격돌, '혼란 당혹 격앙'

"현직 검사 수뢰사건과 성추문으로 창설 이래 최대 위기에 직면한 검찰이 이번에는 사상 초유의 지도부 내분 사태에 휩싸였습니다. 검찰총장이 특수수사 사령탑인 대검찰청 중앙수사부장에 대한 감찰을 지시하고, 중 수부장이 이에 정면으로 반발한 겁니다. 개혁을 앞둔 수뇌부 싸움에 검사들, 후폭풍이 만만치 않습니다. 혼란, 당혹, 격앙, 뒤숭숭한 반응 보이고 있습니다. '검사인 것이 부끄럽다'는 말까지 나왔습니다. 검찰, 자신들의 기강부터 바로 잡고 바로 서야 됩니다."(2012. 11. 29.)

▷ '막장 드라마' 검찰 사태 "개혁만이 살길"

"한상대 검찰총장이 오늘 검찰 개혁안을 발표하고 사표를 제출합니다. 그런데 평검사들은 맞서고 있습니다. '사퇴하는 총장이 개혁안을 내놓는 건 말도 안 된다'는 주장입니다. 서로 치고받는 검찰 내분, 국민들의 시선도 곱지 않습니다. 전면 대수술, 근본적인 개혁만이 '검찰의 살길'이라는 목소리가 높아지고 있습니다."(11. 30.)

▷ "억대 금품 받은 검사" 수사 놓고 검경 샅바 싸움

"수사를 둘러싸고 검찰과 경찰이 또 샅바 싸움을 벌이고 있습니다. 경찰은 해당 검사를 소환할 방침입니다. 검찰은 특임검사가 수사해야 된다며 맞불을 놓았습니다. 그러나 국민들이 바라는 건 이런 힘겨루기가 아

닐 것입니다. 의혹에 대한 철저한 규명과 힘 있는 기관의 개혁이 먼저입니다."(11. 10.)

▷ '벤츠 여검사', '스폰서 검사' 이어 '9억 비리 검사'

"부장 검사가 어젯밤 구속됐습니다. 범인의 죄를 물어야 할 검사가 구치소에 수감되는 처지에 놓인 겁니다. 지금까지 드러난 비리 액수만 9억 원이 넘습니다. 해당 검사는 기자들의 질문에는 묵묵부답이었습니다. 이를 지켜보는 검찰총장도 유구무언입니다. 그저 서면을 통해 '국민에게 사죄드린다'는 입장을 내놨습니다. 그러면서 전향적인 검찰 개혁 방안을 추진하겠다는 방침을 밝혔습니다.

'벤츠 여검사', '스폰서 검사' 파문이 있을 때마다 검찰은 국민에 대한 사과와 함께 집안 단속을 다짐했지만 빈말로 끝나곤 했습니다.

검찰은 이제 말로서가 아니라 결연한 행동으로 '달라졌음'을 보여줘야 합니다. 스스로 바뀌지 않으면 검찰 개혁의 외부 고삐를 피할 수 없을 겁니다."(12. 11.)

4. '격동의 세월' 정치 분야 멘트

2009년 앵커 당시 정치 분야 클로징 멘트는 어두운 소재가 많았다. 첫 여성 대통령 당선과 탄핵, 파란만장한 일대기… 두 전직 대통령 서거가 먼저 떠오른다.

국민의 대표 기관인 국회에 대한 질타와 장관 지각으로 국무회의가 제때 열리지 못했다는 공직기강 해이도 눈에 띈다.

부정적인 멘트 속에서도 '선플 정치'가 시도됐다는 것은 신선하다. 또한 반기문 UN 사무총장 연임 성공 낭보에다 만장일치 선출 과정에서 북한 대사까지 박수를 쳤다는 멘트가 이채롭다.

▷ 첫 여성 대통령 당선 그리고 탄핵

18대 박근혜 대통령의 당선, 취임, 탄핵 과정도 필자의 앵커 시대 일어난 역사였다. 당시 클로징 멘트가 발견된다.

- 첫 여성 대통령 당선, 국민 통합이 우선 과제

"열기로 가득했던 18대 대통령 선거는 새누리당 박근혜 후보의 당선으로 막을 내렸습니다. 박근혜 당선인은 당선 소감에서 '국민의 승리였다… 약속을 꼭 실천하는 민생 대통령이 되겠다'고 다짐했습니다. 민주통합당 문재인 후보는 패배를 인정한다며 박 당선인에게 축하의 말을 건넸습니다.

이번 선거 과정에서 이념, 지역, 세대, 계층 간 표심이 크게 갈렸습니다. 현안이 산적해 있는 당선인에게 무엇보다 시급한 건 이렇게 쪼개진 분열과 갈등을 치유하는 '국민 대통합'입니다."(2012. 12. 20.)

- "떠날 때 박수 치게 해달라" 국민 원했지만…

"'모든 지역, 성별, 세대, 골고루 등용하겠다', '화해, 대탕평으로 갈등의 고리를 끊겠다' 박근혜 당선인의 대국민 메시지입니다. 새 정부 5년을 설계할 인수위원회 구성 작업에도 들어갔는데 첫 작품에 관심이 쏠리고 있습니다.

대통령 당선인에게 바라는 국민들의 목소리도 다양하게 쏟아지고 있습니다. '통합이 먼저다. 경제 살리기가 최우선이다. 사회 안전, 국가 안보, 소외계층 배려, 약속을 지키는 대통령이 돼야 한다…'

특히 기억에 남는 말도 있습니다. '임기 마치고 떠날 때 박수 칠 수 있게 해달라!'"(12. 21.)

특히 어느 국민이 원했다는 '떠날 때 박수 칠 수 있게 해달라'는 말이 역사의 기록으로 남게 됐다. 박 대통령은 결국 국민의 소박한 이 바람을 이루지 못했다.

2017년 3월 10일 11시. 헌법재판소의 '탄핵 인용' 결정이 내려지면서 박근혜 대통령은 대한민국 헌정 사상 최초로 재임 중 '파면'된 대통령으로 기록되었다.

박 전 대통령은 2012년 12월 제18대 대선에서 우리나라 헌정 사상 최초로 여성 대통령에 당선된다. 하지만 임기 1년가량을 남겨 두고 격랑에 휩싸인다.

2016년 10월 최순실 등에 의한 국정농단 의혹, 비선 실세 의혹 등에 대한 언론 보도가 본격화되면서 여론이 악화된다. 결국 2016년 12월 9일 국회에서 탄핵소추안이 가결되며 대통령으로서의 직무가 정지된다. 2017년 3월 10일 헌법 재판관 전원 일치 의견으로 "피청구인 대통령

박근혜를 파면한다"는 결정으로 임기를 다 채우지 못하고 불명예 퇴진한다. 3주 후인 3월 31일 구속됐다 4년 9개월 만인 2021년 연말 특별사면으로 석방된다.

박 전 대통령의 탄핵과 사법 처리를 놓고 아직도 논란이 계속되고 있다. 개인으로서나 국가로서도 비극의 역사가 아닐 수 없다.

▷ 파란만장한 일대기…2009년 두 전직 대통령 서거

2009년 봄과 여름, 노무현, 김대중 두 전직 대통령이 서거했다. 특히 노 전 대통령의 비보는 국민을 충격 속에 빠지게 했다. 5월 23일 새벽 사저가 있는 김해 봉하마을 뒷산을 오르다 부엉이 바위 아래로 투신해 서거했다는 뉴스 속보였다. 그해 검찰의 정관계 로비 수사가 전방위로 확대되면서 노 전 대통령도 검찰 조사를 받는 중이었다. 갑작스러운 비보에 청와대와 정치권도 충격 속에 대책 마련에 나선다. 서울 경희궁 옆 역사박물관에 마련된 정부 공식 분향소에는 노 전 대통령의 서거를 추모하는 각계 인사와 시민 등 조문행렬이 이어졌다.

5월 29일 〈뉴스중계탑〉 클로징 멘트는 국민장 영결식 상황을 전한다.

"'죄송합니다. 사랑합니다. 행복했습니다. 이제 편안히 가십시오' 추모사 가운데 한 구절입니다. 이제 잠시 후 노제를 마친 뒤 화장이 끝나면 다시 고향 봉하마을에서 영원한 안식에 들어갑니다. 전국적으로 추모 열기가 뜨거웠습니다.

이제 노무현 전 대통령이 남긴 정신과 가치를 어떻게 한 단계 승화시켜 나가느냐가 과제로 남아 있습니다. 고인의 명복을 빕니다."

시신은 원래 국립대전현충원 국가원수묘역에 안장될 예정이었지만 고인의 뜻에 따라 화장된 후 봉하마을 내 묘역에 안장되었다. 향년 62세였다.
검찰 수사 중 빚어진 전직 대통령의 갑작스러운 서거로, 이후 정치적 사회적인 후폭풍이 거셌다.

2009년 8월 또 한 분의 전직 대통령이 역사 속으로 사라진다. 김대중 전 대통령이 18일 오후 1시 43분 향년 85세로 서거했다. 김 전 대통령은 제15대 대통령의 꿈을 이뤘으나 그의 일생은 온갖 영욕으로 점철됐다. 5선 의원을 지내는 동안 대선에서 4수, 잇따른 투옥과 수감, 해외 망명 생활 등 숱한 고초를 겪어야 했다. 1980년 광주 민주화 운동을 사전 지시했다는 내란 음모 혐의로 그해 7월 사형선고를 받았다가 극적으로 위기를 모면한다. 김대중 납치 사건(1973. 8. 8.) 등 여러 차례 죽을 고비를 넘기기도 했다.
김 전 대통령은 민주화 투쟁과 인권 신장, IMF 외환위기 극복의 업적을 남겼다. 첫 남북 정상회담으로 남북 화해 협력 시대를 열었다는 공로로 한국인으로서는 처음으로 노벨평화상을 수상했다.

8월 19일 〈뉴스중계탑〉 클로징 멘트가 그날의 역사를 기록으로 남겼다.

"김대중 전 대통령 빈소와 분향소에 조문 행렬이 이어지고 있습니다. 생전 고인의 뛰어난 업적을 기리고 있습니다. 고인의 숭고한 뜻이 국민

화합과 남북화해로 이어지길 간절히 기원하고 있습니다. 고인의 명복을 빕니다."

우리나라 현대 역사에 큰 족적을 남긴 '3김 시대'가 김대중 전 대통령의 서거로 막을 내리고 있었다.

▷ 세비 올리기엔 여야 없다, 국회 질타 멘트

- 밥그릇 챙기기에는 여야 없이 '짝짜꿍'

"국민들은 경제 어려움에 지금 허리띠를 졸라매고 있습니다. 그런데 국회의원의 월급, 세비는 20% 넘게 올랐습니다. 그동안 여야가 경쟁적으로 사사건건 부딪쳐 왔는데 정작 세비 인상에는 여야가 따로 없었습니다. 밥그릇 챙기는 문제에서는 '짝짜꿍'이었던 겁니다. 국회의원들도 미안했던지 슬그머니 올렸다 이번에 들통이 났습니다. '세비를 올려야 생산성이 높아진다'는 그럴듯한 변명도 내놓습니다. 그러나 8월 임시국회는 단 한 차례도 열리지 않았습니다. 그러고도 천만 원 이상의 세비를 챙겨갔습니다. '무노동' 국회는 세비 인상을 철회하든지 아니면 그만큼 국민을 위해 생산성을 높일 방안을 내놓으라는 국민의 주장에 명쾌한 답을 내놔야 합니다."(2011. 9. 5.)

그렇다면 방송 후 꼭 13년이 지난 2014년 9월 국회의 모습은 어떨까.

"스스로 월급 올리는 의원들, 추석 '떡값'도 꼬박꼬박 챙겨 왔다니"가 일간지 머리기사이자 사설 제목이다. 달라진 것이 없었다. 평소 여야가 한 치의 양보 없이 싸우다가도 세비와 휴가비 올릴 때는 사이좋게 손을 잡는 행태도 변함이 없다. 추석을 닷새 앞두고 300명의 국회의원들에게 명절 휴가비가 424만 원씩 지급됐다는 내용도 한 의원의 공개로 드러났다. 설날까지 합치면 명절 휴가비가 연 849만 원에 달한다. 매년 세비로 받는 1억 5,700만 원과 별개의 돈이다. 5급 이상 일반 공무원들은 설·추석이라도 별도 상여금이 없다. 일반 직장인도 요즘은 경기가 어려워 명절 상여금 구경하기가 힘들다. 그런데 국회의원들은 억대 연봉 외에 명절 떡값까지 꼬박꼬박 챙기고 있는 것이다.

헌법기관이자 입법기관으로 불리는 국회의원들이 국민의 대표로서 제 역할을 못 할 경우 세비 논란을 자초하게 되는 것이다.

▷ 재정 적자 '나 몰라라'…선거용 선심 복지 경쟁은 치열

선거가 다가오면 언론에 등장하는 단골 헤드라인이 있다. '선거 앞두고 선심성 퍼주기 봇물', '정치권 복지 공약 홍수' 등이다.

'코로나19 추경'을 놓고도 여야 간 선거용 선심성 복지 논란이 뜨거웠다. 포퓰리즘을 아예 표(票)를 의식한 '표퓰리즘'으로 바꿔 부르기도 한다. 재보궐 선거와 18대 대통령 선거를 앞둔 2011년에도 선거용 선심 복지 예산이 도마에 올랐다.

당시 클로징 멘트는 그 문제점을 지적한다.

"여야가 내년도 예산안 심사에 들어갔습니다. 정도의 차이는 있지만 여야는 지금 복지를 늘려야 한다는 데 한목소리를 내고 있습니다. 그러나 문제는 예산, 바로 빠듯한 나라 살림입니다. 정부의 균형재정 다짐과는 달리 앞으로 저성장 기조 때문에 해마다 20조 원 안팎의 재정 적자가 날 거란 전망도 있습니다. 우리 국민 60%는 복지를 위해 세금을 더 걷어야 한다고 생각하면서도 막상 자신이 세금을 더 내는 데는 인색한 것으로 나타났습니다. 이런 상황에서 여야는 빠듯한 나라 살림은 생각지 않고 선거용 선심 공약 경쟁에 몰두하고 있습니다. 정부와 정치권 모두 복지 경쟁만 할 게 아니라 여기에 들어가는 복지재원을 어떻게 마련할 것인가에 대해서도 답을 내놔야 할 때입니다."(2011. 9. 1. 〈뉴스와 화제〉)

▷ 정치권에도 '선플 운동' 새바람, 아직은 미완의 과제

정치권도 연예가 못지않게 악플 문제점이 심각하다.

정치 기사를 검색해 보면 진영 논리, 편 가르기, 팬덤 정치, 내로남불, 포퓰리즘, 플레임, 좌표 찍기, 문자 폭탄, 댓글 공격 등 부정적 단어가 도배를 한다. 자신의 주장에 도움이 되는 유리한 쪽만 보려는 확증 편향(Confirmation bias)이 한국 사회에 팽배해 있다. 그런데 18대 대통령 선거를 앞두고 신선한 운동이 전개된다.

당시 2012년 11월 〈뉴스와 화제〉 클로징 멘트를 보자.

"대통령 선거가 가까워지면서 인터넷엔 악성 댓글이 즐비합니다. 여야 의원들조차 서로 상대방에게 흠집을 내려는 막말과 비난을 쏟아 내고 있는데요. 국회의원들이 이를 바꿔 보자고 발 벗고 나섰습니다. 여야를 가리지 않고 130여 명의 의원들이 뜻을 같이했습니다. 악플 대신 착한 댓글 달기 운동에 나선 것입니다.

'선플정치 선언문'에 서명까지 했습니다.

인신공격과 비방이 난무하는 정치권에 과연 새 바람이 불지, 선플 달기 운동이 건전한 정치문화를 이끄는 시발점이 될지, 국민은 지켜보고 있습니다."(2012. 11. 3.)

정치권의 선플 운동은 20대 대통령 선거 기간에도 이어진다.

대통령 후보들이 아름다운 언어 사용 선플 서약에 동참한다. 대선 후보들이 서명한 '선플 실천 선언문'에는 상호 네거티브 공세 대신 정책과 공약으로 경쟁하고, 정정당당하고 깨끗한 선거 문화 조성에 앞장선다는 내용이 들어 있다. 선플 재단 선플운동본부(이사장 민병철)가 인터넷 악플, 혐오 발언 추방과 긍정에너지 확산을 위해 전개한 캠페인의 호응도는 높았다. 21대 국회의원 300명 중 96%인 287명이 선플 서명을 마칠 정도였다. 의정활동 시 아름다운 언어 사용을 실천하는 국회의원들을 선정해 청소년들이 직접 시상하는 '제8회 아름다운 말 선플상 시상식'도 열렸다.

- 정치적 양극화 심화, '하나의 나라, 두 쪽 난 국민'

바람직한 정치의 기능 가운데 하나는 국민통합, 사회통합이다.

선플 캠페인과 정치권의 자정 노력으로 국민의식과 정치권이 과연 달라졌을까? 아직은 부정적이다. 오히려 악플 폐해, 편 가르기, 양극화 현상이 갈수록 심화되는 양상을 보이고 있다.

"편을 가르는 정치 문화, 자산 양극화 심화에 따른 불평등이 우리 사회를 갈라놨다."

국민 73% "편 가르기 정치·자산 양극화가 한국 찢었다" 2020년 12월 9일 국민일보의 머리기사 내용이다.

3년 뒤 상황은 더욱 심각했다.

조선일보가 2023 새해 특집으로 기획한 〈하나의 나라, 두 쪽 난 국민〉(1. 3.) 기사는 우리 사회의 정치 양극화가 얼마나 심각한 상태인지 극명하게 보여 주었다.

정치적 성향이 다른 사람과는 식사와 술자리는 물론 결혼마저 꺼리는 사람이 40%를 넘는다는 내용이 보도돼 충격을 줬다.

▷ 공직자 기강 해이, 어디까지…

2011년 고위 공직자 근무 기강 해이를 질타하는 〈뉴스와 화제〉 클로징 멘트도 곳곳에서 눈에 띈다.

- 룸살롱 접대에 '스파이짓'까지

"전화 한 통에 산하기관 관계자들이 룸살롱으로 달려 나갔습니다. 룸살롱 접대를 받은 지식경제부 공무원 12명이 전원 보직 해임됐습니다. 얼마 전 국토해양부 공무원들이 산하단체로부터 향응 접대를 받아 큰 물의를 일으켰는데 또 이런 일이 적발됐습니다. 공군 참모총장까지 지낸 사람이 군사기밀을 빼내 외국 군수업체에 유출하는 '스파이짓'을 했다는 믿고 싶지 않은 뉴스도 있습니다. 도덕적 해이, 공직기강 해이가 도를 넘어섰습니다."(8. 4.)

- 장관 지각, 늦춰진 국무회의

"'변해야만 살아남을 수 있다' 재보선 패배이후 여당의 쇄신 열풍이 거세고 야당도 혁신을 다짐하고 있습니다. 그런데 어제 국무회의는 제 시간에 열리지 못했습니다. 일부 장관의 지각으로 개회 정족수를 채우지 못했기 때문인데요. 대통령의 해외 순방 중 일어났습니다. '장관까지 기강이 해이된 게 아니냐' 국민 시선이 곱지 못합니다."(5. 12.)

공직기강 해이는 여러 가지 모습으로 나타난다. 음주 운전, 성추행, 접대 골프, 횡령 비리 행위가 있다. 심지어 마약 밀수, 교육공무원의 미성년자와 성매매 행위도 적발됐다. 직권 남용이 있는가 하면 복지 부동, 업무 태만 같은 소극 행정도 있다. 정부는 그때마다 개혁 드라이브 정책으로 공직 기강 쇄신에 나서지만 만족할 만한 성과를 거두지 못하고 있다. 전문성 강화 못지않게 윤리성 강화가 과제이다. 그 답은 이미 〈공무원 헌장〉에 나와 있다. 실천 강령에서 공무원이 나아갈 바를 제시하고 있다.

"우리는 자랑스러운 대한민국의 공무원이다… 국가에 헌신하고 국민에게 봉사한다… 공익을 우선시하며 투명하고 공정하게 맡은 바 책임을 다한다… 청렴을 생활화하고 규범과 건전한 상식에 따라 행동한다."

책임감, 공정성, 청렴성, 도덕성, 공익성은 어느 시대나 공직자에게 요구되는 덕목일 것이다.

▷ 북한 대사까지 박수, 반기문 UN 사무총장 연임 성공

반기문 총장에 대한 연임 결정을 내리는 데 걸린 시간은 불과 3초였다. 만장일치였다. 심지어 북한 대사도 박수로 찬성하며 열렬히 환영했다. 192개국 회원국 대표들이 기립 박수로 통과시킨 것이다. 유엔 사상 8번째 사무총장의 탄생이다. 2011년 6월 22일 UN총회에서 연임이 확정되는 순간을 언론들이 긴급 속보로 전했다.

선출 과정도 극적이다. 넬슨 메소네 유엔 안보리 의장은 이날 오후 3시에 개최한 총회에서 반 총장의 연임 추천 결의안을 제안한다. 이어 조지프 데이스 유엔총회 의장이 반 총장 재선 안건을 공식 상정하자 192개 전 회원국 대표들이 박수로 통과시킨 것이다. 신선호 유엔주재 북한 대사 일행의 표정도 인상적이었다. 총회 내내 자리를 지키고 연임안에 대해서 박수로 찬성했다.

반 총장은 수락 연설에서 "유엔이 우리 인류를 위해 더욱 봉사할 수 있도록 함께할 수 있는 모든 것을 해 나가자"며 "다양한 국제 파트너 사이에서 교량 역할을 강화할 것"임을 포부로 밝혔다. 영어와 프랑스어를 번갈아 가며 연설하다 마무리 부분에서 영어, 프랑스어, 중국어, 일본어, 러시아어 등으로 각각 "감사하다"고 표현해 큰 박수를 받았다.

반 총장의 연임 비결은 무엇일까. 한 달에 지구 한 바퀴씩, 1년에 지구 12바퀴씩을 돌고 매일 각국의 정상급 인사들과 전화를 하거나 만나면서 생긴 신뢰가 연임에 큰 도움이 됐다고 반 총장은 설명했다. 그는 매년 400-500명 정도의 외무장관급 이상 인사들과 통화를 하거나 면담을 하는 분주한 일정을 소화해 냈다.

반기문 총장의 연임이 확정된 날 〈뉴스중계탑〉 클로징 멘트도 환영과 기대감을 표현했다.

"반기문 유엔 사무총장이 환하게 웃었습니다. 연임이 확정됐죠.
아시아인으로는 45년 만에 재선 사무총장이 탄생된 건데, 참으로 자랑스럽습니다.
앞으로 5년 동안 새롭게 펼치게 될 활약상이 기대됩니다."(2011. 6. 22.)

▷ 대선에서 이기려면? …오바마의 재선 성공 비결

2012년은 미국 대통령 선거와 우리나라 18대 대통령 선거가 겹치는 역사적인 한 해였다. 먼저 2008년 최초의 흑인 대통령 당선으로 신화를 창조한 버락 오바마 대통령이 2012년 11월 연임에 성공한다. 세계의 주목 속에 공화당 롬니 후보와 막판까지 치열한 접전을 벌였던 선거였다. 오바마 대통령은 당선 연설을 통해 '새로운 전진'을 강조했다.

우리나라 18대 대통령 선거는 그해 12월19일 치러져 최초의 여성 대통령인 박근혜 대통령이 탄생된다. 선거를 22일 앞둔 11월 27일 〈뉴스와 화제〉 클로징 멘트가 인상적이다. 대선에서 이기려면 어떻게 해야 되는지를 이미 연임에 성공한 오바마 대통령의 선거대책본부장 말을 인용한 것이 눈에 띈다.

"선거에서 이기려면 어떻게 해야 되나? 미국 대선을 승리로 이끈 오바마 대통령 재선 캠프의 짐 메시나 본부장이 그 답을 내놨습니다. 대통령 선거에서 이기는 비결은 이렇습니다. '먼저 판세를 정확히 분석하라, 스마트한 사람을 참모로 써라, 유권자를 직접 만나라, 후보 자신의 경쟁력이 중요하다, 좋은 메신저(전달자)가 중요하다'… 어찌 보면 당연한 말입니다만, 이런 노하우가 오바마 대통령의 연임 성공에 밑거름이 됐다는 겁니다. 우리나라 18대 대통령 선거전의 막이 올랐습니다. 오늘부터 공식 선거운동이 시작됩니다. 앞으로 22일간 대선 레이스에서 누가 최후의 승자가 될 것인가? 그 답은 결국 선거운동 노하우와 국민의 마음에 달려 있겠죠.

오늘 아침 기온이 영하로 뚝 떨어졌습니다. 건강 조심하시기 바랍니다."(2012. 11. 27.)

5. 세계를 휩쓰는 한류, 문화 분야 멘트

▷ "한류가 세계를 점령했다"

"'칭기즈 칸도 프랑스는 못 갔다. 그러나 한류는 간다.' 한 연예기획사 대표의 야심찬 말인데요. 그의 말이 현실로 다가오고 있습니다. 한류 첫 유럽 공연을 맞아 K팝 가수들을 보려는 프랑스 팬들의 환호성이 대단합니다. 프랑스 언론들은 '아시아를 평정한 한류가 유럽 공략에 들어갔다'고 보도했습니다."(2011. 6. 11.)

"'춤추는 교도소'로 불리는 필리핀 세부의 교도소 재소자들도 '강남스타일' 공연을 선보였다죠. 싸이의 '강남스타일'이 말춤 추듯 인기가 급상승하고 있습니다. 한국 가수 노래로는 처음으로 영국 음반 차트 1위에 올랐습니다. 이대로라면 미국 빌보드 차트 1위 진입도 시간문제라는군요. 강남스타일과 말춤이 한류를 촉발시키고 있습니다."(2012. 9. 30.)

한류의 프랑스 입성, 필리핀 지방 교도소에까지 불어닥친 한류, 2011년과 2012년 〈뉴스와 화제〉 클로징 멘트가 인상적이다. 이 시기를 시작으로 한류는 봇물을 이뤄 아시아에서 유럽으로, 미국으로, 전 세계로 급속도로 확산된다. '시작은 미약했으나 결과는 창대하였다', 한류의 물결은 거셌다.

▷ 보아, BTS 경제 효과…K-컬처 콘텐츠 수출 급증

2001년 3월 SM엔터테인먼트가 보아의 일본 진출을 발표하며 "일본을 점령하겠다"고 했을 때만 해도 많은 사람들은 "어림없는 일"이라며 일축했다. 그러나 그 말은 현실로 나타났다. 14세 어린 소녀가 일본 데뷔 1년 만에 열도를 접수했다는 평가가 나온 것이다.

이미 2003년 경제 전문가들이 "잠재적 경제 가치가 1조 원"이라고 추산할 정도로 보아의 부가가치는 엄청났다. 보아의 성공 이후 '걸어 다니는 중소기업', '보아 효과' 등 대중가수의 인기를 경제, 외교적 가치로 조명하기 시작했다.

2013년 6월 등장한 BTS(방탄소년단)이 우리나라 가요사와 한류 역사에 한 획을 긋는다. BTS의 등장에 백악관이 들썩이고 UN공연에 각국 대표단이 환호한다. 글로벌 슈퍼 그룹 '방탄소년단'의 문화적 위력은 대단했다. 한류가 전 세계에 급속도로 확산하는 데 결정적 모멘텀을 제공했다. "포스트 코로나 시대, BTS 공연 한 번에 1조 원대 경제 효과", 사회적 거리두기가 해제된 '포스트 코로나' 시대, 국내에서 BTS가 콘서트를 한 번 열면 1조 원이 넘는 경제 효과가 발생한다는 자료가 나왔다. 2022년 한국문화관광연구원의 분석 결과이다.

"코어 팬덤이 이끄는 한류 팬 2억 명 시대… 경제 효과 8조 원", 2023년 2월 3일자 문화일보 기사 제목이다.

문화체육관광부가 발표한 콘텐츠산업 조사 보고서에 따르면 2021년 기준으로 콘텐츠산업 수출액은 124억 5,000만 달러로 역대 최고치를 기록했다. 이 중 음악산업 수출액은 7억 7,527만 달러로 이 역시 역대 최고치다.

▷ 한류 확산 파급 효과, K-컬처에서 K-푸드까지

한류는 확산 속도를 높인다. 미국 에미상 6관왕에 오른 넷플릭스 드라마 〈오징어 게임〉(2021)과 72회 칸 영화제 황금종려상을 비롯해 200개 가까운 국제상을 받은 영화 〈기생충〉(2019)이 돌풍을 일으킨다.

이제 K-POP, K-콘텐츠, K-컬처라는 또 다른 단어로 불린다. 국가 문화 콘텐츠의 약진은 수출의 동력이 된다. 한류의 후광효과로 K-푸드도 뜬다. 2021년 K푸드 수출액은 최초로 100억 달러를 돌파했다. 한류의 경제적 효과는 수출 효과는 물론 연관 산업 발전 유발, 생산 유발, 부가가치 유발, 취업 유발 등 국민경제적 파급 효과 면에서도 엄청나다.

한류는 세계로 확산 중이고 그 파급 효과는 진행 중이다.

6. '오 필승 코리아!' 국민감동 스포츠 분야 멘트

1 〉 월드컵 4강, 한국인의 축구 열정

▷ 국민 마음 하나로…축구 신화 감동 드라마

축구하면 떠오르는 장면과 함성이 있다. 2002년 월드컵이다. 시민이 가득 메운 광화문 광장 응원과 '대-한민국!', '오 필승 코리아!' 붉은 악마의 함성이 아직도 귀에 쟁쟁하다.

국민을 하나로 이어 주고 국가 전체에 활력이 솟았다. 국민들은 해냈다는 자긍심과 감동으로 벅찼다. 골인 장면에 환호하고 늦은 밤까지 아파트 불은 꺼질 줄 몰랐다. 치킨과 맥주 매출이 덩달아 폭발적으로 늘어났다. 사회, 경제, 정치, 문화 측면에서 그 파급 효과도 엄청났다. 우리나라 국민은 축구에 웃고 축구에 울었다.

2002 월드컵 4강, 올림픽 4강, 최근 카타르 월드컵 16강 진출까지 축구의 역사는 계속된다.

〈뉴스중계탑〉과 〈뉴스와 화제〉에서도 감동적인 축구 승전보를 클로징 멘트로 방송했다.

▷ 일본 꺾었다, 한국 축구 올림픽 사상 첫 메달

"오늘 새벽 축구 역사를 새로 썼습니다. 숙명의 라이벌 일본을 2:0으로 꺾었습니다. 통쾌한 승리였습니다. 사상 첫 올림픽 메달을 차지했습니다. '2002 월드컵 키드'의 성장에 세계가 놀랐습니다. 오늘 새벽 전국 곳곳에서 동시에 함성이 터졌는데요. 박주영 선수의 선제골, 구자철 선수의 쐐기 골이 터지는 순간, 우리 국민 모두의 마음이 하나로 이어졌습니다. '너와 내'가 아닌 오직 '대한민국'뿐이었습니다. 오가는 사람들의 표정이 밝은 아침인데요. 좋은 주말과 휴일 맞으십시오."(2012. 8. 11.)

▷ 올림픽 4강 축구, 신화의 비결 있었다

"한국 축구가 보란 듯이 해냈습니다. 월드컵 4강에 이어 올림픽 4강이라는 또 하나의 신화를 이뤄 냈습니다.

감동의 신화에는 선수들의 불굴의 투혼과 함께 홍명보 감독의 '큰 형님 리더십'이 있었습니다. 소통과 포용, 따뜻한 카리스마가 돋보였습니다. 감독은 선수들을 동생처럼 감싸고 선수들은 감독을 믿고 따랐습니다. 악조건을 돌파하는 치밀한 준비, 전술, 지략과 용병술도 빛을 발했습니다. 홍명보 축구팀의 강점이자 교훈입니다. 영국을 넘어선 우리 축구팀, 또 어떤 모습을 보여 줄까, 기대가 큽니다.

찜통더위가 계속되지만 가을은 다가오고 있습니다. 내일이 입추입니다. 활기찬 한 주 시작하십시오. 감사합니다."(2012. 8. 6.)

▷ "드디어 해냈다" 출근길은 축제길…월드컵 16강 진출

"표정들이 밝아졌습니다. 해도 해도 지루하지 않은 게 축구 얘기입니다. 출근길은 축제 길이었고 점심시간 화제도 온통 월드컵이었습니다.

발 빠른 기업들은 벌써 월드컵 8강 마케팅에 나섰습니다. 내친 김에 4강까지 가보자는 성급한 얘기도 나오고 있습니다.

월드컵 16강 진출, 경제적 효과는 물론이고 우선 젊은이들에게 자신감과 애국심을 높여 준 것만 해도 성과가 아닐 수 없겠죠. 오늘 날씨도 좋습니다. 맑은 날씨, 내일도 계속됩니다. 기분 좋은 오후 보내시기 바랍니다. 〈뉴스중계탑〉이었습니다."(2010. 6. 23.)

▷ 국민의 축구 열정은 이어지고 있다

카타르 월드컵 16강행이 체육기자 선정 2022년 최고 뉴스였다.

전국 50개 언론사를 대상으로 진행한 '스포츠 10대 뉴스' 선정 조사에서 카타르 월드컵 본선 16강을 달성한 축구 대표팀 관련 소식이 우리 국민을 가장 기쁘게 한 뉴스 1위로 뽑혔다.

포르투갈과의 조별리그 3차전 당시 1-1 무승부로 진행 중이던 후반 추가 시간, 결정적 한 방이 터진다. 역습 찬스에서 손흥민(토트넘)의 패스에 이은 황희찬(울버햄프턴)의 결승골로 2-1 승리를 거둔 것이다. 이 장면은 FIFA가 선정한 카타르 월드컵 7대 명장면에 뽑히기도 했다.

지난 2010년 남아공 월드컵 이후 12년 만의 16강행을 이끈 주장 겸 에이스 손흥민의 활약이 돋보였다. 손 선수는 카타르 월드컵을 계기로

유럽 5대 리그(잉글랜드, 스페인, 이탈리아, 독일, 프랑스)를 통틀어 역대 최초의 아시아인 득점왕 기록도 함께 세웠다.

2) '꿈은 이루어진다' 평창, 3수 끝에 도전 성공

▷ "펴엉-창-!" 평창 동계 올림픽 유치 쾌거

2011년 7월 7일 0시 20분, 남아공 더반 IOC 제123차 총회장.

초조하게 자크 로게 국제올림픽위원회(IOC) 위원장의 입을 주시했다. "펴엉-창-!"이란 단어가 떨어졌다. 자크 로게 위원장의 한마디가 동계 올림픽의 새로운 지평을 연다.

2018 동계 올림픽 개최지 결정 1차 투표 결과, 우리나라가 과반 득표에 성공하며 개최권을 따냈다. 한국은 1차 투표에서 유효 투표 95표 중 63표를 얻어 독일 뮌헨(25표)과 프랑스 안시(7표)를 압도적인 표차로 따돌렸다. 유치단 관계자들이 일제히 손뼉을 치며 만세를 불렀다.

1981년 9월30일 독일 바덴바덴에서 열린 IOC 총회에서 사마란치 당시 위원장이 '쎄울, 꼬레아'라며 1988년 하계올림픽 서울 개최 결정을 알린 지 실로 30년 만의 쾌거였다.

7일 0시를 넘긴 시각 서울 노원구 공릉동 태릉선수촌. 환하게 불을 밝힌 챔피언하우스에서 낭보를 가슴 졸이며 기다렸던 체육인들도 얼싸안으며 환호성을 질렀다. 삼수 도전 끝에 동계 올림픽을 유치한 아침, 전국은 축제 분위기였다. 당시 〈뉴스와 화제〉 클로징 멘트에서도 긴박했던 상황을 알린다.

- 평창이냐 뮌헨이냐? D-0 오늘 결판난다

"10년을 기다려온 '그날'이 밝았습니다. 오늘 밤 12시입니다. 평창이냐 뮌헨이냐? 2018년 동계 올림픽 개최지가 결정됩니다. IOC회의가 열리는 남아공 더반이 어떤 곳입니까? 홍수환 선수의 4전 5기 기적이 있었던 곳인데요. '평창 꼬레아!' 발표로 또 한 번 환호성이 터지길 기대해 봅니다."(2011. 7. 6.)

- "꿈은 이루어진다" 평창, 삼수 끝에 도전 성공

"'한국인이라는 게 이렇게 자랑스러울 수가 없다', 한국계 미국인으로 이번 동계올림픽 유치를 도운 스키선수 '토비 도슨'은 벅찬 감동을 이렇게 표현했습니다. 평창이 세 번째 도전 끝에 꿈을 이뤘습니다.

직간접 경제 효과가 60조 원이 넘는다는데, 더 큰 건 '노력하면 꿈은 이뤄진다'는 자신감을 일깨웠다는 점이죠. 이제 성공 올림픽, 흑자 올림픽이 과제로 남았습니다."(7. 7.)

- 평창은 잔칫집 분위기…축하 현수막 즐비, 할인 행사까지

"아직도 평창 유치의 감동이 그대로 남아 있습니다. 축하 현수막에다 할인 행사에 강원도 평창은 잔칫집 분위기라죠. 큰일을 해낸 유치위원회 대표단도 오늘 오후 2시 금의환향합니다. 이제 본격적인 대회 준비에 들어간다는데 성공적인 올림픽을 위해 차분하면서도 꼼꼼히 챙겨야 할 것입니다."(7. 8.)

2018 평창 동계올림픽 유치 성공으로 한국의 위상은 그만큼 높아진다. 한국은 프랑스, 이탈리아, 독일, 일본에 이어 지구촌 주요 스포츠 이벤트를 모두 개최하는 사상 다섯 번째 국가의 반열에 오르게 된다. 동계·하계 올림픽, 월드컵 축구, 세계 육상 선수권 대회, 포뮬러 원(F1) 자동차 경주를 모두 대한민국에서 치르게 된 것이다.

    평창 동계 올림픽은 2018년 2월 9일부터 25일까지, 평창 장애인 동계 올림픽은 같은 해 3월 9일부터 18일까지 열렸다.

    사상 최대 선수 참가, 풍성한 신기록과 함께 우정과 평화를 다진 성공적인 올림픽으로 기록됐다.

3 〉 인간 승리…스포츠 파노라마

    런던 올림픽 낭보, 장애인 올림픽 빛낸 금메달 소식이 2012년 여름과 가을 빅뉴스였다. 이런 스포츠 쾌거와는 달리 정치권에서는 '공천 헌금' 비리 의혹이 불거졌다. 정치권에서도 정정당당한 올림픽 정신을 배워야 한다는 질타가 〈뉴스와 화제〉 클로징 멘트에 등장한다.

▷ 기보배 첫 2관왕…정치인들도 올림픽 정신 배워야

    "기보배 선수는 역시 한국 양궁의 '보배'였습니다. 첫 2관왕을 차지했습니다. 그러나 웃음 뒤엔 피말린 순간이 있었습니다. 연장 '슛 오프'까지 가는 동점 접전 끝에 금메달을 거머쥘 수 있었습니다. 당당한 투혼이 있었기에 자랑스러운 런던 올림픽 금메달 획득이 가능했습니다.

이런 스포츠 쾌거와는 달리 정치권에서는 '공천 헌금' 비리 의혹이 또 터졌습니다. 공천 개혁, 정치 개혁, 이렇게 어려운 겁니까?

정치인들도 이제 꼼수 대신 '정정당당' 올림픽 정신 배워야 합니다."
(2012. 8. 3.)

▷ 잘 싸웠다 한국 5위, 열대야 잊게 해준 런던 올림픽

"17일 간 열전이 막을 내렸습니다. 우리 국민들은 그동안 행복했습니다. 열대야도 폭염도 잊을 수 있었습니다. 고된 훈련, 가난, 부상, 좌절을 이겨낸 선수들의 값진 승리는 한 편의 '드라마'였습니다.

그 속에서 우리 국민들은 '하나'가 되었습니다. 하면 못 할 게 없다는 '희망'도 봤습니다.

이번 런던 올림픽은 성적도 '기대 이상'이었습니다. 이제 대한민국의 스포츠는 벽을 넘어 중심에 우뚝 섰습니다. 열띤 잔치는 막을 내렸지만 스포츠는 계속됩니다. 2016년 브라질 올림픽이 기다리고 있습니다.

활기찬 한 주 시작하시기 바랍니다. 감사합니다."(2012. 8. 13.)

▷ 장애는 더 이상 장애가 아니었다…장애인 올림픽 빛낸 금메달

"인간의 한계는 어디까지일까?

런던 장애인 올림픽에서 피나는 노력 끝에 메달을 따낸 우리 선수들의 인간승리가 큰 감동을 주고 있습니다.

고등학교 때 연습하다 시력을 잃었던 최광근 선수, 장애를 메치고 유

도에서 당당히 우승했습니다. 손에 쥐는 힘이 없고, 오른손마저 제대로 쓸 수 없었던 강주영 선수도 사격에서 값진 금메달을 차지했습니다.

'삶이 아무리 힘들더라도 누구나 성취할 힘이 있다.' 장애인올림픽 축사에서 장애인 과학자 호킹 박사가 한 말이 울림을 주고 있습니다." (2012. 9. 12.)

▷ 아픔 딛고 일어선 투혼…수험생에게 주는 교훈

"광저우에서 승전보가 계속 이어지고 있습니다. 그 승리 뒤에는 아픔을 딛고 일어선 투혼이 있었습니다. 그래서 더욱 빛났습니다.

야구 대표팀은 '도하의 악몽을 씻고' 와신상담 8년 만에 우승을 이뤄냅니다. 축구 대표팀도 '힘겨웠던 설욕전 끝에' 4강 문턱을 넘어섰습니다. '그랜드 슬램'을 달성한 장미란 선수에게도 시련이 있었습니다. 그러나 부상을 딛고 일어섰기에 아시안 게임의 징크스를 깰 수 있었습니다.

이번 수능에서 점수가 안 나와 낙심하는 수험생들에게 분명 큰 교훈이 아닐 수 없습니다."(2010. 11. 20.)

7. 따뜻한 감동, 훈훈한 미담 멘트

분야별로 클로징 멘트를 정리하다 보니 긍정적인 멘트보다 부정적 멘트가 더 많았다. 사실 클로징 멘트는 매서울 때 더 진가를 발휘한다. 앵커의 존재감도 더 커진다. 그 영향력은 실제로 청취율, 홈페이지 청취 소감, 댓글 등 피드백으로 나타난다. 따라서 클로징 멘트는 정치 분야, 권력 핵심 기관, 공분을 사는 이슈에 대한 날카로운 지적, 질타를 소재로 하는 경우가 많다.

그러나 따뜻한 감동, 훈훈한 미담이 삭막한 사회의 윤활유 역할을 한다. 공감도를 높이고 힐링 효과로 혼탁한 사회를 정화시키기도 한다. 그래서 이따금씩 발견되는 클로징 멘트가 반가웠다.

제1라디오 〈뉴스와 화제〉를 통해 소개된 그때 훈훈했던 미담 클로징 멘트를 살펴본다.

▷ "올겨울은 따뜻했네"…맹추위, 불황 녹인 온정 '봇물'

"올해도 어김없이 전북 전주의 한 주민센터 근처에서 돈뭉치 상자가 발견됩니다. 5천만 원이 넘는 이웃돕기 성금이 들어 있는 상자였습니다. '얼굴 없는 천사'로 불리는 이 독지가의 '남몰래 선행'은 13년째 이어지고 있습니다.

지금까지 성금 액수만도 3억 원 가까이 됩니다. 그동안 2천 세대가 넘는 어려운 이웃들이 천사의 따뜻한 마음을 건네받았습니다.

올겨울 구세군 자선 냄비 모금도 목표액인 50억 원을 돌파했습니다. 사상 최고 기록입니다. 계속되는 맹추위에다 경기 불황으로 빠듯하지만 따뜻한 나눔의 정(情)이 추위를 녹이고 있습니다. 이런 분들의 온정 때문에 "올겨울은 따뜻했네!"라고 말할 수 있습니다. 매서운 한파와 폭설도 이겨낼 수 있습니다."(2012. 12. 27.)

▷ 얼굴 없는 천사들, 연말 추위 녹인다

"'어려운 노인들에게 써 주세요.' 이름을 밝히지 않은 60대 남성이 이런 글과 함께 큰돈을 기부했습니다. 구세군 자선 냄비 모금함에 넣은 돈은 1억 원이 넘습니다. 27년 만의 한파가 몰아쳤던 어제 서울 명동 거리에서 있었던 일입니다.

봉투에는 짤막한 편지도 들어 있었습니다. '고인이 되신 부모님의 유지를 받들어 작은 씨앗 하나를 구세군에 띄워 보냅니다.' 글씨체가 지난해 이맘때 같은 장소에서 1억 1천만 원짜리 수표를 쾌척했던 후원자와 같았습니다. 구세군은 2년째 선행의 주인공이 같은 사람으로 보고 있습니다.

지난해에는 90대 노부부가 2억 원을 거리 모금함에 기부해 감동을 줬습니다.

얼굴 없는 천사들의 따뜻한 이웃 사랑이 연말 맹추위를 녹이고 있습니다."(2012. 12. 10.)

▷ 수천 명 성금 릴레이…미숙아 쌍둥이 살려 냈다

"사랑의 기적이 일어났습니다. 트위터의 위력이 미숙아 쌍둥이를 구했습니다. '치료비 3천만 원이 부족하다'는 이주 노동자 가족의 딱한 사연을 담당 의사가 글로 띄우자 수천 명의 성금이 '팔로잉'한 겁니다. 순식간에 모아진 성금이 미숙아 쌍둥이의 생명을 살려냈습니다. 서울 아산병원에서 최근 있었던 미담입니다.

이제 나눔이 절실한 한가위 추석 명절 앞두고 있습니다.

오늘도 파란 하늘을 볼 수 있는 전형적인 가을 날씨입니다. 기분 좋은 하루 시작하시기 바랍니다. 감사합니다."(2012. 9. 16.)

▷ 아이 8명 입양한 공무원 부부…입양 후진국의 귀감

"'기른 정'이 '낳은 정'보다 강하다고 합니다.
정부청사관리소 공무원 탁정식 씨 부부는 아이 8명을 입양해 키우고 있습니다. 그중 4명은 장애아입니다.
1자가 나란히 겹치는 11일인 오늘은 '입양의 날'입니다.
우리나라는 아직도 '입양 후진국'입니다. '고아 수출국'이라는 불명예를 떨치지 못하고 있습니다. 해마다 해외로 보내는 아기가 1,000명에 이릅니다. 이런 가운데 입양한 아이 8명을 훌륭히 키워내는 공무원 부부가 돋보입니다.
해외 입양 문제, 입양의 날 마땅히 핫이슈가 돼야 합니다."(2011. 5. 11.)

▷ "신부님 저희 연주가 들리십니까?"

"〈울지마, 톤즈〉로 유명해진 남수단 브라스밴드 대원 29명이 어제 고 이태석 신부 묘지에서 〈고향의 봄〉을 연주하며 눈물을 흘렸습니다.
이태석 신부는 아프리카 남수단에서 의료 활동을 펼 당시 손수 학교를 짓고 악단을 만들어 학생들에게 악기 연주를 가르쳤습니다. 그 학생들이 묘지를 찾아 연주를 한 겁니다.
'남수단의 슈바이처'로 불리는 이태석 신부는 우리 곁을 떠났지만 그가 남긴 사랑은 불꽃처럼 타오르고 있습니다."(2012. 10. 15.)

8. 칭찬합시다, 긍정의 메시지 담은 멘트

▷ 밝은 클로징 멘트…'그래도 희망은 있다'

　클로징 멘트 대부분은 부정적인 점이 많은 게 사실이다. 그날 뉴스 중 핫이슈의 핵심을 날카롭게 지적하고 개선을 촉구하고 어두운 사회 단면을 들추는 내용이 대부분이다. 극도로 제한된 분량의 멘트이다 보니 강한 단어 사용이나 단정적 표현도 있게 마련이다.
　그런데 아침 분위기를 살린 밝은 클로징 멘트도 이따금 발견된다. 2013년 11월 28일 〈뉴스와 화제〉 클로징 멘트가 그중 하나이다.

　"우리나라에 아직도 부정적 요소가 있는 것도 사실입니다. '자살률, 저출생, 이혼 건수, 부패지수' 그러나 밝은 뉴스도 잇따르고 있습니다. '대한민국이 세계 8강 무역대국이 됐습니다.', '세계 주요 나라를 대상으로 한 교육 시스템 경쟁력 평가에서 2위를 차지했습니다.', '한국 국가 브랜드 가치가 1,700조 원으로 세계 9위입니다.', '가수 싸이가 미국 시사 주간지 타임이 선정하는 올해의 인물 후보에 올랐습니다.', '이제 발사 하루를 앞두고 나로호가 하늘을 향해 곧게 섰습니다. 우주를 향한 도전이 이번에는 성공하기를 빕니다.'….
　기분 좋은 하루 시작하시기 바랍니다. 수요일 아침 〈뉴스와 화제〉였습니다. 감사합니다."

▷ 중년에게 보낸 희망의 멘트…20대 시절로 되돌아간다면?

2013년 11월 14일 쌀쌀한 날씨였다. 그날따라 우울한 경제 소식이 많았다. 퇴출되는 중소기업, 늘어나는 비정규직 아이템이 이어졌다. 아침 분위기가 어두웠다. 이를 지워버리고 싶었다. 이때 국면을 전환하는 반전의 클로징 멘트가 등장한다.

"요즘 우리나라 중년 남성들, 어떻게 살아가고 있습니까?
경제난에 직장과 가정에서 '샌드위치'가 된 기분이라고 말하곤 하는데, 한 업체에서 40대 천 명을 대상으로 조사해 봤습니다. '20대 시절로 돌아가 찾고 싶은 게 무엇인가?'
가장 많았던 응답은 '꼭 이루고자 다짐했던 꿈'이었습니다. 다음으로 찾고 싶은 건 첫사랑, 외국어 실력, 연락 끊긴 옛 친구들, 강철 체력, 연애 때의 설렘과 풋풋함, 복근과 바디라인, 풍성했던 머리숱, 암기력 순이었습니다.
힘겹지만 그래도 20대 시절 꿈과 다시 찾고 싶은 것을 떠올려 보면 어떨까요?
어제 첫눈이 내렸습니다. 출근길, 힘내시기 바랍니다. 감사합니다."

▷ '칭찬하면 고구마도 춤춘다'

말을 듣지 않는 돼지를 다루는 법은 막대기를 휘두르는 것이 아니었다. 오히려 막대기로 배를 부드럽게 문질러 주면 돼지는 편안한 듯 옆으로 눕는다. 고래 조련사들도 이를 활용한다. 고래를 처음 훈련시킬 때 물고기를 주거나 배를 긁어 주고, 장난감을 가지고 놀 시간을 주기도 한다.

사람 사회도 마찬가지이다. 자신이 일을 잘해 낼 때 긍정적인 보상을 받게 되면 자연히 그 행동을 계속하고 싶어 한다. 동기부여 이론도 여기서 출발한다.

2003년 나온 켄 블랜차드 저서 《칭찬은 고래도 춤추게 한다》가 한동안 화제작이었다. 칭찬에 인색한 사람들에게 큰 울림을 줬다.

2012년 10월에는 프로축구단 '포항'이 고구마로 얻은 긍정의 힘을 교훈으로 삼아 FA컵 대회 결승에 올랐다는 놀라운 결과가 리포트로 방송됐다. 그날 12일 클로징 멘트에서 '칭찬의 힘'이 강조된다.

"최근 한 프로축구단의 '고구마 실험'이 화제가 되고 있습니다. 고구마 화분 2개를 놓고 실험을 해 봤습니다. 하나에는 긍정적인 칭찬의 말을 건넸습니다. '사랑스러운 고구마야, 넌 참 예쁘구나. 건강하게 무럭무럭 잘 자라거라.'

그러나 다른 고구마에는 부정적인 말만 퍼부었습니다. '이 못생긴 고구마야, 넌 안 돼, 당장 꺼져!'

어떻게 됐을까요? 두 달 뒤 놀라운 결과가 나왔습니다. 똑같은 환경에서 똑같은 물을 주고 길렀는데, 좋은 말을 해준 고구마는 줄기가 무성한 반면, 나쁜 말을 해준 고구마 줄기는 제대로 자라지 못했습니다. 감사의 마음, 긍정의 힘입니다.

오늘은 서로 칭찬하는 하루가 되면 어떨까요?"(2012. 10. 12.)

'칭찬의 힘'은 밥 실험(MBC 한글날 특집, 〈실험다큐 말의 힘〉 2009. 10. 9. 방송)과 물 실험에서도 입증된다.

일본의 세계적인 물 연구가 에모토 마사루(Masaru Emoto) 박사는 물이 사람의 말을 알아듣고 그에 맞게 반응한다는 것을 증명해 보였다. 그의 책 《물은 답을 알고 있다》(2008)에서 실험 내용이 소개된다.

용기에 담은 물을 대상으로 긍정과 부정의 말을 한 결과 놀랍게도 물의 결정체가 대조적으로 나타난 것이다. 긍정적인 말을 들은 물은 아름답고 완벽한 모양의 결정체를 보였다. 반면 부정적인 욕설을 들은 물은 결정체가 파괴되고 뒤틀리고 흐트러진 모양이었다.

그런데 에모토 마사루 박사의 더 놀라운 발견은 감정을 담은 말이 우리의 몸에도 그대로 영향을 준다는 사실이다. 건강과 행복을 위해서라도 부정적인 말보다 남을 칭찬하는 말, 감사하는 긍정의 말이 습관화돼야 한다는 교훈을 얻게 된다.

9. 종방 멘트, 책갈피 속에 묻어둔 '클로징 멘트'

책이나 자료, 앨범을 정리하다 보면 순간 시선이 멈추는 때가 있다. 책갈피 속에 있던 은행 잎, 메모지, 빛바랜 사진 한 장이 그것이다. 그리고 그때의 추억과 상념에 한동안 빠지고는 한다. 클로징 멘트를 정리하던 중 라인업하기가 애매하고, 그렇다고 버리기는 아까운 몇 가지가 있었다. 그 내용 중 일부를 매거진 형식으로 정리해 본다.

▷ "닭이 먼저냐, 달걀이 먼저냐?"

"'닭이 먼저냐, 달걀이 먼저냐' 그동안 논쟁거리였죠.

이런 해묵은 논쟁에 대해 영국의 대학 공동 연구진이 결론을 냈습니다. '닭이 먼저'라는 겁니다. 영국 과학자들의 주장은 이렇습니다. 닭 난소에 있는 단백질이 달걀 껍데기를 만들어 낸다. 따라서 달걀을 만들기 위해서는 단백질의 모체인 닭이 우선하는 것 아니냐… 이런 논리입니다.

후텁지근한 날씨, 불쾌지수도 높습니다. 기분 좋은 오후 되시기 바랍니다. 감사합니다."(2010. 7. 15. 〈뉴스중계탑〉)

▷ 한국 노벨상 수상자는 언제 나올까

"노벨상의 계절이 돌아왔습니다. 올해 노벨 생리의학상 수상자로 영국의 존 거든과 일본의 야마나카 신야 교수가 선정됐습니다.

이웃 나라인 일본은 지금까지 과학 분야에서만 15명의 수상자를 배출했습니다.

우리나라는 언제까지 부러운 시선으로 이를 바라봐야만 될까요?"(2012. 10. 9. 〈뉴스와 화제〉)

이 책의 원고를 마무리할 즈음 드디어 대한민국에서도 노벨상 수상자가 탄생한다. 스웨덴 한림원은 2024년 10월 10일 노벨 문학상 수상자로 대한민국 한강 작가를 선정했다고 발표했다. 문학상으로는 국내 첫 수상자이고 여성 작가로서는 아시아 첫 수상 기록을 세웠다. 언론은 이 쾌거를 '한강의 기적'으로 표현하며 속보로 전했다.

▷ 아기 스님 재롱에 미소 짓는 추기경 할아버지

"아기 스님들의 재롱에 미소 짓는 추기경 할아버지의 모습이 눈길을 끕니다. 어제 법정 스님 추모 영화 시사회가 있었던 명동성당의 모습입니다.

오늘 부처님 오신 날 봉축 법요식에도 기독교와 천주교 등 종교 지도자들이 초청됐습니다. 종교 간 화합, 보기에도 참 좋습니다.

그러나, 올해 조계사 봉축 법요식에 정치인들은 초대받지 못했습니다. 이례적인데요. 불교와 정치의 갈등 봉합, 아직은 시간이 더 필요한 모양입니다.

부처님 오신 날, 뜻 깊은 하루 보내시기 바랍니다. 감사합니다."(2011. 5. 11. 〈뉴스와 화제〉)

▷ 오바마, "대통령보다 아빠 역할이 더 중요"

"아빠 노릇 하기도 참 어려운 세상인데 오늘 한 외신이 눈에 띕니다. 오바마 미국 대통령이 한 말인데요. 이 세상에서 가장 중요한 일은 대통령직이 아니라 '좋은 아빠가 되는 것'이라고 단언했습니다.

두 딸의 아버지인 오바마 대통령은 '아버지가 되는 것이야말로 남자가 가질 수 있는 가장 중요한 일'이라고 강조했습니다."(2010. 6. 21. 〈뉴스와 화제〉)

▷ 오늘은 한글날, 행정기관까지 외래어 남용

"'온리 제주', '컬러풀 대구', 인프라, 클러스터, 태스크 포스…. 요즘 행정기관에서 즐겨 쓴 단어입니다. 우리말을 지키고 가꿔야 할 행정기관이 되레 무분별한 외국어, 외래어를 남발하고 있습니다.

해외 주요 인터넷 사이트에도 한글에 대한 설명이 잘못된 것이 많습니다. 오늘은 한글날입니다."(2012. 10. 9. 〈뉴스와 화제〉)

▷ 단풍 드는 계절…가을 축제는 과열 경쟁

"여의도 공원도 단풍이 들기 시작했습니다. 설악산 단풍도 남하 속도가 빨라지고 있습니다. 어느 새 산허리로 내려가고 있다고 합니다. 올해 단풍은 빛깔이 고울 것으로 예측됐습니다. 이달 들어 일교차가 큰 전형적인 가을 날씨가 이어지고 있기 때문이라는군요.

단풍 드는 좋은 계절. 지역마다 축제 행사가 잇따라 열리고 있습니다. 특산품 홍보 행사부터 각종 향토문화 축제가 줄을 잇고 있습니다. 볼거리, 먹을거리, 멋과 흥이 있어 좋지만 '과유불급'이 문제입니다. 자치단체마다 너무 많은 돈을 들여 낭비성, 전시성 행사 경쟁이라는 지적이 나오고 있습니다.

주말인 오늘 저녁 여의도 한강공원에서는 서울 세계 불꽃축제가 열립니다. 가족과 함께 멋진 가을밤을 즐겨 보시기 바랍니다."(2011. 10. 8. 〈뉴스와 화제〉)

▷ 흉작에 우울한 추석…그래도 코스모스는 피었다

태풍이 네 차례나 지나면서 대흉작이 우려 되는 2009년 추석 귀향길은 무거운 분위기였다. 그러나 고향으로 가는 길가에는 변함없이 코스모스가 만발했다. 이를 표현한 클로징 멘트가 당시 분위기를 그려낸다.

"추석 앞두고 오늘 아침에도 막바지 벌초하러 가는 분들 많습니다. 고향으로 가는 길가에서는 코스모스가 반겨 줍니다. 들판은 하루가 다르게 누렇게 변해 가고 있습니다.

일 년 중 가장 보기 좋은 모습입니다만 안을 들여다보면 꼭 그렇지만은 않습니다. 연이어 불어닥친 태풍 탓에 곳곳에 벼이삭이 말라 죽고 있습니다. 농수산부도 비관적입니다. 올해 쌀농사가 32년 만에 대흉작이 될 거로 우려하고 있습니다.

가뜩이나 힘든 농민들, 주름살이 더 깊어지게 됐습니다. 태풍이 네 차례나 지나면서 피해 규모가 9년 만에 가장 크다는데 복구 작업은 더디기만 합니다. 귀성객들의 도움의 손길이 필요합니다."(2009. 9. 22. 〈뉴스와 화제〉)

▷ 송년사…삶에 감사하고 아픔을 받아들이자

"연말을 맞아 언론사마다 올해 국내외 10대 뉴스를 내놓고 있습니다. 기관 단체의 송년사, 신년사, 종교 지도자들의 신년 메시지도 잇따르고 있습니다. '비움'과 '나눔'을 실천하라! 사회 갈등을 극복하고 화합·소통하라는 내용입니다.

암 투병 중인 이해인 수녀는 한 인터뷰에서 이렇게 말했습니다. '삶에 감사하고 아픔을 받아들이자! 영원히 살 것처럼 행동하는 사람들이 많은데, 하루하루 반성하며 살자.'

계사년(癸巳年) 새해가 저만치서 다가오고 있습니다.

2012년 마지막 주말, 뜻있게 보내시기 바랍니다."(2012. 12. 29.)

▷ "애청자 여러분 감사합니다"…앵커의 종방 멘트

시작이 있으면 끝이 있기 마련이다. 시사 논평 〈뉴스와이드〉부터 종합뉴스 〈뉴스와 화제〉, 〈뉴스중계탑〉까지 5년에 가까운 앵커 생활은 2012년 마지막 날인 12월 31일 〈뉴스와 화제〉 클로징 멘트로 막을 내린다. 그 날짜로 이미 홍보실장 발령이 난 상황이었다.

돌이켜 보면 지난 앵커 생활은 긴장의 연속이었다. 창을 베고 자면서 아침을 기다린다는 침과대단(枕戈待旦) 생활의 연속이었다. 전날 TV 9시뉴스를 보면서도 아침뉴스의 마무리를 장식할 의미 있는 단어 선택에 고민해야 했다. 주요 뉴스의 흐름을 미리 감지해야 했다. 방송 직전까지 그날 뉴스의 핵심 이슈에 대한 촌평, 명쾌하면서도 위트 넘치는 촌철살인의 클로징 멘트 작성에 골몰했다.

2012년 마지막 날 톱뉴스는 호남 폭설이 장식했다. 이어 주요 뉴스로 올해 기상 이변 극심에 피해도 급증, 국회 새해 예산안 처리, 오늘 지상파TV 아날로그 방송 최종 종료, 서울 곳곳 새해 해맞이 행사 준비 등이 이어졌다.

그날 2012년 마지막 날이자 앵커로서 고별 방송을 한 날의 방송 스탭은 곽우신 기자, 정은승 아나운서, 박은영 진행요원, 손영택 엔지니어였다. 마지막 방송의 클로징 멘트는 이렇게 끝을 맺는다.

"'가라 옛날이여, 오라 새날이여!' 격동의 한 해 2012년이 서서히 저물고 새해가 다가오고 있습니다. 전국 해맞이 명소마다 벌써 새해맞이 행사 준비가 한창입니다. 기관, 단체에서도 오늘 종무식을 갖고 한 해 업무를 마무리하게 됩니다.

〈뉴스와 화제〉도 숨 가쁘게 달려온 한 해였습니다.

이 시간 앵커를 맡았던 저도 오늘 작별의 인사를 올립니다. 방송의 현장을 떠나 홍보의 현장으로 갑니다.

〈뉴스중계탑〉, 〈뉴스와 화제〉 앵커를 맡아 온 지 4년의 세월이 흘렀습니다. 방송을 진행하면서 나름대로 '균형'과 '절제'를 지키려 노력했습니다. 그동안 성원과 격려를 보내주신 애청자 여러분 정말 고맙습니다. 새해 복 많이 받으시고 소망 이루시길 빕니다. 감사합니다."

- 4편 -
뉴스의 완성도, 앵커에 달렸다

1장 앵커는 뉴스의 꽃인가?

방송 뉴스의 꽃은 흔히 앵커(Anchor)로 불린다.

방송인 출신인 김우룡 교수는 앵커맨을 'TV저널리즘의 제왕'이라고까지 불렀다. "전파 저널리즘의 총아, 앵커맨은 이제 신문의 제1면(the front page)을 능가하는 TV 뉴스의 간판스타가 되었다"며 앵커의 위상을 강조했다.(김우룡, 《방송학강의》, 1988, P. 237)

'앵커'는 뉴스의 닻 역할을 한다는 뜻이다. 이 어원이 말하듯 앵커는 수많은 기사들을 시청자에게 전달하는 데 있어 닻의 역할을 해야 한다. 뉴스의 '중요한 요충지'로서 편집과 진행에서 핵심 역할을 맡는 위치를 담당한다. 취재기자를 통해 들어온 기사가 편집부를 거쳐 라인업 되면 이를 생생하게 전달하는 것은 최종 주자 앵커의 몫이다. 조리 과정을 거친 음식을 맛있게 먹어 주는 역할과도 비유된다.

앵커는 뉴스의 꽃인 만큼 그 역할과 책무도 막중하다.
정확한 팩트 전달은 물론 핵심 이슈에 대한 날카로운 논평이 요구될 때도 있다. 이슈에 대한 정확한 분석과 전달력이 필요하다. 앵커의 표정, 몸짓, 발음, 억양 모든 것이 주목 대상이다. 균형과 절제, 신뢰감도 갖춰야 할 덕목이다. 뉴스 방송의 완성도는 결국 최종 주자 앵커에 달렸다는 말이 나온다.

뉴스의 꽃인 앵커의 인기도 관심사이다. 여대생들이 가장 선호하거나 선망하는 인물 1순위에 주요 뉴스 여성 앵커들이 꼽힌다. 앵커의 스타성을 보여 주는 단적인 예이다. 앵커의 인기는 곧 시청률과도 연결되는 중요한 요소이다.

1 〉 앵커의 등장과 앵커 시대 개막

'앵커맨'이란 용어는 1952년 미국 3대 지상파 방송의 하나인 CBS TV의 전설적인 뉴스 진행자였던 월터 크롱카이트(Walter Cronkite. 1916-2009)로부터 생겨났다. 그전까지 방송은 아나운서가 원고를 읽는 뉴스 전달 방식이었다. 크롱카이트가 마이크를 잡으면서 큰 변화를 가져온다. 카리스마 있는 진행자가 기자의 리포트를 전달하고 현안에 대해 자신의 생각을 코멘트 하는 방식으로 바뀌었다. 뉴스에서 좀 더 강력하고 주도적인 역할을 하는 앵커 시대를 연 것이다.

TV 뉴스는 감성과 개성이 있는 진행자에 의해 전달되는 특성을 갖고 있다. 활자로만 전달되는 신문 뉴스와 달리 뉴스 전달자의 음성이나 용모, 태도로 인해 영향을 받는다. 이로 인해 TV뉴스 프로그램에 대한 대중의 관심은 뉴스 전달자인 앵커에 대한 관심으로 이어진다. 앵커의 퍼스낼리티가 강조되는 이유이다. 특히 본격적인 영상 시대 이미지의 중요성이 강조되면서 뉴스 앵커의 개성과 용모에 대한 관심도 커지고 있다. 또한 앵커에 대한 시청자의 관심과 반응이 높을수록 사회적 영향력도 확대돼 간다.

2 〉 앵커의 선발 방법과 기준

▷ 치열한 내부 오디션 거쳐 선발

흔히 언론고시라 불리는 공채에 합격한 기자들이 경력을 쌓은 뒤 또다시 치열한 경쟁을 거쳐 앵커에 낙점된다. 방송사에서는 요즘 앵커를 내부 오디션을 통해 뽑는다. 지원자를 대상으로 실기와 카메라 테스트를 거친다. 발음 등 전달력, 보이스 컬러, 퍼스낼리티, 용모를 살핀다. 물론 이전 뉴스 진행에서 호평을 받은 앵커 출신이 오디션에서 유리할 수도 있다. 아침이나 심야 뉴스 앵커에서 밤 9시 메인 뉴스 앵커로 자리를 옮기기도 한다.

앵커 선발은 오디션 이후 부장단의 논의를 거쳐 본부장, 사장 선에서 최종 결정된다. 시청자 선택을 중시하는 방송사에서는 선발 과정에서 시청자의 인터넷과 현장 투표 결과를 반영하는 공개 오디션을 펼쳐 화제가 되기도 했다(MBN 등).

▷ 앵커의 선발 기준

앵커 시스템을 먼저 도입한 해외 방송사의 앵커 선발 기준과 자격 요건을 살펴본다.

미국 저널리스트들은 앵커의 자격 요건으로 다음과 같은 4가지를 제시한다. 첫째, 국제·국내뉴스를 처리할 수 있는 저널리스트인가, 둘째, 인격과 품성이 뒷받침되는가, 셋째, 전달력, 넷째, 대중감각이다.

CBS에서 월터 크롱카이트의 후임 앵커로 댄 래더(Dan Rather)를 선발하는 과정에서 적용한 기준도 참고할 만하다. 백악관 출입기자를 역임했는가, 특파원 경력이 있는가, 저널리스트로서 자질과 능력이 있는가, 취재에 있어서 전설적 일화를 남겼나, 용모가 TV에 맞는가 등이다. 취재 경력과 능력, 국제적 뉴스 감각, 화면에 비치는 이미지를 판단 요소로 삼았음을 알 수 있다.

헌터(Hunter)의 조사 결과는 더 구체적이다. 헌터가 앵커를 선발하는 데 참여한 뉴스 담당 국장 23명을 대상으로 조사한 앵커의 구비 요건은 다음과 같다.

호감이 가는 용모, 신뢰도, 의사 전달 능력, 뉴스에 대한 이해, 매력, 재치, 애드리브(ad-lib) 능력이다. 여기에 산뜻함, 젊음, 개성, 분명한 발음, 융통성, 동정심, 다른 동료들과의 친밀한 관계, 겸손 등이 추가된다.

파워스(Powers)는 시청자들에게 인기 있는 앵커 유형 연구에서 젊고, 재치 있고, 매력적이며, 유머 있는 앵커를 시청자들이 선호한다고 밝혔다.

시청자들은 자신이 좋아하는 앵커에 따라 뉴스 프로그램을 선택하기도 한다. 앵커는 방송사 시청률과 영향력, 스테이션 이미지를 좌우한다. 방송사로서는 앵커가 중요한 자산이다. 그래서 선발에 신중할 수밖에 없다.

3 ⟩ 앵커로서 갖추어야 될 요건

▷ 용모, 판단력, 위기관리, 퍼스낼리티

미국 CBS뉴스 사장이었던 윌리엄 레오너드(William Leonard)는 훌륭한 앵커맨이 갖추어야 할 네 가지 덕목을 제시했다. 우선 용모, 문장력, 표현력 등에서 TV매체에 맞는 인물을 들었다. 다음으로는 기자로서 능력, 판단력, 취재팀을 이끌어 가는 지도력, 취재 감각과 사건을 파고드는 추진력을 겸비해야 한다. 셋째는 위기나 돌발 사태에 대처하는 능력을 가진 사람, 넷째는 공적, 개인적인 면에서 퍼스낼리티를 갖춘 사람을 들었다.

▷ 앵커의 전설, 크롱카이트의 신뢰감

앵커로서 가장 중요시되는 덕목으로 꼽는 것은 외적으로 드러나는 요소보다 '신뢰감'이었다. 신뢰감의 대명사는 앵커의 전설로 불리는 크롱카이트였다.

1952년 CBS의 저녁뉴스 앵커로 데뷔한 크롱카이트는 독특하면서도 객관적인 보도로 주목을 받았다. 1963년 쿠바사태 당시 케네디 대통령과 단독 인터뷰를 하면서 시청자들을 사로잡았다. 그는 월남전에도 종군해 "미국이 이기고 있다"는 당시 존슨 대통령의 말이 거짓임을 폭로해 미국 내 반전 운동의 도화선 역할을 한다.

닉슨 대통령의 워터게이트 사건을 폭로해 "대통령은 못 믿어도 월터의 말은 믿는다"는 전설적인 유행어를 남겼다. 그는 평소 '정직, 성실, 믿음, 프로 정신' 4가지를 덕목으로 삼아 시청자들이 쉽고 정확하게 뉴스를 이해할 수 있도록 보도했다.

미국 CBS의 전설적인 앵커 월터 크롱카이트 이후 모든 성공한 앵커의 공통점은 신뢰감이었다. 크롱카이트 뒤를 이어 CBS TV 앵커맨으로 20년 넘게 뉴스를 진행한 댄 래더도 "TV 화면에 나오는 인물을 판단할 수 있는 것은 오직 신뢰감"이라고 말했다.

다매체 다채널의 홍수 속에 TV뉴스의 편집과 전달 방식에도 많은 변화가 있었지만 변함없는 한 가지는 앵커의 중요성, 즉 진행자에 대한 신뢰감이다.

▷ 쓰기, 말하기, 외모 등 3가지 요건

훌륭한 앵커가 되기 위해서는 '쓰기'(Writing)와 '말하기'(Speech), '외모'(Character) 3가지를 갖춰야 한다. 방송계에서는 이 중 우선으로 쓰기와 말하기를 꼽는다. 여기에서 쓰기란 원고를 작성하는 지적 능력과 함께 뉴스와 시사를 해석하는 능력을 말한다.

앵커의 역량은 뉴스전달을 주도하는 능력과 함께 최종적으로 앵커 멘트로 나타난다. 앵커 멘트는 일단 현장기자가 먼저 작성하지만 전체 뉴스 맥락에 맞게, 핵심 이슈를 살려 앵커가 다시 쓰게 된다. 앵커는 자신의 스타일, 퍼스낼리티, 어법에 맞는 표현으로 고치게 된다. 방송 직전 최종 과정에서 거르는 역할은 역시 앵커의 몫이다. 앵커는 바람에도 흔들림 없이 배를 고정시켜 주는 닻(앵커) 같은 부동심으로 방송 뉴스를 지켜 나가야 할 책무도 있는 것이다.

▷ 앵커의 캐릭터와 퍼스낼리티

앵커의 캐릭터와 카리스마를 얼마나 살리느냐에 따라 시청률은 물론 뉴스 프로그램의 영향력도 좌우된다. 뉴스를 두드러지게 만들고 품격을 높이려면 앵커의 이미지가 좋아야 한다. 이는 앵커만이 가지고 있는 캐릭터에서 우러나온다. 취재기자 시절 어떤 취재를 어떻게 했는지, 시사 토론 진행에서 어떤 관점을 지켜왔는지, 그동안 쌓아온 경력이 캐릭터로 표현되기도 한다.

바람직한 앵커의 이미지는 시청자에게 거부감이 아닌 호감을 줄 수 있어야 하고 나름대로 강한 퍼스낼리티를 내세울 수 있는 인물이어야 한다. 냉철한 판단과 강인한 면모, 정의감도 앵커의 신뢰감을 높이는 요인이다. 잘생긴 외모보다 신뢰감 있는 이미지가 중요하다.

▷ 두둑한 뱃심과 날카로운 질문

"기자에게 무례한(rude) 질문이란 없다." 지난 1961년, 최초의 여성 백악관 출입 기자 헬렌 토머스가 한 말이다. 그는 직설적인 질문을 하는 것으로 유명했다. 미국 조지 부시 대통령 시절에는 비판적 질문으로 백악관 출입 금지를 당하기도 했다.

앵커에게도 때로는 상대방이 곤란한 질문, 피하고 싶은 질문을 해야 한다. 그러나 그 질문의 목적이 상대방을 곤경에 빠뜨리는 것이 아닌 국익, 공익, 국민의 편에서 나온 팩트 체크식 질문이어야 공감을 얻을 수 있다. 상대방이 하고 싶은 말을 질문하다 정곡을 찌르는 질문을 하면 그 수위도 누그러뜨릴 수 있다.

앵커와 기자는 언제 어디서나 늘 질문해야만 하는 직업이다. 정확히 팩트를 파악해야만 올바른 논평과 보도가 가능하기 때문이다.

▷ 앵커의 멋도 경쟁력

앵커의 분장, 의상, 헤어스타일 등은 방송에서 디테일이다. '디테일의 악마'라는 말이 있듯이 사소한 것처럼 보이지만 중요한 문제가 될 수 있다.

1980-1990년대 KBS 박성범 앵커는 파리 특파원 출신의 세련미를 살려 재킷에 행커치프를 한 것이 트레이드마크로 각인됐다. MBC의 엄기영 앵커는 역시 파리 특파원 때 트렌치코트의 깃을 세우고 방송한 것이 잘 어울렸다는 평가를 받으며 이런 분위기를 앵커 때도 살려 나갔다.

TV가 과거 아날로그 화질에서 HD를 거쳐 UHD 즉 초고화질로 진화하면서 앵커는 물론 기자의 분장도 이미지 메이킹에 중요한 요소가 됐다.

4 ▷ 앵커의 경쟁 시대, 클로징 멘트로 승부한다

92세로 세상을 떠난 미국 '앵커의 전설' 월터 크롱카이트는 뉴스를 마무리하는 클로징 코멘트에 있어서도 전설적 존재였다. 그는 자신이 오랫

동안 진행한 〈CBS 이브닝 뉴스〉에서 '…세상일이란 다 그렇고 그런 것이다(And that's the way it is).'라는 말로 마쳐 화제를 모았다.

요즘 방송사 주요 뉴스 마무리는 앵커의 클로징 멘트로 장식한다. 간단한 멘트에서 벗어나 아예 앵커 클로징 멘트를 별도 코너로 설정하기도 한다. 그만큼 앵커의 퍼스낼리티가 담긴 클로징 멘트가 뉴스의 핵심이 되었다.

시청자들도 '떡을 먹은 뒤 시원한 동치미를 먹듯' 앵커의 시선을 통해 본 시원한 사이다 발언, 정곡을 찌르는 명쾌하고 비판적인 멘트를 기다린다. 시청자들은 앵커의 클로징 멘트를 또 평가한다. 갈증을 풀어주는 앵커의 한마디에 위안을 받고 동조하거나 때로는 자신과 견해가 다를 때는 비판하기도 한다.

따라서 클로징 멘트의 영향력과 중요성이 커지는 만큼 앵커의 스탠스도 중요해졌다. 찬반 논란이 뜨거운 이슈일수록 앵커의 말 한마디의 파장은 클 수밖에 없다. 앵커의 멘트 무게가 큰 이유이다. 특히 공영방송 앵커에게는 객관적이고 공정한 멘트가 책무이기도 하다. 뉴스와 이슈에 대한 앵커의 정확한 분석과 통찰력 있는 시각이 요구된다. 그래야 시청자들의 공감을 이끌어 내고 올바른 여론을 주도하게 된다.

결국 앵커의 클로징 멘트는 시청자들의 선택 여부를 결정 짓는 요소이다. 또한 뉴스의 영향력과 시청률로 평가받게 된다.

후발 주자로 등장한 종편의 뉴스 방송 중 클로징 멘트 '앵커 브리핑'으로 주목을 받은 인물은 손석희 JTBC 앵커였다. 진영에 따라 논란을 빚고 호감과 비호감이 크게 갈리지만 한때 JTBC 메인 뉴스를 종편 뉴스 시청률 1위의 자리에 올려놓기도 하고 수년간 가장 영향력 있는 앵커로 선정되기도 했다.

앵커의 클로징 멘트에 대한 중요성과 경쟁이 커지면서 방송사의 시각도 달라지고 있다. 일부 방송사는 그날그날 멘트 작성을 돕고 음악을 고르는 일을 보조하는 전문작가 2-3명을 두는 등 앵커 지원을 강화하고 있다.

최근 우리나라 방송계의 시청률 전쟁은 드라마나 예능 못지않게 뉴스 프로그램에서도 치열하다. KBS, MBC, SBS 지상파 방송 3사에 이어 종합편성 채널까지 추가돼 한마디로 뉴스의 춘추 전국 시대를 맞고 있다. 특히 최근 들어 TV조선 등 종편 뉴스의 약진이 두드러지면서 뉴스 시청률 경쟁이 뜨겁다.

뉴스의 주가를 올리고 시청자의 갈증을 대신 풀어주는 역할을 하는 앵커의 클로징 멘트의 경쟁도 더욱 가열될 것으로 보인다.

2장 그 시대 전설로 남은 국내외 유명 앵커

1. 미국 TV뉴스의 유명 앵커

▷ 앵커시대를 연 월터 크롱카이트

미국 CBS의 월터 크롱카이트는 1951년 앵커를 시작해 1981년 은퇴

할 때까지 전설로 남을 정도로 앵커의 신화를 만들었다. 다른 방송사가 그를 스카우트할까 봐 CBS는 은퇴한 이후에도 1988년까지 매년 100만 달러를 그리고 1989년부터는 15만 달러를 지급하는 계약을 맺을 정도였다.

크롱카이트는 20세기 중·후반 앵커로서 수많은 역사적인 순간들을 대중들에게 전했다. 대표적인 것이 존 F. 케네디 대통령 암살 사건 보도였다. 당시 크롱카이트는 미국인들이 마주친 엄청난 충격과 슬픔 속에 자신의 감정을 절제하는, 차분하면서도 냉철한 진행으로 대중의 신뢰를 얻게 됐다.

1968년에는 베트남전의 실상을 심층 리포트로 고발해 반전 여론을 촉발함으로써 주목을 받게 된다. 뉴스진행자는 사실만 전달해야 한다는 원칙을 깨고 논평을 한 것도 크롱카이트였다. 오늘날 '클로징 멘트'의 시작인 셈이다.

▷ 댄 래더, 피터 재닝스, 바바라 월터스

월터 크롱카이트가 TV뉴스의 앵커 진행 시대를 열자 댄 래더(CBS '이브닝 뉴스' 메인 앵커), 톰 브로카우(NBC 앵커), 피터 재닝스(ABC '월드 뉴스 투나잇' 앵커) 등 "Big 3"라고 불리는 쟁쟁한 앵커들이 뒤를 이었다.

여성 앵커로는 에미상을 12차례나 받은 바바라 월터스(ABC방송 간판 앵커, 오늘(Today)쇼 공동 진행자)가 이름을 날렸다. 이들은 20년 동안 메인 뉴스의 앵커로 활약하며 뉴스의 전성시대를 이끌었다.

2. 한국의 앵커시대

▷ '한국의 앵커 1호', TBC 봉두완

대한민국 앵커 1호는 봉두완이 꼽힌다. 미국의 앵커 시스템을 받아들인 1970년대 TBC 방송 뉴스에 봉두완이라는 최초의 실질적 뉴스 앵커가 등장한다. 봉두완은 스스로 '봉카이트'로 불리기를 원했을 정도로, 철저하게 크롱카이트를 롤모델로 삼았다. 당시 보도 프로그램이 아나운서의 전유물이던 시절에 기자가 종합뉴스 진행자로 직접 마이크를 잡은 것 자체가 신선한 충격을 주며 화제를 모았다.

봉두완은 언론의 자유가 제대로 없었던 1970년대 '쓴소리'로 큰 인기를 얻었다.

"TBC 뉴스 전망대를 흐르는 오늘의 세계, 인생도 유유히 흐르는 강물과도 같습니다. 뉴스 전망대에서 바라본 오늘의 세계, 별 볼 일 없습니다."(봉두완 〈뉴스 전망대〉 클로징 멘트)

소설가 최인호는 봉두완이 쓴 《뉴스 전망대》(1980) 추천사 '봉두완론'에서 당시 봉두완을 평가한다. "월요일 아침 8시. 더듬거리고 덤벙대는 음성으로 우리를 기분 좋게 해주는 그는 과연 누구인가. 독설로, 풍자와 유머로, 때로는 정직하고 당당하게 시정(市井)의 문제를 다루고 논평하는 봉두완, 그래서 그는 이미 우리의 친구이며 우리와 가장 가까운 곳에 있다."

▷ KBS 박성범과 MBC 이득렬 라이벌 시대

1980년대 이후 KBS와 MBC, SBS 등 우리나라 방송사에서도 미국과 마찬가지로 간부급 기자가 뉴스를 진행하는 앵커 시스템이 자리 잡았다. 1980년 TV 9시 저녁뉴스에 앵커가 등장했다. 앵커의 비중과 시청자의 호응이 커지면서 방송사마다 독특한 이미지를 구축해 나가는 앵커들이 속속 등장했다.

최동호, 박성범, 이윤성, 류근찬(KBS), 이득렬, 강성구, 엄기영(MBC), 맹형규(SBS) 등이 시청자의 뇌리에 남는 앵커들로 꼽힌다.

특히 9시뉴스 '역대 명앵커' 가운데 라이벌이었던 KBS 박성범 앵커와 MBC 이득렬 앵커의 모습이 떠오른다. 한 시절 쌍벽을 이뤘다. 박 앵커는 강한 카리스마에 메시지 전달이 뚜렷했고 이 앵커는 조곤조곤한 대화식 말투에 편안한 느낌을 주는 것으로 대비됐다. 1980-1990년대 박 앵커는 파리특파원 출신의 세련미를 살려 재킷에 행커치프를 한 것이 트레이드마크였고 강한 멘트가 메시지 전달력을 높였다. MBC 역사상 대표적인 앵커였던 이 앵커는 앵커 멘트를 여러 번 고쳐 재치 있고 중량감 있는 자신만의 독특한 멘트를 구사했다는 평가를 받았다.

박 앵커 하면 떠오르는 장면도 있다. 1980년대 중반, 박성범 앵커는 전국 지역총국을 순회하며 특집 9시뉴스를 진행했다. 전국 뉴스와 함께 그 지역 이슈도 다뤄 인기를 모았다. 지역마다 환영 플래카드가 나붙고 지방 신문에 9시뉴스 예고 기사가 뜨는 등 한때 화젯거리였다.

▷ **메인 뉴스에서 활약한 앵커들**

흐르는 세월 속에 수많은 앵커들이 거쳐 갔다. 일부는 단기간에 물러나고 일부는 장기간 앵커를 맡았으나 이름을 남긴 명앵커는 손에 꼽을 정도이다. 전파와 화면 속에서 명멸한 앵커들의 이름을 살펴보자.

많은 앵커 속에서 그래도 초창기 기틀을 잡고 화제를 모았던 메인 뉴스 앵커로는 최동호, 박성범, 이윤성, 류근찬(KBS), 이득렬, 강성구, 엄기영(MBC), 맹형규(SBS) 등이 꼽힌다.

이어 KBS의 조순영, 김종진, 박선규, 홍기섭, 황상무, 백운기, 박영환, 임장원, 민경욱, 박유한, 박장범 등이 이름을 남겼다.

MBC에서는 하순봉, 추성춘, 구본홍, 최우철, 권재홍, 신경민, 정동영, 조정민, 김세용, 박광온, 이인용, 김성수, 최명길, 연보흠 앵커가 방송을 진행했다.

10년 늦게 개국한 SBS에서는 뉴스를 8시대에 편성해 화제를 모은 가운데 맹형규 앵커를 시작으로 전용학, 홍지만, 신동욱, 김성준, 편상욱, 김현우 앵커 등이 경쟁 대열에 나섰다.

▷ **앵커우먼, '보조'에서 '단독' 진행까지**

여성 앵커의 등장도 화제를 모았다. 박찬숙, 이병혜에 이어 1980년대 중반부터 박성범 앵커와 함께 KBS 9시 메인 뉴스를 진행했던 신은경 아나운서가 주목을 받는다. 초기에는 남성 기자가 '메인', 여자 아나운서가 '보조' 역할을 하는 '남자 메인, 여자 서브' 앵커 조합이었다. KBS의 9시뉴스 앵커우먼은 신은경, 이규원, 황수경, 황현정, 정세진, 김경란, 조수빈, 윤영미, 공정민, 이현주로 이어졌다.

MBC 여성 앵커로는 김은주, 백지연, 정혜정, 김지은, 박나림, 김은혜, 김주하, 최윤영, 박혜진, 이정민, 김소영 아나운서를 들 수 있다.

SBS의 여성 앵커 계보는 이현경, 고희경, 최영아, 김성경, 김소원, 윤현진, 정미선, 박선영, 최혜림 등으로 이어졌다.

여성 앵커 가운데 능력을 인정받아 단독 앵커로 활약한 앵커우먼도 있었다. KBS 공채 1기 아나운서 출신 박찬숙 앵커를 시작으로 MBC 박영선, 김주하 앵커가 단독으로 뉴스를 진행했다. 2020년에는 이소정 기자가 최초로 공영방송 KBS의 대표 뉴스인 9시뉴스 메인 앵커로 발탁된다.

▷ 종편 채널까지 가세한 앵커 경쟁시대

KBS, MBC, SBS 지상파 3사의 뉴스 경쟁에 이어 뉴스 전용 채널 YTN의 등장으로 속보와 심층 뉴스 대결은 더욱 커진다. 이어 2011년 종합편성채널 TV조선, 채널A, JTBC, MBN, 연합뉴스TV의 등장으로 뉴스 방송의 판도가 달라지고 시청률 경쟁이 치열해졌다. 후발 주자인 종편 JTBC와 TV조선의 메인 뉴스 시청률이 높아져 한때 지상파 뉴스를 앞서기도 했다. 앵커 경쟁도 치열해져 '춘추 전국 시대'를 맞게 된다.

특히 JTBC 손석희, TV조선 신동욱 앵커의 영향력도 관심거리였다. 정운갑, 박종진, 김형오, 엄성섭, 윤정호 앵커도 종편 채널의 메인 앵커로 활약했다.

▷ 손석희 저널리즘과 PD 출신 앵커 1호 김현정

종편 뉴스는 초창기에 고전을 했으나 손석희가 앵커로 등장한 JTBC 〈뉴스룸〉은 토크식 뉴스 진행과 심층성을 내세워 한국 뉴스 콘텐츠의 새로운 모델을 제시한다. 〈시선 집중〉과 〈100분 토론〉에서 다져진 손석희 앵커는 논란도 많았으나 핫이슈를 깊이 있게 파고들고 팩트 체크를 하는 독특한 진행 방식으로 '손석희 저널리즘'을 탄생시킨다.

최근에는 15년째 CBS라디오 〈김현정의 뉴스쇼〉를 진행하는 우리나라 PD 출신 앵커 1호 김현정 앵커의 활약도 주목받고 있다. 이슈 당사자에 대한 집요한 인터뷰에다 팩트 체크, 재치 있는 진행으로 출근길 청취자들의 호평을 받고 있다.

보수 성향을 표방하는 TV조선의 9뉴스도 SBS 8시뉴스 앵커 출신 신동욱 앵커의 전격 기용으로 호응을 얻었다. 특히 TV조선은 트로트 열풍을 몰고 온 〈내일은 미스트롯〉과 〈내일은 미스터트롯〉의 연이은 성공으로 회사의 브랜드가 높아져 뉴스 시청률 상승을 견인하는 효과로 이어졌다는 분석이 나왔다.

▷ 앵커 모습의 변천사…KBS 9시뉴스를 지킨 '역대 명앵커'

KBS 9시뉴스 앵커들의 변화된 모습을 당시 문화부 심연희 기자는 이렇게 리포트 했다.(2012. 1. 15.)

앵커 멘트

"KBS 뉴스의 얼굴인 앵커의 모습은 지난 반세기 동안 어떻게 변해 왔을까요? 지금 보면 낯설기도 하지만 그 순간순간 최고의 모습을 위해 시대에 따라 변신을 거듭했던 KBS 역대 앵커들을, 심연희 기자가 되돌아 봤습니다."

리포트 본문

  1980년대, 최동호 앵커를 거쳐 남녀 앵커의 공동 진행이 굳어졌고, 앵커가 직접 수화기를 들어 기자를 부르기도 했습니다(박성범 앵커가 체육부 이한영 기자를 전화로 연결해 복싱경기 결과 질문).

  1990년대 들어서부터는 앵커의 목소리에 힘과 속도감이 넘쳤고(류근찬 앵커), 때론 재치 있는 입담과 미소로(이윤성 앵커) 주부 시청자를 사로잡았습니다.

  여성 앵커들의 패션도 화제였습니다.

  크게 부풀려 고정한 머리, 당시 유행했던 화장에 옷차림새는 여성들이라면 누구나 따라 하고 싶은 이른바 '앵커 스타일'로 주목받았습니다(황현정, 황수경, 이규원 앵커우먼 영상).

  지난 2005년부터 고화질의 HD 방송이 시작되면서 앵커들은 뉴스 진행에 더욱 공을 들입니다.

  지난 반세기 KBS 뉴스와 함께한 앵커들. 시청자들에게 좀 더 가까이 다가가 함께 호흡하기 위한 노력은 계속되고 있습니다.

  KBS 뉴스 심연희입니다.(2012. 1. 15. 입력된 KBS 뉴스9 인용)

▷ 앵커 롤모델로서의 김양일, 박성범 앵커

1980년대 KBS1TV 아침 종합뉴스 〈뉴스광장〉을 진행하던 김양일 방송위원은 특유의 완급과 강약을 조절하며 말하는 식의 뉴스 진행이 돋보였다. TBC 아나운서 출신인 김 위원은 KBS2TV 탐사보도 프로그램 〈추적 60분〉에서의 박진감 넘치는 진행으로 이미 지명도가 높았다. 문어체의 문장을 그대로 '읽는 식'의 앵커가 대부분인 시절 '말을 하는' 뉴스진행 스타일이 독특하고 신선했다.

아침 로컬 〈뉴스광장〉을 진행하던 필자는 이 스타일을 롤모델로 삼았다. 진행 방식을 벤치마킹한 결과 주위 평가가 긍정적이었다. 여기에 힘 있는 메시지 전달과 유려함을 자랑하던 박성범 앵커 스타일도 참조했다.

또 하나 기억나는 것은 앵커 멘트 문장을 통째로 외워서 진행했다는 점이다.

당시 지방 방송국에는 프롬프터가 지원되지 않았다. 그렇다고 원고를 자주 보며 멘트를 하는 것은 본사 앵커 진행 스타일과 맞지 않고 메시지 전달과 신뢰감에도 거리가 있어 보였다. 프롬프터가 없다면 외워서 하면 될 것 아니냐는 생각이 들었다. 앵커 초기에 앵커 멘트의 문장 흐름을 숙지하고 이를 통째로 외워서 방송하게 된다. 방송사 내부와 시청자의 반응이 좋아 이런 방식으로 방송을 계속했었다.

1980-1990년대 앵커 시절 비화도 있다. KBS 사장 가운데는 휴가를 수안보 온천에서 보내며 TV뉴스를 시청하고는 했다. 이때 필자의 방송

을 보고 "탁월하다"며 전화로 격려하고 칭찬하는 사장도 있었다. 큰 힘을 얻곤 했다.

전두환, 김영삼, 김대중 대통령이 청남대로 휴식을 취하러 올 때도 대통령의 시청과 청취를 의식해 그 기간에는 필자가 TV와 라디오 앵커로 긴급 투입되기도 했었다.

3. 명암 엇갈린 앵커의 정계 진출

▷ 앵커는 여의도행 티켓 1순위?

TV뉴스 앵커는 정당들이 가장 선호하는 국회의원 후보 영입대상 1순위로 알려져 있다. 앵커는 국민이 알아보는 인지도, 지명도, 뉴스를 전달하면서 쌓인 신뢰도와 호감도가 높다는 것이 강점이다. 앵커출신은 당 대변인 등으로 활용도도 높다. 유명 앵커는 국회의원이 되는 가장 확실한 길로 통한다.

▷ 앵커의 정계 진출, 폴리널리스트 논란

실제로 앵커의 인기를 발판 삼아 정관계로 진출한 인사가 줄을 잇고 있다. 우리나라 첫 앵커라고 할 수 있는 봉두완 앵커를 시작으로 박성범, 이윤성, 정동영, 맹형규, 박영선 앵커가 앵커의 인기를 바탕으로 정계에 진출했다. 류근찬, 박찬숙, 전여옥, 민경욱(KBS), 신경민, 김성수, 박광온, 김은혜(MBC), 맹형규, 홍지만, 유정현(SBS), 신동욱, 박정훈(TV조선) 등 앵커 출신이 금배지를 달고 여의도로 직행했다.

특히 정계에서 역량을 발휘한 앵커도 눈에 띈다. 정동영 앵커는 통일부 장관, 여당 대표에 이어 대통령 후보까지 역임하고 박영선 앵커는 서울시장후보, 국회 법사위원장, 중소벤처기업부 장관을 지냈다. 이윤성 앵커는 4선의원으로 18대 국회 전반기 국회 부의장을 지냈다.

앵커의 정계 진출은 긍정적인 면도 있지만 앵커의 지명도를 이용해 정치에 입문했다는 점에서 '폴리널리스트' 논란도 빚있다.

3장 앵커가 방송을 잘하기 위한 선결 과제

유명 셰프도 음식을 잘 하려면 레시피도 훌륭해야 하지만 먼저 재료가 뛰어나야 한다. 뉴스 방송도 마찬가지일 것이다. 앵커가 뉴스 방송을 잘 하려면 먼저 아이템이 다양하고 신선하고 관심을 끌 수 있어야 한다. 문장도 매끄러워야 한다. 그러자면 방송 문장이 신문과 달리 쉽고 간결해야 한다.

앵커의 방송도 문장을 읽는 것이 아니라 말하는 식으로 전달 방법이 달라져야 한다.

방송 문장, 앵커 방송, 무엇을 어떻게 개선해야 되는지 그 노하우를 필자의 앵커 경험을 바탕으로 살펴보고자 한다.

특히 '앵커 멘트 구성, 이렇게 달라진다'에서는 필자의 앵커 시절 원고 수정 내용을 실례를 들어 설명했다. 유형별로 앵커 멘트를 재구성해 리모델링한 사례를 예시한다.

방송 기사 문장 작성에 관한 내용은 KBS보도본부 인쇄물 《이것만은 알아둡시다》를 일부 참조했다.

1. 방송 문장이 먼저 달라져야 한다

방송은 원고가 재료이고 원고는 문장으로 이뤄진다. 문장은 얼굴이고 메시지 전달 효과를 좌우하는 핵심 요소이다. 그런데도 아직도 문어체로, 긴 문장으로 된 기사가 적지 않았다. 읽는 것이 아닌, 보고 듣는 방송 매체의 문장은 달라야 한다.

1 〉 무엇을 어떻게 써야 되나

같은 사안이라도 기사 가치를 어떤 관점에서 어떻게 판단하느냐에 따라 일반 기사와 특종 기사로 갈릴 수도 있다. 어떤 것을 기사로 써야 되나, 기사로서 어떤 요건을 갖추어야 되나, 기사 가치를 어떻게 판단하느냐가 기사 작성에 있어서 논의의 대상이다.

기사의 소재와 기본 요건에 관한 부분이다.

▷ 어떤 것이 기사의 소재가 되나?

- 저널리스트로서 목적의식을 갖고 접근해야 한다

주변 현상이 모두 취재의 대상이 될 수 있다. 그러나 분명한 취재 의도가 있어야 한다. 왜 리포트가 되는가, 왜 취재하는가, 무엇을 말하고 무엇을 보여줄 것인가를 생각하고 취재에 들어가야 한다. 이른바 5W1H 중 Who-What-How-Why 등을 살펴야 한다.

- 시청자가 관심을 가질 만한 소재인가?

기사 가치는 수용자인 시청자 입장에서 판단해야 한다. 시청자는 관심사여야 일단 접근하게 된다. 코로나19 확진자가 증가세를 보일 때 백신 개발에 관한 기사는 시청자들이 큰 관심을 보이게 된다. 입시 관련 기사도 학생과 학부모에게는 큰 관심사이다. 밤사이 미국 증시 동향이 궁금하다. 아파트 등 부동산 경기와 대출 관련 뉴스도 시선을 끈다. 세금 정책 동향도 관심사이다.

- 영향력 있는 사안인가?

기사에 담긴 내용이 얼마나 많은 사람에게, 즉각적으로, 큰 영향을 미치는가에 따라 기사 가치가 결정된다. 식품에서 유해물질이 검출됐다는 소식은 건강과 관련된 사안이어서 영향력과 파급 효과가 크다. 국민건강 보호 측면에서도 신속한 보도가 필요한 아이템이다. 금리인상도 국민경제에 미치는 영향이 큰 뉴스 소재이다. 전국적으로 민원발급을 일시에 마비시킨 행정전산망 먹통 사태(2023. 11. 17.)도 비중 있는 뉴스로 다뤄졌다.

- 시청자에게 피부로 와닿는 문제인가?

외국의 심각한 사태보다 자신의 사소한 질병, 가족의 문제를 더 우선시하게 마련이다. 뉴스도 마찬가지이다. 내가 사는 지역, 나와 관련 있는 문제에 더 비중을 두게 된다. 미국의 건물 붕괴, 폭동 사태 뉴스도 교포들이 사는 지역일 경우 더 민감하게 받아들이고 해외 항공기 추락사고의 경우도 먼저 한국인 탑승객이 있는지부터 살피게 된다.

- 최근에 일어난 일인가?

뉴스의 생명은 신속성이다. 단거리 경기처럼 몇 초 사이로 승패가 판가름 난다. 취재기자들은 특종이냐 낙종이냐에 따라 희비가 엇갈린다. 비중이 높은 뉴스일 경우 우선 1보로 자막 보도라도 해야 한다.

뉴스에서 중요한 것은 '시의성'이다. 사건이나 이슈 발생 즉시, 역사적인 날을 맞아 이와 관련된 취재물을 제때 내놓는 것이다. 교통사고, 건물 붕괴, 지진, 태풍 등은 발생 즉시 속보로 보도하고 현장성도 중요하다.

대통령의 미국 국빈 방문 관련 기획취재, 딥페이크 확산과 폐해, 방지 대책 등 심층 보도는 늦추지 말고 제때 이뤄져야 시의성과 뉴스 가치를 살릴 수 있다.

- 유명인과 관계된 의미 있는 사안인가?

1992년 조지 부시 미국 대통령이 일본 국왕의 만찬 자리에서 쓰러졌을 때 세계 언론들이 긴급 속보와 1면 톱기사로 보도했다. 2020년 10월 25일 재계의 큰 별 이건희 삼성그룹 회장의 별세 소식도 긴급 속보로 보도됐다. '이름이 뉴스를 만든다'는 얘기가 있다. 2008년 10월 2일 국민의 사랑을 받던 최진실 탤런트가 갑자기 세상을 떴을 때도 주요 뉴스로 보도됐다.

- 좀처럼 보기 힘든 일인가?

'초유의 사태가 벌어졌다'는 기사를 가끔 볼 수 있다. '처음, 마지막, 유일한' 일들이 가치가 있다. 좀처럼 일어나지 않는 일, 한 번밖에 없는 일은 그 희귀성으로 기사 소재가 된다. 한때 흰까치, 흰제비, 흰 사슴이 발견됐다는 뉴스가 등장하기도 했다.

- 이해가 첨예하게 대립된 사안인가?

정년 연장, 연금 개혁, 교육 개혁, 노인 지하철 무임승차, 사찰의 입장료 부과 등은 이해가 갈려 갈등을 빚은 이슈이다. 이런 핫이슈를 다룰 때는 형평성과 심층성이 요구된다. 취재과정에서 양쪽 주장을 듣고 근거 자료에 대한 면밀한 검토가 있어야 한다. 판단이 어려울 경우, 국민의 편에서 공익적 시각으로 바라보는 지혜도 필요하다. 양측 입장에 대한 균형감 있는 인터뷰 구성, 전문가의 의견, 취재원의 반론권 보장은 필수이다. 이를 먼저 시행한 선진국 사례도 참고할 만하다.

- 당시 사회 상황과 밀접한 관련이 있는가?

'기자는 흐름을 읽어야 한다'는 말이 있다. 평상시 넘길 일도 큰 이슈가 발생했을 때 이와 관련이 있다면 뉴스거리가 된다. 2023년 4월 코인을 둘러싸고 강남에서 주부 납치 살해 사건이 발생했다. 가상화폐의 광풍이 살인까지 일으킨 것이다. 이 경우 가상화폐 코인의 폭락으로 인한 가족해체와 사회문제를 후속으로 보도하면 시청자들의 관심을 모을 수 있다.

▷ 기본 요건은 갖춰야 기사가 된다

기사에는 기본적으로 갖춰야 할 요건이 있다. 이를 갖추지 못하면 데스크에서 걸러지고 보완될 수 있으나 취재 과정에서 먼저 기자가 요건을 충족시키는 것이 필요하다. 기본 구비 요건으로 분명한 출처, 철저한 확인, 반론 반영이 강조된다.

- 기사는 출처가 분명해야 한다

기자가 어디서 정보를 얻었는지, 그 정보원은 믿을 만한 사람인지는 기사의 신뢰도에 직접 영향을 미친다. 이 때문에 '소식통에 따르면… 알려졌다'식 보도는 기사 가치와 신뢰도를 떨어뜨린다. 정보원이 전문가인지, 정책 고위당국자인지, 정계 핵심인사인지에 따라 기사의 품격과 권위, 신뢰도에 영향을 미치게 된다.

- 취재과정에서 철저한 확인을 거쳐야 한다

최근 유력 일간지에서 1면 톱뉴스로 "'재판 왜 많이 시키나' 인권위 달려간 배석판사" 기사를 보도했으나 하루 만에 "바로잡습니다"를 1면에 게재하고 사과했다. "충분한 사실관계 확인 없이 보도한 것이기에 바로

잡는다"는 것이 정정 보도의 요지이다. 복수 취재원을 통한 확인 과정이 없었던 점이 팩트와 다른 보도를 하게 된 원인이었다. 특정 취재원에게 기삿거리를 얻었을 때 반드시 크로스 체크가 필요하다는 점을 일깨운 사례이다.

- 갈등이 있는 이슈의 경우 균형 보도가 필요하다

선입견이나 플레임에 갇혀 한쪽 주장만 들어서는 안 된다. 양 당사자의 이야기를 모두 듣고 그 주장을 뒷받침할 만한 근거 자료를 제시하도록 요구해야 한다.

보도에는 균형 있는 시각으로 형평성을 유지해야 한다. 일방의 주장에 타당성이 있더라도 반드시 상대방의 반론을 실어 줘야 한다. 만약 어느 한쪽이 취재를 거부하거나 접촉이 불가능할 경우 기사에서 이 같은 사정을 반드시 밝혀야 한다.

2 TV 특성을 살려야 한다

방송원고의 문장이 달라지려면 TV뉴스 방송의 특성을 이해해야 한다.
전파 매체로서의 신속성, 현장성, 광범위성(동시성), 친근성이 바로 TV 뉴스의 강점이다. 이런 TV 특성을 살려야 소구력과 메시지 전달력을 높일 수 있게 된다.

▷ 영상 한 컷이 승부한다

2024. 7. 13. 오후 역사적인 긴급 사진과 영상이 타전된다. 미국 공화당 대선후보인 도널드 트럼프 전 대통령의 피습 장면이다. 펜실베이니아주 유세 도중 귀에 피를 흘리며 경호원에 둘러싸인 채 주먹을 쥐어 보이며 건재함을 과시하는 모습이었다. 초기 미국 대선 판도를 뒤흔든 '세기의 사진' 촬영자는 퓰리처상 수상자인 AP통신 부치 기자였다. 트럼프가 미국 대선에서 승리해 47대 대통령에 당선되면서 이 사진은 더욱 화제가 된다.

이제 영상 시대를 맞아 사진과 영상 한 컷이 역사적 현장을 단적으로 말해준다.

▷ 영상 확보가 중요하다

TV 뉴스에서의 영상 한 장면이 백 마디 말보다 우선한다. 한 컷으로 승부한다. 앵커가 방송을 잘하려면 사전 영상 확보가 중요한 이유이다.

현장의 생생한 장면, 현장의 이펙트를 확보하면 리포트 제작의 절반 이상을 성공한 셈이다. 기자는 현장에서 승패를 걸어야 한다. 리포트 내용은 가능한 범위 안에서 영상으로 설명해야 소구력과 메시지 전달력을 높일 수 있다. TV뉴스에서 리얼한 영상과 인터뷰 그리고 현장 이펙트는 생명이다.

1990년대 당시만 해도 대형 사건 사고가 발생하면 시청자들의 눈과

귀가 국가기간 방송이자 재난방송인 KBS로 쏠렸다. 그 원인 가운데는 신뢰성과 함께 현장감 있는 속보 방송이 가장 컸다. 헬기 촬영, 근접 촬영 등 영상물이 뒷받침됐기 때문이다. 그동안 대형사고의 속보 방송을 보자.

 필자는 사건기자 시절인 1993년 1월 7일 새벽 76명의 사상자가 발생된 청주 우암상가아파트 화재, 붕괴 현장을 취재했다. 매캐한 연기에다 가스 폭발로 맥없이 무너진 아파트 철골 더미, 그 속에서 숨지거나 다친 사람들, 처참한 모습이었다. 그런데 이때 화재 현장을 단적으로 보여준 것은 항공촬영 영상이었다. 본사 헬기가 항공촬영을 하자 지상에서의 카메라 취재 경쟁이 무색해졌다. 상공에서 바라본 참사 광경이 한눈에 들어왔기 때문이다. 지금 생각해도 풀샷 전경이 압권이었다. 영상 보도 이후 사고가 전국적인 이슈가 된다. 원인, 문제점 파악, 관련자 수사, 해결방안 모색, 이재민 지원에 속도가 붙었다. 요즘에는 드론 촬영이 대세이지만 그때 KBS 헬기가 한몫을 했다.

 1994년 10월 21일 등굣길 학생 등 32명이 숨진 성수대교 붕괴사고도 당시 KBS보도본부 안에 설치돼 있던 교통상황 CCTV 화면으로 포착됐다. "저거 다리 끊긴 것 아냐?" 누군가 기자가 외쳤다. 다리 중간이 뚝 끊긴 화면을 보면서도 실제 상황인지 의심할 정도였다. 아침 〈뉴스광장〉이 끝난 뒤 정규방송이 이어지다 즉각 속보체제로 바뀌었다. 당시 〈뉴스광장〉 차장 시절이었다. 기자들이 신속히 움직여 속보 방송이 정상화됐다.

이어 이듬해 1995년 6월 29일에는 사상자 1,500명이 발생한 삼풍백화점 붕괴 사고가 일어난다. 2년에 걸친 대형 참사는 한강의 기적, 고속성장 속에 부실공사가 빚은 인재로 드러났다.

2014년 4월 16일, 수학여행 가던 단원고 학생을 비롯한 304명의 희생자가 발생한 세월호 침몰 사고는 아직도 국민의 마음을 아프게 한다. 기울어진 선체가 바닷속으로 가라앉는 안타까운 장면이 지금도 생생하게 떠오른다.

이런 대형사고가 발생했을 때 신속한 속보 방송을 해냈던 것도 현장의 리얼한 영상물이 뒷받침됐기에 가능했다.

리포트와 앵커 속보방송이 영상 설명 위주로 바뀌기 위해서는 먼저 현장의 영상물 확보가 관건이다.

▷ 영상 설명 위주로 바뀌어야 한다

이제 방송은 영상을 설명하는 스타일로 변화해야 한다.

TV뉴스는 물론 라디오 뉴스조차도 딱딱한 문어체 문장을 벗어나 현장 상황 설명식으로 바뀌어야 한다.

요즘은 심지어 신문에서도 현장에서 보는 느낌이 들 정도로 비주얼(visual) 요소를 살리고 있다. 현장감을 생생하게 살린 기사가 신문 1면 머리기사로 등장했다.

- "세계를 울린 우크라이나 '칼의 노래'"

"득점을 알리는 불이 들어오자, 검객은 엎드려 울었다. 거친 숨을 몰아쉬더니 믿을 수 없다는 표정으로 허공을 올려다봤다…. 이날 관중석에서 딸을 지켜보던 하를란의 어머니는 한달음에 내려와 그를 껴안았다."(조선일보, 2024. 7. 31.)

887일째 전쟁 중인 우크라이나의 펜싱선수 올하 하를란(34)이 파리 올림픽에서 첫 메달을 획득해 조국에 바치는 감동의 순간을 디테일하게 묘사하고 있다.

신문기자도 이처럼 생생하게 곁에서 보듯 현장감 있게 기사를 쓴다. 방송 기사도 좀 더 현장 묘사 위주로 구성돼야 한다. TV뉴스 방송의 특성을 살려야 한다.

3 방송 특성에 맞게 기사를 써야 한다

▷ 방송 문장, 구어체로 쉽고 간결해야 한다

- 방송기사는 구어체로 써야 한다

방송은 언어로 전달된다. 방송기사는 구어를 원칙으로 한다. 말하는 식으로 기사를 작성해야 한다. 방송 문장은 글이 아니라 방송을 위한 말이어야 한다. 딱딱한 신문 문어체 기사가 아직도 눈에 띈다. 전달력을 떨어뜨리는 요인이다. 개선돼야 한다.

- 방송기사는 간결해야 한다

문장이 길거나 중언부언을 해서도 안 된다. 군더더기가 없어야 한다.

발음과 호흡까지 신경 써서 기사를 읽기 쉽게 짧은 문장으로 써야 한다. 말하기 쉽고 듣기 편하게 리듬감도 살려야 한다.

'접속사, 연결어'가 없을수록 좋다.

'그리고, 그러나, 이와 관련해, 이에 따라' 표현이 없는 문장이 간결하다.

- 방송기사는 쉽게 표현해야 한다

어려운 발표 문장, 전문용어는 알기 쉽게 풀어 써야 한다. 실제 방송된 기사에서도 어려운 전문용어, 관용적으로 쓰는 단어가 발견된다.

예: 대법원 판결 "제사는 장남 아닌 최근친 연장자 우선"→ "제사, 남동생보다 누나가 우선" 또는 "제사, 맏딸도 지낼 수 있다" 표현이 쉽게 다가온다.

▷ 단신 기사는 역피라미드형으로 쓴다

역피라미드형 기사는 우선 관심을 집중하는 효과가 있다. 이와 함께 뉴스 시간에 맞춰 기사를 줄이는 편집 과정을 염두에 둬야 하기 때문이다. 아나운서나 앵커가 뉴스 시간을 초 단위로 맞추기 위해 어느 기사는 리드 문장만 읽고도 끝내는 경우가 있다. 그럴 경우 그 앞 문장만 듣고도 핵심 내용을 알 수 있어야 한다.

▷ 기사에는 퀴즈를 남기지 말아야 한다

보도국 데스크 시절 취재기자에게 당부한 말이 있다. 리포트와 단신 기사, 방송에는 절대 퀴즈를 남기면 안 된다는 철칙이었다. 궁금증이 남으면 미완성이다. 시청자들이 방송을 본 뒤 왜 그런 거지? 그러면 어떻게 해야 된다는 건가? 등 의문 부호가 나오면 그것은 완제품이 될 수 없다.

2023년 12월 25일 성탄절 아침에 보도된 한 기사를 보자.
예: 26년 만에 결혼식 올리는 부부 위해… 한덕수 총리, 신신예식장서 '깜짝 주례'
이 기사는 총리가 주례를 섰다는 제목 자체가 시선을 끈다.
그런데 내용을 보니 왜, 어떤 인연으로 총리가 주례를 맡게 됐는지는 전혀 언급이 없었다. 방송기사도 마찬가지였다. 다른 기사를 보고서야 그 의문이 풀렸다.
신신예식장은 창업주 고(故) 백낙삼 대표가 지난 4월 별세할 때까지 50여 년간 형편이 어려운 이들을 위해 무료 예식을 치러준 곳이다. 아들인 백남문 씨가 2대 대표를 맡아 고인의 뜻을 이어가고 있다.
한 총리는 이날 페이스북에 올린 글에서 '백 대표가 떠나신 뒤 부인과 아드님이 고인의 유지를 이어가기로 했다는 이야기를 듣고, 시간이 나면 작은 힘이라도 꼭 보태고 싶다고 생각했다'며 '성탄절 이브인 오늘 인연이 닿았다'고 밝혔다.
한 총리는 26년간 함께 살다가 이날 신신예식장에서 작은 결혼식을 올리는 부부가 있다는 소식을 듣고 주례를 맡기로 했다. 부부가 혹시 부담을 느낄까 봐 한 총리가 주례를 본다는 사실을 당사자와 그 가족들에게 미리 알리지 않았다고 한다.
"한 총리가 예식 전에 도착해 '오늘 주례를 맡게 됐다'고 인사하니 부부

는 물론 온 가족이 깜짝 놀라며 기뻐했다고 한다."(조선비즈, 2023. 12. 24. 보도)

늦깎이 결혼 부부에게는 평생 잊지 못할 성탄 선물이 된 것이다.

▷ 적절한 흥미 요소도 가미돼야 시선을 끈다

딱딱한 정치, 경제, 사회, 국제뉴스와 함께 문화, 예능이 가미된 아이템과 표현이 흡인력을 높인다. 반려동물을 키우는 가정이 증가 추세이다. 이런 뉴스가 한 눈에 들어온다.

예1: "멍! 저도 주인님처럼 TV 봐요" 반려견이 좋아하는 프로그램은?
반려견도 사람처럼 TV를 즐겨 본다는 미 위스콘신 매디슨대 연구팀의 연구 결과가 나왔다. 반려견들은 만화 영화 〈스쿠비 두〉와 〈크러프츠 도그쇼〉같이 개가 출연하는 프로그램을 가장 좋아했다.(조선일보, 2024. 1. 22.)

예2: 4명 살린 소방 구조견 '아롱이' 은퇴… "반려견으로 견생 2막"
"사고 현장에서 생명을 구하는 구조견, 잘 아실 겁니다. 뛰어난 후각으로 능력을 발휘하는 경우가 많죠. 지난 6년 동안 4명의 소중한 생명을 구한 '래브라도 리트리버' 아롱이가 많은 이들의 박수를 받으며 은퇴를 했습니다."(TV조선 9시뉴스, 2024. 1. 19.)

은퇴한 구조견 아롱이가 입양된 한 가족의 반려견으로 노후를 보내게 되고 한국애견협회는 아롱이에게 평생 사료권을 증정했다는 뉴스가 흐뭇하게 느껴진다.

4) 문장 표현 중 주의해야 할 점은 무엇인가?

아직도 기사 문장 중 관용적, 상투적으로 쓰는 용어가 적지 않다. 간결하고 매끄러운 표현을 위해 바로잡아야 한다.

▷ 반복되는 단어는 쓰지 않는다

어미 처리도 중복되지 않게 표현을 다르게 해야 한다. '밝혔습니다.', '말했습니다.', '덧붙였습니다.'

앵커의 MC 멘트도 다양하게 변화를 준다. 'OOO 기자가 보도합니다.'를 달리 표현해도 좋다. '살펴봤습니다.', '짚어 드리겠습니다.', '현장에서 알려왔습니다.', '자세히 설명해 드리겠습니다.', '집중 취재했습니다.', '깊이 있게 진단해 드립니다.', '간추려 드립니다.'

▷ 방송기사에서 한자투 …적(的), …화(化) 표현을 남용하지 말아야 한다

생산적, 실용적, 과학적, 문화적, 긍정적, 희망적, 합리적, 비판적, 냉소적, 파격적, 결정적, 적극적, 거시적, 세부적 등의 표현을 들 수 있다.

구체화, 차별화, 특성화, 일상화, 활성화, 생활화, 현실화, 이념화, 공식화 등 단어가 신문 방송에서 자주 쓰인다.

굳이 …적(的), …화(化) 표현을 쓰지 않아도 될 경우에도 '관용적'으로 쓰는 것이 문제이다.

▷ 외래어투는 삼가야 한다

- 일본어투는 쓰지 말아야 한다

일본어투는 아직도 시니어층에서 많이 쓰고 있다. 이런 단어가 일본어 잔재라는 것을 모르고 무심코 쓰는 경우도 많다.

일본식 표현인 곤색은 감색으로, 세대는 가구로, 구좌는 계좌로, 잔고는 잔액으로, 노견은 갓길로, 단도리는 채비로 바꿔 써야 한다.

흔히 쓰는 18번(애창곡) 단어도 일본식 표현이고 찌라시(증권가에 떠도는 정보), 쿠사리(핀잔), 나가리(무효), 곤조(근성), 삐까삐까(번쩍번쩍)도 알고 보면 일본어여서 우리말로 순화하는 것이 필요하다.

또한 잉꼬부부는 원앙부부로, 모찌는 찹쌀떡으로, 오지는 두메산골, 구라는 거짓말, 기스는 상처, 땡깡은 투정, 뽀록은 들통, 망년회는 송년회로 바꿔야 한다.

닭도리탕은 닭볶음탕, 다대기는 다진 양념, 지리는 맑은 탕, 분빠이는 분배, 무대뽀는 막무가내, 후카시는 폼재기, 노가다는 노동자로 고쳐 우리말로 써야 된다.

일본어 잔재는 건설 현장과 야구 용어에서도 많이 쓰이고 있다. 구배(기울기), 아시바(발판), 공구리(콘크리트), 도루, 병살, 사구 등도 모두 일본식 한자어이다.

  부끄럽게도 언론에서도 일본말이 남아 있다. 사츠마와리(경찰 출입 수습기자), 나와바리(취재 구역), 도꼬다이(특종), 미다시(표제어), 야마(머리기사), 와쿠(틀), 우라까이(기사 내용 뒤집기, 다른 언론사 기사 베끼기), 반까이(만회 挽回), 기리까에(교체), 쪼찡(아부성 기사 쓰기) 같은 일본식 단어가 남아 있다. 일본 잔재는 언어에서도 청산돼야 한다.

  - 영어식 표현의 피동형 문장도 피해야 한다

예: 선원 2명이 실종됐음이 구조된 선장에 의해 뒤늦게 알려졌다. (신문 문장)

→ 선원 2명이 실종된 사실이 뒤늦게 알려졌습니다. 구조된 선장 ○ 씨는 ……라고 말했습니다. (방송 문장)

  - '…에 따르면'은 영어 표현을 그대로 옮긴 것으로 바꾸는 것이 좋다

예: 대통령실 고위 관계자에 따르면…

→ 대통령실 고위 관계자는 …라고 말했습니다.

▷ 연결형 단어, 축약형 단어 사용도 고쳐야 한다

  - '등'(等)과 '및' 표현을 조심해야 한다

한 문장에 심지어 '등' 단어가 2-3번 들어갈 정도로 남용되고 있다. 기자들이 표현하기가 애매하거나 문장을 줄여 쓸 때 흔히 '등' 표현을 쓰게

된다.

2023년 11월 18일자 일간지 "'전자정부'가 멈췄다… 민원서류 발급 올스톱" 기사에는 한 문장에 '등' 자가 무려 세 차례나 등장한다.

"주민등록등본이나 인감증명 등 증명서를 발급받기 위해 시청과 구청 등을 찾은 시민들이 큰 불편을 겪었고, 전입신고를 제때 하지 못해 확정일자를 못 받는 등 부동산·금융 거래에도 차질이 생기며 피해가 전국적으로 확산됐다."

- '등' 표현의 남용은 국가의 큰 이슈로 등장하기도 한다

법조문의 '등' 파동까지 빚었다. 2006년 4월 28일 임시국회에서는 사학법안의 '등' 한 글자 때문에 여야가 논란을 벌여 상임위원회가 공전되는 사태를 빚기도 했다. 2022년 8월 11일에는 검사 수사 범위를 정한 법안 중 '등' 한 글자에 검수완박이 '검수원복'이 됐다는 뜨거운 논란이 정치권에서 제기됐다.

- '및' 자도 방송에서는 적합하지 않은 단어이다

보도자료 문장 중 문어투인 '및' 자도 자주 쓰인다. 방송에서는 적합하지 않은 단어이다. '그리고', '그 밖에', '또'의 뜻으로, 문장에서 같은 종류의 성분을 연결할 때 쓰는 단어이나 방송에서는 이를 풀어 쓰는 것이 좋다. 그래야 의미가 더 매끄럽게 전달된다.

예: '노란봉투법 및 방송 3법' → '노란봉투법과 방송 3법'
　　순직한 20대 소방관에 '특진 및 훈장 추서'
　→ 순직한 20대 소방관에 '특진과 함께 훈장을 추서'

- 방송기사에서 조사 '의'를 자주 쓰는 습관도 피해야 한다

예: 정부의 정책의 변화 → 정부가 정책을 바꿨다.

　　7백여 명의 주민 → 주민 7백여 명

이렇게 고쳐 쓰는 것이 더 자연스럽다.

▷ **관용적, 중복된 표현도 지양해야 한다**

- 관용적인 표현도 자제해야 한다

…의 몫이다, 배제할 수 없다, 금품수수(금품을 받은) 같이 기자들이 유행처럼 쓰는 용어도 거부감을 느끼게 한다.

예1: "IAEA의 TF가 일본 오염수 처리와 방류 과정에서 핵종들을 배제하지 않았다"는 기사 문장은 선뜻 이해하기 힘들다. 오염수를 처리하고 방류하는 과정을 감독하면서 위험을 유발할 수 있는 주요 핵종들을 검토 대상으로 선정하는 데 제외한 사항이 있다고 보기 어렵다는 내용이다.

쉽게 말하면 "주요 핵종을 빼놓지 않고 검토 대상으로 삼았다"는 표현이다.

예2: 혐의를 배제(排除)할 수 없다.

→ 혐의점이 있다고 볼 수도 있다. 가능성이 있다.

- 중복된 표현도 삼가야 한다

예: 역전 '앞', 5월'달'을 들 수 있다. 다만 생일날, 새신랑, 국화꽃 단어

도 중복 의미가 있으나 사전에는 등재돼 있다.

▷ 방송 언어의 품격을 높여야 한다

- 방송기사에서 속어, 비어, 금기 표현도 피해야 한다

장애인의 표현을 시각장애인, 지체장애인, 청각장애인으로 표기한다. 기사 중 '꿀 먹은 벙어리' '눈 뜬 장님' 같은 표현도 피하는 것이 좋다. 일본 천황은 일본 국왕으로, 이조 백자는 조선 백자로 고쳐 써야 한다.

▷ 상투적 어휘는 피한다

훈련을 실시하다 → 훈련을 하다
만찬석상에서 → 만찬자리에서
캠페인을 전개해 → 캠페인을 펴
늘어나는 추세이다 → 늘어나고 있다
총격을 받고 → 총에 맞아

- 기사의 '내지', '이상', '이하', '후(後)', '내(內)' 표현도 고쳐야 된다

예: 20세 이상 → 20세 넘는
　　사고 후 → 사고를 낸 뒤
　　전철역 구내 → 전철역 안에서

▷ 한자 단어는 쉽고 정확하게 사용해야 한다

- 어려운 한자 단어는 풀어 쓰는 것이 더 낫다

예: 차량이 전도(顚倒) → 뒤집혀

　　해태(懈怠)한 → 게을리 한

　　심심(甚深)한 → 깊은

　　편부 편모 → 한 부모

　　갹출(醵出) → 돈을 나누어 거둬

- 한자로 된 단어 사용은 정확히 사용해야 한다

풍지박산 → 풍비박산(風飛雹散)

절대절명 → 절체절명(絶體絶命)

동병상린 → 동병상련(同病相憐)

성대묘사 → 성대모사(聲帶模寫)

생사여탈 → 생살여탈(生殺與奪)

홀홀단신 → 혈혈단신(孑孑單身)

동거동락 → 동고동락(同苦同樂)

유도심문 → 유도신문(誘導訊問)

양수겹장 → 양수겸장(兩手兼將)

산수갑산 → 삼수갑산(三水甲山)

주야장창 → 주야장천(晝夜長川)

토사광란 → 토사곽란(吐瀉癨亂)

체면불구 → 체면불고(體面不顧)

단어 사용은 늘 주의해야 한다. 각자도생을 各自圖生으로 써야 되는데 주요 일간지조차 各者圖生으로 잘못 쓰는 경우도 있다. 절기 입동(立冬)을 입동(入冬)으로 잘못 쓰기도 한다.

5 〉 재난보도의 주의점, '절제와 배려'

기자들은 숙명적으로 특종에 목을 맨다. 막대한 인명피해를 낸 재난보도에서도 치열한 속보경쟁을 하다보면 팩트를 오버하는 것이 문제이다.

성수대교 붕괴 사고(1994), 삼풍백화점 붕괴 사고(1995), 세월호 참사(2014), 이태원 참사(2022)와 대형 화재, 태풍 호우 등 재난보도의 경우 사실과 다른 과장된 표현과 자극적인 보도가 도마 위에 올랐다. 언론 스스로 권고기준과 윤리강령, 심의과정을 단단히 마련해 놓고 있지만 현장을 보도하는 기자는 이를 잊기 일쑤다.

앵커도 취재기자도 '절제와 균형' 감각을 잃으면 안 된다. 재난 방송은 차분하고 냉정해야 한다. 현장 중심 팩트 보도와 대피 정보, 구조 상황, 이 시각 필요한 점, 문제점, 솔루션 등이 순차적으로 안정감 있게 방송돼야 한다. 상대사와의 경쟁보다 국민의 생명과 안전이 먼저이기 때문이다.

또 하나 지켜야 할 것이 피해자의 '인간으로서의 존엄'과 유족들의 슬픔에 대한 배려이다. 취재 경쟁에서 나타나는 무리한 인터뷰 시도나 유족의 울부짖음 장면을 여과 없이 영상으로 보여 주는 행태는 바로잡아야 한다. 사상자 가족의 슬픔 영상을 자제하는 NHK 보도 태도가 눈여겨볼 만하다.

2. 앵커의 진행 방식도 바뀌어야 한다

1 〉 앵커의 역할, 전달력이 생명이다

앵커는 쉽게 말하면 잘 차려진 음식을 맛있게 먹어 콘텐츠를 빛내 주는 역할, 또는 음식 재료를 잘 버무려 음식의 맛을 더 내는 최종 주자 역할이다. 결국 앵커의 역할은 메시지 전달력이 중요하다. 뉴스 프로그램의 성패를 좌우하는 결정적 요소이다. 앵커의 멘트와 취재기자와 대담할 때 짧은 한 문장 표현이 뉴스의 맛과 멋을 살리기도 한다. 생방송인 만큼 돌발적인 상황에도 순발력 있게 넘겨야 한다. 앵커는 노력도 필요하지만 어느 정도는 타고난 달란트(재능)가 중요하다는 점을 느낀다.

2 〉 경험으로 느낀 바람직한 앵커의 자세

여기서는 이론적인 것보다 필자가 TV와 라디오 앵커, 각종 시사토크 MC 등 30년간 필드에서 느낀 경험을 바탕으로 정리해 보고자 한다.

▷ 앵커는 방송을 진행할 때 목적의식이 있어야 한다

뉴스 방송은 취재기자가 만든 내용물을 소개하는 것이다. 취재기자는 기사와 리포트 소재를 고를 때부터 무엇을(What), 왜(Why), 어떻게(How)라는 단어를 염두에 두었을 것이다. 이를 제대로 표현해 내야 기획의도를 살리고 메시지 전달력을 높일 수 있다. 또한 앞뒤 맥락이 연결되는 리포트일 경우 이를 잘 정리해야 중량감을 높여 이슈화할 수 있다.

취재기자가 무엇을 말하려 하는지를 정확히 간파해서 이슈의 핵심을 파고들어야 한다. 리포트 원고에서 핵심 단어를 뽑아내고 그 이슈의 배경, 원인, 핵심 내용, 진행 과정, 기대 효과, 문제점, 대안 등을 치밀하게 파악해 둬야 한다. 이 과정에서 팩트 체크와 팩트 파인딩(Fact-Finding)이 자연스럽게 이뤄진다. 또한 신문과 다른 방송 매체에서는 이를 어떤 시각에서 어떻게 보도했는지도 크로스 체크 하는 것도 중요하다. 그렇게 해야 우리 뉴스에서 빠진 부분, 언급이 부족한 점을 찾아내 보완할 수 있다.

▷ 앵커는 대화하듯 말을 해야 한다

메시지를 전달하는 것이 아니라 기사 문장을 읽는 앵커도 있다. 또한 앵커와 대담하는 기자도 기사 문장을 책 읽듯이 그대로 읽는 경우가 아직도 적지 않다. 앵커나 출연기자나 방송에서는 문장을 읽지 말고 그 내용을 말로 해야 한다.

방송은 글이 아니라 말이다. 신문이 기사를 읽는 것이라면 방송은 말을 듣는 매체이다. 쉬운 말로 물 흐르듯 방송해야 한다. 평소 대화하듯 자연스럽게 말하면 되는데도 대담기자에게는 방송이 시작되자마자 문장을 읽는 버릇이 되살아난다. 이럴 경우 앵커가 먼저 대화식으로 말을 걸어야 한다. 요즘은 가수왕을 뽑는 오디션 프로그램에서도 말하듯이 노래를 불러야 높은 평점을 받을 수 있다.

앞서 보았듯이 앵커가 말을 하기 위해서는 기사 문장이 우선 짧고 구어체여야 한다.

'금품 수수', '배제' 같은 단어도 쉽게 풀어야 한다. '교통사고 다발 지점'은 '사고가 잦은 곳'으로, '산불 완진 시각'은 '산불이 완전히 꺼진 시간'으로 바꿔야 한다.

하루가 다르게 늘어나는 신조어도 풀어 쓰는 것이 좋다. 편한 대화체가 방송의 전달력과 품격을 높인다.

▷ 표준어 구사에다 표준 억양도 중요하다

특이한 억양에다 사투리가 섞인 '쪼'(말투)도 거슬린다. 과거 라디오 앵커의 경우 특정 지역 사투리가 심해 청취자들의 항의가 오는 사례도 있었다.

박경희 KBS 전 아나운서 실장은 "뉴스 앵커의 자질로 표준어 구사가 첫 번째이나 표준 어휘 구사와 함께 표준 억양도 중요하다"고 말한다. (박경희, 'TV 뉴스캐스터', 《21세기 아나운서, 방송인 되기》, KBS영상사업단, 2000, P. 45 참조)

정확한 발음에다 사투리 억양이 없어야 한다는 것이다.

▷ 말하는 테크닉도 필수이다

띄어 읽기, 강약 조절, 잠깐 멈추는 포즈(Pause)도 스피치의 중요 요소이다.

"뉴스 낭독의 표현 기교에는 고저, 장단, 강약, 명암, 속도, 억양, 띄어 읽기, 어조 변화 등이 있다."(표영준, '라디오 뉴스캐스터', 《21세기 아나운서, 방송인 되기》, P. 69)

방송에 있어서 쉴 때 쉬어주고 이을 때 이어주는 것이 기본이다. 포즈의 적절한 사용도 필요하다. 중요한 부분, 숫자가 들어가는 문구는 천천히 읽어야 의미 전달이 제대로 된다. 이를테면 응시자 지원율, 금리 인상, 종합주가지수, 교통사고 사상자, 신축 아파트 규모를 들 수 있다.

'방송도 음악처럼'이란 말이 있듯이 뉴스 방송은 리듬을 타야 한다. 한결같은 높낮이에 천편일률적인 포즈는 뉴스를 지루하고 맛이 없게 만든다. 억양을 기사의 분위기에 맞추어야 한다. 정계 동향, 국가 주요 정책 발표, 부드러운 문화계 소식, 휴일 스케치는 기사 분위기에 맞춰 방송해야 전달력이 높아진다.

원고를 받아들면 뉴스의 흐름을 파악하고 예독하는 것이 좋다. 한번 실수하면 이어 실수하는 경우가 많다. 신궁 김수녕 양궁선수의 말처럼 지나간 화살은 생각지 말아야 한다. 어느 앵커는 잘못 읽은 부분을 자신 있게 다시 읽어주고, 때로는 기침도 드러내 놓고 해서 화제가 되기도 했다. 아침방송에는 목이 충분히 트여야 한다. 발성을 위해 새벽 출근길 노래를 부르며 온 앵커도 있었다.

▷ **방송 멘트는 물 흐르듯 이어져야 한다**

방송은 중간에 끊기거나 흐름이 어긋나면 시청자의 귀에 거슬린다. 앵커는 시청자 편에서 그 궁금증을 풀어나가야 한다. 또한 시청자의 관심사와 인터뷰이가 하고 싶어 하는 점이 무엇인지, 키포인트는 무엇인지를 간파해야 한다. 기-승-전-결 흐름을 놓치지 말아야 한다. 특히 뉴스에서 도입부 앵커 멘트는 그 뉴스의 핵심과 함께 관심을 끌어야 한다. 그러자면 물 흐르듯 멘트가 이어져야 한다. 좋은 예를 살펴본다.

예: "충주맨, 9백만 조회수 비결? '네 마음대로 해라' 시장님 지시"
박재홍 MC: "한 번도 안 본 사람은 있어도 한 번만 본 사람은 없다는 채널이 있습니다…. 최근에는 대통령이 직접 언급을 하면서 큰 화제가 된 분입니다. 충북 충주시의 유튜브 채널 '충TV'를 운영하고 있는 충주시의 홍보맨 김선태 주무관입니다. 어서 오십시오."
(CBS라디오 〈박재홍의 한판승부〉, 2024. 1. 20. 방송)

▷ 기자와 대담할 때 미리 아는 체하지 말아야 한다

뉴스 시간 출연기자와 대담하거나 또는 취재기자와 전화 연결을 할 경우 미리 아는 체하는 앵커가 적지 않다. 실제 원고도 '…라죠?', '…했다면서요?'라고 관행적으로 쓰게 된다. 그러나 시청자의 입장에서는 이런 생각도 든다, "앵커는 뉴스 전체를 미리 다 알고 있다는 건가?" 김이 샐 수도 있다. 오히려 "밤사이 국회 의결, 어떻게 됐습니까?", "밤사이 피해 상황, 어떻습니까?", "구속영장이 왜 기각된 겁니까?"로 시청자 입장에서 궁금증을 물어야 관심을 끌 수 있다. 물론 이미 널리 알려진 내용까지 앵커가 모른 체할 수는 없겠으나 앵커가 모든 것을 아는 양 진행하는 방식은 개선이 필요하다.

▷ 앵커는 뉴스의 포인트를 잡아 줘야 한다

앵커는 뉴스 진행을 통해 그래서 무엇이(What?) 어떻게(How?) 됐다는 것인지 핵심을 짚어내야 한다. 앵커는 리포트로부터 또는 출연기자와의 토크나 취재기자 전화 연결을 통해 사건 사고, 뉴스의 배경, 원인, 진행 상황, 핵심 이슈, 이후 파급 효과, 사회적 의미에 이르기까지를 끌어내야 한다.

심층 진단의 경우 뉴스의 핵심을 현미경으로 들여다보고 전망과 예상되는 이슈까지 망원경으로 살펴야 한다. 미세(micro)한 부분과 거시적인(macro) 부분까지 언급돼야 한다. 그리고 취재의도, 중요성 등 뉴스의 포인트도 확실히 잡아 줘야 메시지 전달력을 높일 수 있다. 외국 사례 인용, 대안과 솔루션 제시가 첨가되면 완성도가 더욱 살아나게 된다.

▷ 앵커는 문제 제기, 왜(Why)에 집중해야 한다

왜 이 시점에서 그 사안이 이슈인지, 뉴스의 가치가 있는 것인지를 살펴야 한다. '왜'라는 문제 제기를 앵커 멘트나 클로징 멘트, 기자와의 Q&A 과정에서 화두로 삼아야 한다.

2023년 12월 4일 TV뉴스를 보자. '또 요소수 대란? … 중국, 한국 수출 일부 중단' 아이템이 방송된다. 앵커와 취재기자의 대담으로 이어진다. '왜'가 언급된다.

Q. 2년 전에도 요소수 대란이 빚어져 당시 해결책으로 수입을 다변화 한다는 정부 방침도 나왔는데 오히려 중국산 요소 수입 비율이 높아졌어요. 왜 그런 겁니까?
A. 상대적으로 중국산 요소 가격이 저렴하기 때문입니다. 중국 의존도가 더 높아진 이유입니다.(SBS 8시뉴스)

리스크를 줄이기 위해 수입국 다변화가 필요한데도 왜 중국 의존도가 되레 높아지고 있는지에 대한 앵커의 질문으로 시청자 궁금증이 말끔히 해소된다.

앵커의 왜? 질문은 계속돼야 한다. 쌀이 남아도는 상황에서 왜 양곡관리법이 필요한 것인지, 대통령 거부권이 예상되는 상황에서 왜 야당은 이를 밀어붙이는 것인지를 거론해야 한다.

챗GPT의 유용성과 함께 제기되는 윤리문제, 역기능 문제를 '왜'라는 관점에서 논란의 핵심을 파고들어야 한다. 한미 정상회담을 앞두고 강제징용 배상 문제 등 부정적 한일 이슈를 제기하는 정부의 속사정도 한미일 안보 측면의 '왜'라는 관점에서 다뤄져야 한다.

포퓰리즘이 표(票)를 노리는 '표퓰리즘'으로 변질되는 이유와 이로 인한 국가부채의 증가가 결국 MZ세대로의 부담 전가로 이어지는 이슈의 심각성도 '왜', '무엇이' 문제인가라는 관점에서 지적돼야 한다. 국가 현안인 저출생 고령화, 연금 노동 교육 3대 개혁과제 이슈도 왜 이 시점에서 시급하고 필요한지가 충분히 설명되어야 설득력을 높일 수 있다.

▷ 퀴즈를 남기지 말아야 한다

앞서 방송기사 작성에서 언급한 '퀴즈를 남기지 말아야 한다'는 주문은 앵커에게도 그대로 적용된다.

만약 기자 출연의 경우 시청자 입장에서 궁금한 부분은 앵커가 반드시 질문을 해야 한다. 방송 중 갑자기 질문을 하면 기자들은 당황하게 된다. 방송 전 기자에게 이런 질문이 추가된다는 내용을 미리 설명하고 그 의문점을 파악해 두는 것이 좋다.

궁금증이 남는 기사와 방송은 막아야 한다. 신뢰도와 저널리스트의 기본 소양 문제를 떠나 시청자에 대한 예의가 아니다.

현역을 떠난 요즘도 뉴스를 시청하다 보면 궁금증이 남는 취재물을 보게 된다. 이럴 경우 다른 매체를 크로스 체크 해 보면 궁금증이 풀린다. 취재기자가 시간에 쫓겨 미처 생각하지 못할 경우 기사에 퀴즈를 남기게 된다.

▷ 방송은 '수용자 중심'을 염두에 둬야 한다

흔히 수용자 중심주의를 유저 퍼스트(User First)로 표현한다. 물론 뉴스의 밸류(value)에 따른 아이템 선택과 편집, 라인업은 방송을 공급하는 방송사에서 결정한다. 그러나 이 과정에서 시청자인 수용자의 니즈(needs)와 원트(want)가 반영돼야 소구력과 메시지 전달력을 높일 수 있다.

방송 소비자인 시청자들이 궁금하고 관심 있는 분야를 뉴스 소재로 다뤄야 한다. 생활경제, 생활정보, 돈이 되는 정책정보, 건강과 힐링 분야도 시청자들의 관심거리이다. 이는 곧 시청률로 나타난다. 수용자들이 관심을 갖고 궁금해하는 사안을 뉴스로 다루고 이슈화하는 과정이 언론의 기본적인 역할이자 책무이기도 하다.

▷ 앵커의 덕목은 '균형과 절제'이다

뉴스를 전달하고 논평하는 앵커가 느끼는 유혹은 촌철살인 논평과 사이다 발언이다. 시원한 멘트 구사의 유혹을 넘기기 어렵다. 위험 수위를 넘나들게 된다. 그러나 앵커의 비판성을 살리면서도 적정선에서 브레이크를 밟는 것이 절제(節制)이다. 유능한 앵커일수록 하고 싶은 말을 하면서도 은유법을 섞어 가며 수위를 조절한다. 강하게 직설적으로 멘트를 한 앵커는 설화에 휘말리게 된다.

또 앵커에게 요구되는 덕목은 균형(均衡) 감각이다. 이슈에는 이해관계에 따라 찬반 입장이 있게 마련이다. 이때 앵커는 한쪽으로 기울거나 치우치면 안 된다. 첨예한 이슈의 경우 일방을 지지하는 듯한 성향을 보이면 바로 항의가 빗발친다.

'균형과 절제'는 필자가 앵커와 MC를 하면서 스스로 다짐한 철칙이었다. 핫이슈를 다룰 경우 찬반양론을 형평성 있게 소개하려 노력했다. 그리고 이에 대한 코멘트는 먼저 철저한 국익, 공익의 거울에 비춰 보고 공정, 건전한 상식, 사회 상규의 합리적 기준에 부합되는지를 먼저 살폈다.

지나친 사견의 주장, 한쪽 편에 매몰되는 것을 경계했다. 권력을 감시하고 비판하는 언론의 기능에 충실하면서도 대안을 살피고 존재감을 과시하지 않는 겸손을 지향했다. 상징적인 시사와 풍자를 담은 멘트에도 상식선에서의 자기 검열(Self Censorship)이 필요했다.

▷ 앵커에게도 경청이 필요하다

취재기자나 정책당국자, 전문가와의 대담에서 앵커는 일단 경청하는 자세가 필요하다. 그래야 출연자가 긴장하지 않고 충분히 말을 할 수 있다. 경청해야 중복 질문을 피할 수 있고 출연자의 답변에서 또 다른 질문을 찾아낼 수 있다.

경청보다 튀는 질문이나 돌발 질문으로 고위 공직자가 당황하는 모습에서 자신의 존재를 과시하려는 앵커도 있었다. 물론 때로는 정책당국자에게 허를 찌르는 질문이 팩트 체크를 위해 필요한 경우도 있다. 그러나 듣기, 말하기, 확인 질문이 적절히 갖춰져야 대담 효과를 이끌 수 있다.

▷ 소리꾼에게 판을 깔아 줘야 한다

단일 라디오 프로그램으로는 최초로 유튜브 100만 구독자를 달성한 CBS 〈김현정의 뉴스쇼〉 진행자인 김현정 PD가 강조한 말이다.

김 앵커는 방송 15주년 인터뷰에서 진행자와 출연자의 역할을 '고수'와 '소리꾼'으로 비유해 설명한다. 진행자는 "출연자인 소리꾼이 신명나게 판을 벌일 수 있도록 판을 깔아 줘야 한다"고 강조했다.(2023 미디어

의 미래, 8월 25일자 보도)

 말하기 어려운 내용을 털어놓는 출연자에게는 맞장구를 치거나 긍정적 리액션으로 마음을 열도록 도와주어야 한다. 성공 모델로 꼽는 유재석 MC의 비결도 경청과 출연자를 배려하는 마음 자세에 있었다.

▷ 돌발 상황에 대처하는 순발력이 있어야 한다

 뉴스는 생방송이다. 철저한 준비를 거듭해도 돌발 상황이 나오게 마련이다. 이때 앵커의 순발력이 요구된다.

 1980년대 로컬 TV뉴스에서는 VCR 테이프 앞부분이 정확히 맞춰지지 않아 사고가 빈발했다. 주조정실에서는 일대 소동이 빚어진다. 앵커는 이어폰으로 비상 상황을 알 수 있다. 이때 앵커는 머뭇거리거나 당황하면 안 된다. 천연덕스럽게 날씨 멘트를 하거나 그날 주요 뉴스를 애드리브로 짚으며 시간을 끌어 줘야 한다.

 본사 라디오 뉴스 〈뉴스중계탑〉을 방송할 때의 일이다. 녹음된 리포트물(오디오 파일)이 방송되다 갑자기 멈추는 사고가 발생했다. 스태프의 얼굴이 하얗게 변한다. 순간 빨리 앵커에게 넘기라고 사인을 보낸다. 즉시 불이 들어오고 앵커는 아무 일 없다는 듯이 말을 잇는다. "앞서 ○○○ 기자도 언급했습니다만 그 문제, 중요한 이슈로 떠올랐습니다." 리포트에서 끊긴 내용은 리포트 원고를 보며 여유 있게 마무리할 수 있었다.

 방송시간은 2-3분 남았는데 편집된 뉴스 원고가 바닥이 날 때가 가끔 있다. 이럴 경우 오늘의 주요 뉴스를 다시 간추려 보거나 클로징 멘트를 여유 있게 할 수도 있다. 앵커 시절 클로징 멘트를 미리 길게 준비했다 시간에 맞춰 조절하곤 했었다.

　방송 도중 긴급 속보가 들어오거나 이미 방송된 뉴스 상황이 바뀔 경우도 늘 대비해야 한다. 갑자기 취재기자 전화 연결과 방송 순서가 변경되는 때도 있다.

　앵커는 늘 돌발 상황에 대처하는 순발력이 요구된다. 그리고 위기가 발생할 때 당황하지 않고 여유 있게 넘겨야 한다. 사고 최소화는 최종 주자 앵커의 몫이다. 위기 상황에서 앵커의 능력이 더 빛을 낼 수도 있다.

▷ 실수는 용감하게, 그러나 사과 멘트는 제때 해야 한다

　1980년대 TV뉴스 사고가 잦았다. 아침 〈뉴스광장〉 뉴스해설 도중 해설위원에게 코피가 계속 흘러 시청자들을 안쓰럽게 했다. 갑자기 프롬프터가 멈추자 해설위원이 당황해 방송을 멈추는 사고가 발생하기도 했다. 이후 생방송 해설코너가 녹화방송으로 바뀐 사례도 있다.

　재해방송 중계차 연결을 할 경우 태풍에 현장 기자의 원고가 날아가거나 폭우에 원고 글자가 번지면서 보이지 않아 취재기자가 말을 잇지 못하는 사고도 발생한다. 조명이 갑자기 꺼져 중계차 연결 현장이 먹통이 되는 경우도 있었다. 이럴 경우 중계차 현장은 물론이고 주조, 스튜디오, 편집데스크가 비상이다.

　필자도 값진 경험을 했다. 집중 호우 피해 중계차를 연결할 때 사인펜으로 덕지덕지 쓴 원고 글씨가 빗물에 번져 판독이 불가능했다. 머릿속이 일시적으로 블랙아웃, 화이트아웃 상황이 되는 느낌이었다. 순간 기지로 현장 모니터 TV화면 영상을 보며 애드리브로 설명해 나갔다. 오히려 리포팅이 생생하고 그림과 잘 맞아떨어졌다며 호평을 받기도 했다. 임기응변이 더 좋은 결과를 낸 사례였다.

생방송 뉴스 진행 도중 실수에 대한 위험부담은 늘 따른다. 이를 지혜롭게 극복해야 한다. 한번 말을 더듬거나 원고를 잘못 읽으면 이후에도 똑같은 일이 반복된다. 앞선 실수를 염두에 두기 때문이다. 앵커는 한 번의 실수에도 용감해야 한다. 자신이 오독한 부분을 자신 있게 반복해서 읽는 앵커가 오히려 더 인간적인 신뢰감을 얻은 경우도 있다. 원고도 흘끔 보지 말고 자신 있게 보는 것이 자연스럽다. 기침이 나온다면 자신 있게 기침하고 "감기 조심하십시오, 요즘 감기 독합니다."라고 말할 수 있는 뱃심과 임기응변이 때로는 필요하다.

생방송으로 진행되는 뉴스 프로그램에서는 자잘한 방송 사고가 있게 마련이다. 이럴 경우 슬쩍 넘어가지 말고 앵커가 즉시 사과 멘트를 하는 것이 낫다. 오히려 앵커에 대한 인간적인 매력과 신뢰도를 높일 수 있다.

▷ 유머도 양념이다

앵커도 개성시대이다. 다채널 뉴스 방송에서 앵커의 호감도가 시청자들의 선택에 영향을 미친다. 물론 뉴스의 공정성, 신뢰도, 내용이 중요하지만 이를 전달하는 앵커의 퍼스낼리티가 시청률에 직접적인 영향을 주는 요소가 됐다.

방송사 앵커끼리의 경쟁도 치열하다. 선의의 경쟁은 바람직하나 과열 경쟁이 문제다. 어느 종합편성 채널 앵커는 마무리에서 거수경례를 하기도 하고 목소리를 지나치게 높이거나 과잉 제스처로 자신의 존재를 알리려 노력하는 진풍경도 있었다.

패널의 답변이 좋았다며 방송 중 사탕을 주는 시사토크 진행 MC까지 있었다. 지나치게 튀는 행동은 앵커의 품격을 떨어뜨린다.

반면 때로는 무미건조하거나 날선 뉴스 이슈 속에서 앵커의 유머가 분위기를 반전시키는 양념 구실을 할 때도 있다. "아들아, 넌 다 계획이 있었구나." 이 대사는 칸 영화제 황금종려상을 받은 〈기생충〉 영화에서 주인공 송강호가 한 것으로 한때 인기를 모았다. 뉴스 방송에서 앵커가 취재기자의 말을 듣고 "아, 다 계획이 있었군요!"라고 받아넘겨 웃음을 유발했다.

결혼을 꺼리는 풍조가 저출생의 직접적 원인이다. 그래서 앵커로서 마무리 멘트를 한 적이 있었다. "결혼을 해도 후회, 안 해도 후회라면 일단 결혼을 해보는 것이 어떨는지요. 특히 저출생 극복을 위해서도 결혼이 꼭 필요하다는 주장도 만만치 않습니다…."

앵커는 대담에서 분위기를 부드럽게 할 수도 있다. 경제부 여기자에게 뛰는 물가를 질문한다. "남편 월급, 자식 성적은 안 오르는데 올라도 너무 오르는 게 물가라고 그래요. 요즘 양파값이 뛰면서 짜장면 가격도 덩달아 올랐습니다. ○○○ 기자도 주부라서 장보기도 할 텐데 장바구니 물가 어느 정도인가요?"

일요일 빼고 매일 아침 출근길 35분간 방송되는 〈뉴스와 화제〉에서는 칭찬보다 비판, 긍정보다는 부정적인 내용이 더 많다. 각종 이슈에 대한 점검, 분석, 고발, 감시, 밤사이 사건 사고 등 어두운 아이템이 대부분이다. 그래서 앵커는 가끔은 훈훈한 미담, 위트 넘친 멘트를 찾고자 노력한다. 그러다 무미건조한 질문을 유머 있는 멘트로 바꿔 아침 분위기를 다소 밝게 만들기도 했다.

앵커의 유머는 양념 요소이지만 신중을 기해야 한다.

시사 풍자로서 잘하면 흡인력을 높일 수 있지만 빗나가면 신뢰도와 품격을 잃고 설화를 자초할 수 있기 때문이다.

▷ 앵커의 자질, 최소한 평균인보다는 높아야

앵커는 중견 기자, 아나운서가 맡게 된다. 신입사원 선발 과정에서 엄격한 오디오와 비디오 테스트를 거치게 된다. 여자 아나운서의 경우 신입사원 경쟁률이 1,000대 1을 넘는 경우도 있다. 이런 어려운 관문을 통과한 방송인 가운데 또 베스트 앵커를 뽑기 위해 사내 오디션을 거치게 된다. 그런데 이런 엄선 과정을 거쳐도 발음과 메시지 전달 면에서 시청자 만족을 채우지 못하는 앵커가 나온다. 특히 라디오 앵커의 경우 기대에 못 미치는 비호감 앵커가 나와 청취자들의 불만을 사는 경우도 있다. 특정 지역의 사투리가 드러나는 앵커에 대한 지적이 홈페이지에 잇따랐다.

일부 방송사에서는 앵커에 대한 시청자 만족도를 높이기 위해 선발 과정에서 외부 시청자 심사 점수를 반영하기도 한다.

이제 현직 앵커를 떠나고 나서 요즘 방송을 듣다 보니 앵커에 대한 호감도와 비호감도를 확연히 느낄 수 있다.

앵커가 미남 미녀일 필요는 없다. 성우처럼 미성이어야 하는 것은 아니다. 오히려 저널리스트로서의 퍼스낼리티가 있는 것이 강점일 수도 있다. 그러나 분명한 기준선은 있어야 한다. 전문직 앵커라면 음성, 발음, 표준어 구사, 외모, 전달력, 뉴스 해석 능력이 최소한 평균인보다는 더 뛰어나야 된다는 점이다.

3. 앵커 멘트의 재구성, 이렇게 달라진다

(1) 최종주자 앵커를 거친 대담 내용, 멘트의 재탄생

편집기자의 1차 라인업 과정에 이어, 앵커의 주문에 따라 리포트와 스트레이트 기사가 취재 파트로부터 잇따라 들어온다.

어떤 아이템을 톱뉴스로 할 것인가, 헤드라인을 어떻게 구성할 것인가는 대부분 앵커의 몫이다.

앵커 멘트를 고치고 Q&A 내용과 순서를 재구성하고 핵심을 요약정리하고 적절한 코멘트를 넣는 작업은 앵커 담당이다. 급하게 들어온 원자재를 잘 다듬고 손질하는 재가공 절차를 거친 뒤 뉴스 제품이 소비자인 청취자들에게 전달되는 것이다. 이 과정의 성패가 곧 뉴스의 완성도, 메시지 전달력, 영향력, 청취율과 직결된다. 그리고 그 과정은 한정된 급박한 시간 속에서 신속하고도 신중하게 진행된다. 한번 온에어(ON AIR)된 결과는 되돌릴 수 없기 때문이다.

(2) 앵커 멘트의 재구성, 유형별 리모델링 사례

여기서는 실제로 방송된 원고를 바탕으로 5가지로 분류해 살펴본다.

먼저 방송의 핵심인 앵커 멘트 바꾸기이다. 이슈의 핵심과 흐름에 맞게, 앞뒤 아이템 맥락에 맞게 앵커 멘트가 어떻게 수정됐는지를 보여주게 된다.

이어 출연기자와의 대담 코너에서 질문 순서의 배열과 내용이 어떻게 고쳐졌는지를 살펴본다. 간단명료하게 핵심을 파고들어 메시지를 전달하는 '심플', '임팩트' 부분이다. 또한 앵커가 모든 것을 미리 아는 식으로 구성된 질문지가 수용자의 눈높이와 궁금증에 맞게 어떻게 바뀌어졌는지를 점검한다.

대담 시 코멘트 가운데 비판의 내용을 담은 뼈 있는 질타, 흡인력을 높인 위트, 풍자성 멘트, 순발력 있는 애드리브도 빼놓을 수 없는 부분이다.

마지막으로 이슈의 핵심을 요약 정리하는 멘트도 메시지 전달력, 완성도 면에서 중요한 부분이다.

여기서 다룬 사례는 필자의 앵커 시절 기사 원고를 중심으로 직접 체험 과정을 수록한 것이다. 당초 원고가 앵커의 수정 과정을 거쳐 어떻게 바뀌어 실제 방송됐는지를 분야별로 리뷰해 본다.

1 〉 이슈 제기형 재구성

출근길 아침 8시에 35분간 방송된 〈뉴스와 화제〉는 전날 TV 메인 뉴스인 9시뉴스에 이미 방송된 리포트를 제작한 취재기자의 출연, 전화 연결로 진행되고 밤사이 사건 사고, 외신 기사 등이 덧붙여지는 포맷이었다.

이슈의 배경, 의미 분석, 해법을 심층 진단하는 진행 방식이어서 앵커 멘트도 본문에 나와 있는 내용의 소개보다 더 본질적인 이슈, 관심을 유발하는 문제 제기성 내용으로 다듬어졌다. 리포트의 핵심과 의미를 부각시키는 마중물 역할에 역점을 둔 것이다.

앵커인 필자가 그 당시 다듬어 실제 방송한 〈뉴스와 화제〉 원고를 소개한다. 이른바 '리모델링'된 앵커 멘트이다.

여기서는 원문의 소개는 대부분 생략하고 바로잡혀진 원고 내용 중심으로 살펴보고자 한다.

먼저 이슈의 흐름에 맞게, 이슈 부각을 위해 고쳐 쓴 앵커 멘트의 사례이다.

핵심을 부각해 이슈를 제기하는 형식으로 앵커 멘트를 하면 시청자들의 관심을 더 이끌 수 있다.

▷ 가짜 신분증에 뚫린 정부 중앙청사

원문
"지난 14일, 정부 중앙청사에 불을 지르고 투신한 김모 씨는 가짜 신분증으로 쉽게 들어갔습니다. 이런 위조 신분증은 인터넷 사이트를 통해 단돈 수천 원이면 누구나 손쉽게 만들 수 있어 주의가 요망됩니다. 취재기자 연결해 자세히 알아봅니다. ○○○ 기자!"(2012. 10. 16. 뉴스와 화제)

> **→ 수정**
> "정부 중앙청사가 맥없이 뚫렸습니다. 원인은 가짜 신분증이었습니다. 그런데 요즘 활개를 치고 있는 가짜 신분증, 단돈 몇천 원이면 '뚝딱' 손쉽게 구할 수 있다고 합니다. ○○○ 기자 연결돼 있습니다."

Q1. ○ 기자, 이런 가짜 신분증 어디서 구하는 겁니까?
Q2. 신분증 위조가 이렇게 인터넷에서 활개를 치고 있는데 왜 막지 못하는 겁니까?

▷ 민간단체, 정부 갈등에 미뤄지는 장기 이식

원문

"민간단체인 장기기증운동본부가 정부와 갈등을 빚고 있습니다. 민간단체의 장기이식 관여를 제한하는 정부 방침에 반발하고 있는데요. 자세히 알아봅니다. ○○○ 기자 나와 있습니다."(2011. 6. 22. 뉴스와 화제)

> **→ 수정**
> "장기 이식을 초조하게 기다리는 분들이 적지 않습니다. 그런데 오랫동안 애타게 기다려 온 환자들이 막상 기증자가 나타나도 이식을 못 받을 처지가 됐습니다. 어찌된 영문인지 알아봅니다. ○○○ 기자."

Q&A

Q1. 왜 이렇게 된 겁니까?

Q2. 정부의 입장은 뭡니까?

Q3. 당장 장기 이식이 시급한 환자가 많은데⋯ 그럼 현실적인 해법은 뭔가요?

▷ "암이 불치병?" 이젠 옛말

수정 앵커 멘트

"'암에 걸렸다' 하면 환자 자신은 물론이고 가족들도 낙담하기 일쑤였습니다. 그러나 '이제는 아닙니다'. ○○○ 기자 나와 있습니다."

Q&A

Q1. 암이 불치병이란 말이 이젠 옛말이 됐다는데 그만큼 완치율, 생존율이 높아졌다는 말인가요?

Q2. 암환자와 가족들에게는 위안이 되는 밝은 소식인데, 환자 자신의 마음가짐도 중요할 거예요?(2012. 12. 28.)

▷ 한국, 과학 부문 노벨상 수상은 언제 가능할까?

수정 앵커 멘트

"이웃나라 일본이 노벨상 타는 거 언제까지 부러워만 하고 있어야 됩니까? 우리도 노벨상 타려면 기초과학 키워야 되는데, 현실은 그렇지 않습니다. 그 실태와 문제점을 짚어 봅니다. ○○○ 기자."

Q&A

Q1. 연구원하면 주로 박사님 아닙니까? 그런데도 연구원 가운데 비정규직이 많다는 겁니까?

Q2. 이러다 보니 연구에 전념할 수 있을까요?

Q3. 취재하면서 어떤 대책이 필요하다고 느꼈습니까?(2012. 10. 18.)

드디어 2024년 10월 10일 오후 8시, 소설가 한강이 노벨문학상 수상자로 발표됐다. 전세계적으로 작품이 베스트셀러가 될 정도로 '한강 신드롬'이 뜨거웠다.

대한민국의 다음 과제는 노벨 과학상 수상이다. 노벨 과학상 배출국은 32개국에 이르지만(일본 25명, 중국 6명) 한국은 여전히 이름을 올리지 못하고 있다. 인재가 의대에 몰리고 과학계에는 부족한 현상이 극복돼야 할 과제로 꼽히고 있다. 젊은 학자 지원과 기초과학 연구소가 늘어나야 한다.

▷ 너무 빗나간 경제 전망

수정 앵커 멘트

"경제가 나아질 것인가? 어떨 것인가? 국민은 물론이고 언론도 경제전문기관들이 내놓는 '경제 전망'에 의존하기 마련입니다. 그러나 전망치가 결과와 달라도 너무 달랐습니다. 너무 빗나갔습니다. ○○○ 기자."

Q&A

Q1. 이번에는 '해도 너무 했다'는 말이 많은데, 차이가 어느 정도나 난 겁니까?

Q2. 주식투자자 불만도 크던데 주가 전망은 어느 정도였습니까?

Q3. 정부, 한국은행, 국책 연구기관에 내로라하는 박사급 권위자들이 즐비한데 예측과 실제 결과가 왜 이렇게 차이가 난 겁니까?(2012. 12. 11.)

▷ 자취 감춘 오징어 행방

수정 앵커 멘트

"요즘 오징어값, 얼마인지 아십니까? …한 마리에 만 원까지 치솟았습니다. '금(金)징어'란 단어까지 나왔습니다. 올여름 동해안에서 오징어가 거의 자취를 감췄기 때문이라는데, 강릉 연결합니다. ○○○ 기자."

Q&A

Q1. 오징어하면 주문진항이 떠오르는데요. 정말 오징어 보기 힘듭니까?

Q2. 제철에도 안 잡히는데… 그 많던 오징어 도대체 어디로 간 겁니까?(2011. 8. 20.)

2 〉 관련 있는 리포트 맥락 잇기

앞뒤 아이템의 연관성, 맥락에 맞게 앵커 멘트를 바꿔 줘야 부드럽고 메시지 효과를 더 높일 수 있다. 이에 대한 사례를 살펴본다.

가. 〈2018 동계올림픽 개최지 평창 유치 사례〉

내용이 시리즈로 이어지는 리포트 앵커 멘트를 순차적으로 정리해 뉴스의 가치를 업그레이드 했다.

(a) "기쁜 소식으로 시작합니다. 드디어 세 번째 도전 끝에 평창이 올림픽 유치의 꿈을 이뤘습니다. 평창은 1차 투표에서 압도적 표차로 독일 뮌헨을 따돌리면서 2018년 동계올림픽 개최지로 최종 확정됐습니다. 먼저 ○○○ 기자가 보도합니다."

(b) "이어서 우리나라가 어떻게 성공을 거두게 됐는지, 뒷얘기를 들어보겠습니다. 스포츠취재부 ○○○ 기자 나와 있습니다."

Q1. ○ 기자는 스포츠 취재기자여서 감격이 더 크겠죠?
Q2. 삼수 만에 한을 풀었는데… 평창 유치 성공, 그것도 압도적인 표차이였는데요… 어떻게 가능했다고 봅니까?
Q3. 미국도 못 해낸 '글랜드 슬램'이 달성된 거 아닙니까?
Q4. 피겨 여왕 김연아 선수도 끝내 눈물을 보였는데… 몸을 사리지 않았다고 그래요?
Q5. 이로써 더반은 우리에게 정말 잊을 수 없는 특별한 도시로 남게 됐죠? (홍수환 4전 5기 챔피언 등극, 남아공 월드컵 경기에서 사상 첫 원정 16강 진출)

정말 기분 좋은 아침입니다.

(c) "평창으로 동계올림픽 유치가 확정되면서 온 국민이 축제 분위기인데 강원도 도민들은 더하겠죠. 춘천 연결합니다. ○○○ 기자."

Q1. 삼수 도전 끝에 꿈을 이뤄 강원도민들의 기쁨이 남달랐을 것 같은데 현지 분위기 어떻습니까?
Q2. 돈 안 받는 식당도 있었다죠? (비싼 한우고기도 그냥 나눠 줬다)
Q3. 동계올림픽이 열리면 우리나라 위상을 높일 뿐만 아니라 경제 효과도 클 거로 예상되죠?

(d) "오늘은 '정가소식'에서도 평창 유치 빼놓을 수 없겠죠. ○○○ 기자 나왔는데…"

Q1. 모처럼 여야가 따로 없네요. 여야 정치권도 발 빠르게 나섰다는데 어디로 갔습니까? ("네, 평창 현지로 떠났습니다.")
Q2. 평창 유치에 대한 반응, 앞으로 지원 대책도 나온 게 있습니까?(2011. 7. 7.)

나. 〈외제 고가품 열광 VS 최저임금 결정 반발〉

(a) "'3초 백, 5초 백' 이라는 말 아시나요? 거리를 걷다 보면 3초마다 볼 수 있다고 해서 루이비통 가방은 3초 백, 구찌 가방은 5초 백으로 불린다는데요. 딴 나라, 딴 세상 같은 얘기지만 요즘 풍속도랍니다. 이른바

명품이라고 불리는 외제 고가품에 열광하는 우리 사회의 한 단면을 짚어 보겠습니다. ○○○ 기자 나왔습니다. ○ 기자."

Q1. 올 들어 외제 고가제품 값이 많이 올랐다고 들었는데 그래도 매출이 늘어나는 겁니까?
Q2. 7천 2백만 원짜리 욕조에서 목욕하면 피로가 더 풀리는 건가요? 외제 명품, 비싸면 더 잘 팔린다는데 왜 이런 현상이 빚어지는 겁니까?
Q3. 외제 고가품 업체들 이러다 보니 급성장하고 있는데… 어떻습니까? 사회에 돈 좀 내놓나요?
Q4. 최근 외제 고가품 열풍에 불을 댕긴 건 재벌 딸들의 판매 경쟁이라던데 사실입니까?

(b) "앞서 외제 고가품에 열광하는 우리 사회의 한 단면을 봤습니다만 한쪽에서는 최저임금 논란이 뜨겁습니다. 내년도 최저임금안이 보름 가까운 파행 끝에 어제 새벽 결정은 됐습니다. 그러나 노동계 반발이 거셉니다. 날치기라며 이를 받아들일 수 없다는 주장입니다. 취재기자 나와 있습니다. ○○○ 기자."

Q1. 오르긴 올랐다는데 얼마나 오른 겁니까?
Q2. 노동계와 시민단체의 반발이 큰데 왜 그렇습니까?
Q3. 다시 조정될 가능성도 있는 겁니까?(2011. 7. 14.)

3 〉 핵심 찌르는 Q&A 재구성

취재기자가 출연해 대담을 할 때 앵커와의 즉문즉답이 이뤄진다. 핫이슈에 대한 찬반 논란, 배경, 의미, 기대 효과, 뒷얘기까지 자세히 짚어보는 대담이 뉴스의 몰입도와 이해도를 높인다.

짧은 방송 시간을 효율적으로 활용해야 한다. 앵커의 질문은 간결하고 핵심을 찔러야 한다. 원고 내용 중 빠른 시간 내 핵심 포인트를 짚어 내는 순발력이 앵커에게 요구된다. 대담은 앵커와 출연기자가 하지만 그 시선은 청취자 입장으로 맞춰져야 한다.

> ▷ 해상 사격훈련 긴장 고조…
>   국제부, 국방부, 정치부 기자 릴레이 대담

2010년 3월 26일 밤 9시 22분 백령도 해상에서 천안함 피격 사건이 발생해 해군 장병 46명이 전사한다. 우리 군은 이에 대응해 연말 해상 사격훈련을 실시해 한반도 긴장상태가 최고조에 이른다. 12월 20일 〈뉴스와 화제〉에서는 이에 대한 긴박한 상황을 속도감 있게 진행했다.

먼저 국제부 기자를 연결해 UN 안보리 긴급회의 상황을 속보로 알아보고 이어 국방부 취재기자, 정치부 기자를 연결해 상황을 점검했다. 국제부 기자를 연결한 내용이다.

앵커 멘트

(a) "유엔 안보리가 오늘 새벽 최근 한반도의 긴장 상황을 논의하는 긴

급회의를 소집했습니다. 국제부 취재기자 연결합니다. ○○○ 기자."

Q&A

Q1. 우리 시각으로 새벽 1시에 회의가 시작됐는데 결과가 나왔습니까?

Q2. 남북 양측에 자제를 촉구하자는 것이 러시아 초안인데 서방국가들이 반대하는 이유는 뭡니까?

Q3. 그렇다면 회의 결과물이 나올까요?

(b) "이어 국방부 연결합니다. ○○○ 기자."

Q1. 지금도 해상 사격훈련이 계속되고 있나요?

Q2. 훈련의 목적은 어디에 중점을 두고 있습니까?

Q3. 북한의 움직임이 포착된 것이 있습니까?

(c) "이번에는 정치부로 갑니다. ○○○ 기자."

Q1. 청와대의 지금 움직임이 있습니까?

Q2. 청와대의 반응은 어떤가요?

Q3. 남북 사태가 경색될 것으로 보이는데 정가의 반응은 어떻습니까?(2010. 12. 10)

▷ '아덴만 여명작전' 속보, 속도감 있는 진행

 2011년 1월 21일, 이역만리에서 날아온 '아덴만 여명작전' 낭보에 온 국민이 환호했다. 해군 청해부대가 소말리아 해적에게 납치됐던 삼호 주얼리호 선원 21명 전원을 구출하고, 해적 13명을 사살 또는 생포한 뉴스였다.
 4시간 58분간의 완전작전, 전원 구출에 성공한 아덴만 여명작전은 해군 특수전여단(UDT/SEAL) 역사에서 기념비적인 작전으로 기록된다.
 1월 22일 〈뉴스와 화제〉에서 중점 뉴스로 다룬다.
 이미 헤드라인에서 주요 내용은 방송된 만큼 출연기자와의 대담은 바로 핵심으로 들어가야 한다.

앵커 멘트
"전광석화 같은 구출작전이었습니다. 국민도 가슴을 쓸어내렸습니다. 당시 긴박했던 상황을 알아봅니다. ○○○ 기자 나와 있습니다."

Q&A
Q1. 기적에 가까운 작전이 펼쳐졌죠? (해적 전원 사살 또는 생포, 인질은 부상 1명)
Q2. 긴박했던 작전상황, 단계별로 짚어 보죠.
Q3. 엠바고 때문에 그동안 보도하지는 못했는데, 1차 작전 실패 후 사흘 뒤 다시 작전을 폈다는 것이 사실입니까?
Q4. 이번 작전을 성공으로 이끈 해군 UDT 어떤 곳입니까?

Q5. 작전 자체가 완벽했는데 해적들의 저항은 어땠습니까?
Q6. 협상 대신 단호하게 대응한 배경은 뭡니까?
Q7. 이번 구출 작전의 성공에는 삼호 주얼리호 석해균 선장의 기지가 돋보였다죠?

"부상을 당한 석 선장의 빠른 쾌유를 빕니다."(2011. 1. 22)

4 디테일 논리 재구성

이슈의 접근은 탄탄한 논리가 뒷받침돼야 설득력과 메시지 전달력을 높일 수 있다.

▷ '한미 FTA 추가 협상' 꼼꼼히 이슈 진단

앵커 멘트

"오늘 〈뉴스와 화제〉에서는 '한미 FTA 추가 협상' 결과를 집중 보도해 드립니다. 경제부 ○○○ 기자 나왔는데요."

Q&A

Q1. 협상 골자, 어떻게 정리할 수 있을까요?
Q2. 분야별로 꼼꼼히 짚어보죠. 자동차 분야는 뭘, 어떻게 양보했다는 거죠?
Q3. 그럼 우리측이 얻은 건 뭔가요?

Q4. 우리나라 업계의 반응은 엇갈리고 있어요?

Q5. 자동차를 주고 얻었다는 돼지고기와 비자 연장이 과연 이익의 균형을 맞췄느냐가 쟁점인데 어떻게 볼 수 있습니까?

Q6. 끝까지 관심거리였는데 쇠고기 문제는 안 나온 겁니까?

Q7. 어쨌든 협상은 타결됐는데 앞으로 발효까지 어떤 과정이 남아 있나요?(2010. 12. 6.)

5 》 앞지르기 앵커 질문 바꾸기

출연기자와 Q&A 대담 시 질문은 청취자의 관심을 끌 수 있도록 청취자 궁금증에 시선을 맞춰야 한다. 앵커가 이미 모든 것을 안다는 듯 '-라고요?', '-면서요?'식 앞지르기 질문이 계속되면 몰입도를 떨어뜨릴 수 있다. 청취자의 관심을 끌 수 있도록 앵커 멘트와 질문 내용을 고쳐 방송한 사례이다.

▷ 시민 놀라게 한 흔들림 현상 원인은?

원문 앵커 멘트
"서울 테크노마트에서 지난 5일 나타났던 흔들림 현상은 운동시설 내 뜀뛰기 운동 때문이라는 잠정 결론이 나왔습니다. 취재기자 연결합니다."

> → 수정
>
> "시민들을 놀라게 했던 서울 테크노마트의 흔들림 현상, 그 이유가 드러났습니다. 취재기자 연결합니다."

Q&A

Q1. 흔들림 원인이 뜀뛰기였다는 거죠?

→ 흔들림 원인, 뭐로 나왔습니까?

Q2. 여전히 의문점은 남아 있는데 보다 정밀한 진단을 한다고요?

→ 의문점이 완전히 가신 건 아닌 듯한데 정밀 진단, 추가로 한다는 얘기는 없던가요?(2011. 7. 20.)

▷ 새해 금연 도전, 어떻습니까?

원문 앵커 멘트

"우리나라 성인 남성 흡연율이 지난해 말 처음으로 30%대로 떨어졌습니다. 하지만 선진국에 비해선 여전히 높은 수치인데요. 새해를 맞아 금연에 성공하기 위해선 구체적인 계획이 필요하다고 합니다."

> → 수정
>
> "새해 들어 여러 가지 결심하신 거 있으시죠? 절주, 금연도 있을 테고요…. '작심삼일'이라는 말이 있는데 실천하고 계십니까? 오늘이 새해 들어 꼭 3일째 되는 날입니다. 오늘 아침은 '담배 끊는 것' 이거 한번 생각해 보죠. 의료복지팀 ○○○ 기자 나와 있습니다."(2011. 1. 3.)

6 〉 위트 넘친 앵커 멘트, 분위기 반전

위트 넘친 앵커의 촌평 한마디가 때로는 '신문의 만화' 역할을 한다. 출연한 취재기자와의 대담 때 앵커가 짧게 던지는 한마디가 건조한 뉴스 프로그램의 반전으로 활력소 역할을 하기도 한다. 위트, 풍자, 해학, 유머가 있으면서도 날카로운 촌평이 깃든 멘트가 흡인력을 높이고 청취율로 이어진다.

정보와 예능 요소가 가미된 인포테인먼트(Infortainment) 멘트가 앵커의 퍼스낼리티를 살리는 강점으로 작용한다. 실제 방송된 몇 가지 사례를 소개한다.

▷ "입춘 지났으니 국회도 이제 풀려야 될 텐데요."

2011년 2월 초순은 날씨만큼이나 여야의 냉기가 싸늘했다. 개헌특위 구성, 구제역 파동, 과학비즈니스벨트 입지 문제를 놓고 사안마다 팽팽한 대결을 좁히지 못하고 있었다. 출연한 정치부 기자는 2월 임시국회가 열리더라도 쟁점 현안을 둘러싼 정치권의 공방은 불가피할 것으로 어둡게 전망했다.

이때 앵커는 마무리 멘트를 한다.

"입춘을 지난 지 벌써 사흘째인데 국회도 이제 풀려야 될 텐데요."(2011. 2. 4.)

냉각기가 장기화되는 국회 상황을 비판하면서도 얼어붙은 정국이 풀리기를 바라는 국민 감정을 대변해 공감도를 높이고자 한 멘트였다.

▷ "미소금융 대출받은 서민, 미소 짓도록 해야 되겠죠."

2010년 12월 17일 〈뉴스와 화제〉 '미소금융 1년, 성과와 과제는?' 아이템에서 경제부 기자와 점검하면서 앵커가 한 코멘트였다. '미소(微小)금융'과 '미소(微笑)' 단어의 발음이 같다는 점에 착안해 즉석에서 내놓은 애드리브성 코멘트였다.

그러나 위트만 있는 것이 아니라 뼈 있는 지적을 담고 있었다.

미소금융 제도는 소액대출로 서민들의 자활을 돕는 사업으로 출발해 초기에 호응을 얻었으나 시행 1년이 지나고 보니 문제점도 드러났다. '창업'에 초점을 맞춘 종합 서비스로 점포와 대출 실적은 크게 늘어났으나 대출규모의 한정, 연체율 관리도 문제점으로 지적됐다. 미소금융이 정치 논리로 만들어 낸 선심성 정책이라는 비판도 제기됐다. 이런 꼬리표를 떼어 내고 서민들에게 자립의지를 북돋우는 제도로 뿌리내리도록 하는 것이 중요한 과제라고 경제부 기자는 진단했다. 그러자 마무리 코멘트로 "미소(微小)금융을 대출받은 서민들이 미소(微笑)를 지을 수 있도록 A/S가 더 필요"하다는 앵커의 즉석 주문이 나온 것이다.(2010. 12. 17.)

7 〉 뉴스의 활력소, 양념성 멘트

양념성 애드리브가 적시 안타일 경우 뉴스 프로그램의 활력소가 되기도 한다. 가슴이 답답한 이슈일 경우, 지루한 대담이 이어질 경우 촌철살인의 애드리브가 때로는 분위기를 반전시킨다. 속 시원한 사이다 코멘트가 시청취자들의 대리만족감을 높인다. 그러나 생방송 즉흥 멘트이기 때문에 때로는 위험 부담이 큰 것도 사실이다. 신중치 못한 즉흥 멘트로 앵커들이 곤욕을 치르고 물러나는 빌미를 제공하기도 한다.

따라서 애드리브 멘트는 순발력과 함께 정교하고 절제력이 있어야 한다. 그러자면 풍부한 취재 경험과 함께 한눈에 이슈를 내려다보는 내공이 필수 요건이다.

찬반양론이 거셀 경우 일방을 편드는 듯한 멘트는 금물이다. 애드리브에도 이슈를 관통하는 메시지가 담겨 있어야 함은 물론이다.

〈뉴스와 화제〉에서 출연 기자와 대담 중 있었던 사례를 당시 원고를 중심으로 되살린다.

▷ 오르는 건 물가, 안 오르는 건…?

고물가 현상은 13년 전 봄에도 화두였다. 그날 〈뉴스와 화제〉 경제코너 마무리 멘트도 물가 인상을 꼬집는 내용으로 장식했다.

마무리 멘트

"주부님들 말씀 중에 이런 말이 있죠. '안 오르는 건' 남편 월급과 자녀 성적이고, '오르는 건' 물가다. 최근 물가는 정부의 강력한 억제 정책도 피해 가는 것 같습니다."(2011. 5. 20.)

▷ "○ 기자도 주부인데, 요즘 체감 물가 어느 정도인가요?"

오프닝 멘트

"정부의 물가 인상 억제 방침에도 불구하고 가공 식품 값이 줄줄이 오르고 있습니다. 버스 요금 같은 공공요금도 오를 전망입니다. 경제부 ○○○ 기자 나와 있습니다."

Q&A

Q1. 어린이날을 앞두고 과자 값이 일제히 올랐었는데 이번에 또 어떤 식품값이 오른 겁니까? (햄, 참치 캔 가공식품값 인상)

Q2. 왜 이렇게 올리는 건가요?

Q3. 여기다 또 공공요금도 들썩이고 있다면서요?

Q4. ○ 기자도 주부인데, 요즘 체감하는 살림살이 부담, 어느 정도입니까? (생계부담 가중, 살림살이 팍팍)(2011. 5. 3.)

▷ 뛰는 금값…금맥 다시 찾는 광산, "역시 금은 금(金)이네요"

2011년 시대상을 말해주는 원고도 발견됐다. 금값을 통해 본 경제 단상이다.

오프닝 멘트

"주식은 곤두박질을 치는데 금값은 하루가 다르게 뛰고 있습니다. 연일 계속되는 금값 신기록이 결혼 예물시장 풍경까지 바꿔 놓고 있습니

다. 손님이 끊긴 금은방들은 잇따라 문을 닫고 있습니다. 오늘 아침 ○○
○ 기자와 금 얘기 나눠 보죠."

Q&A

Q1. 80년대 초 돌반지 선물로 3.75그램 한 돈에 5만 원에 샀던 기억
이 나는데요. 현재 얼마까지 올랐나요? (6배나 뛰었다)

Q2. 이 정도 가격이면 금을 주는 사람이나 받는 사람이나 부담스러울
것 같은데… 그러다 보니 요즘 예물 시장 풍경도 달라지고 있다죠?

Q3. 금 선물 줄였다고 사랑마저 식으면 안 될 텐데요. 결혼할 때는 그
렇고… 백일, 돌반지 선물도 쉽지 않겠어요?

Q4. 이렇게 금을 사겠다는 손님이 크게 줄었다는데 금은방들은 요즘
어떻게 지냅니까?

Q5. 귀금속 가공공장도 마찬가지겠죠?

마무리 멘트

"돌반지 추억도 이제 옛말이 되고 말았네요. 그런가 하면 문을 닫았던
광산에서는 다시 금맥을 찾느라 땀을 흘린다는 기사도 있던데… 역시 금
은 금이군요."(2011. 8. 23.)

▷ **"비싼 수입 화장품 써야 예뻐지는 건가요?"**

수입 화장품값이 가장 비싼 곳이 한국이라는 아이템이 방송됐다. 수입
실태, 유통과정, 비싼 이유, 문제점, 당국의 대책 등이 출연기자와의 대담

으로 이어졌다.

앵커가 출연 기자에게 묻는 말이 클로징이었다.

"수입 화장품, 한국이 가장 비싸다는데… 꼭 비싼 수입 화장품 써야 예뻐지는 건가요?"(2012. 9. 14. 〈뉴스와 화제〉)

8 핵심을 요약 정리하는 마무리 멘트

'앵커의 멘트가 곧 메시지이다.'

짧은 뉴스 시간에 장황한 진행은 자칫 핵심을 놓칠 수 있다. 그래서 무엇이 어찌 됐다는 것인가? 왜? 청취자들은 뉴스의 배경, 의미, 나에게 미치는 영향 등을 간단명료하게 핵심을 찌르는 멘트를 선호한다.

아이템을 마무리하면서 이를 요약하거나 강조할 부분을 다시 짚어 주는 앵커 멘트가 중요한 이유이다. 〈뉴스와 화제〉에서 방송된 사례를 인용한다.

▷ 부동산 시장 핫이슈…분양가 상한제 찬반 논란 핵심은?

앵커 멘트

"요즘 부동산 시장의 최대 이슈는 분양가 상한제를 폐지하느냐, 마느냐입니다.

침체된 주택시장을 살리기 위해 폐지가 필요하다는 주장인데 또 한편에서는 부작용을 경고하는 의견도 만만치 않습니다. 경제부 ○○○ 기자 자리했습니다."

Q&A

Q1. 분양가 상한제 폐지 법안이 지금 국회에서 본격적으로 논의가 되고 있는데, 어떤 방향으로 가고 있습니까?

Q2. 분양가 상한제를 도입한 게 2007년으로 기억되는데요. 얼마 지나지 않아 왜 폐지하자는 겁니까?

Q3. 이번에는 반대 의견도 들어 보죠. 폐지를 반대하는 쪽 주장의 근거는 뭡니까?

마무리 요약 멘트

"찬반양론이 갈립니다. 부동산 시장을 살리기 위해 분양가 상한제 풀자는 쪽은 건설업계, 정부 여당이고, 풀면 되레 분양가만 올라간다, 반대하는 쪽은 야당과 시민단체인데요.

양쪽 주장이 팽팽한데… 정책 수용자인 국민 쪽에서 볼 때 어떤 주장이 맞는 건지 판단하실 겁니다. 그럼 국회에서는 언제쯤 결론이 날까요?"(2011. 6. 27.)

▷ **'임금 절반이 이자로 나간다'…저소득층 적자 '빨간불'**

앵커 멘트

"월요일 아침, '살림살이' 얘기 좀 해보겠습니다.

벌이는 뻔한데 물가는 거침없이 오르고 있습니다. 저소득층의 살림살이는 허리띠를 졸라매도 갈수록 팍팍해지고 있습니다. 이렇다 보니 저소득층 가구의 적자폭이 통계 작성 이래 최대치를 기록했습니다. 경제부 기자와 자세한 내용 알아보겠습니다. ○○○ 기자!"

Q&A

Q1. 임금은 오르지 않고 물가가 오르면 가장 충격이 큰 쪽이 저소득층 아닙니까? 얼마나 열악한 상황인가요? (임금 절반이 이자로 나가는 상황…)

Q2. 이런 저소득 가구의 적자 규모가 어느 정도인지, 통계청 조사 결과가 나온 게 있습니까?

Q3. 저소득 가구 적자는 늘고, 고소득 가구 흑자는 늘어나고… 흔히 말하는 '부익부 빈익빈' 현상인데, 이런 가계 양극화를 부채질하는 게 있다면서요? (물가 인상, 정규직과 비정규직 임금 격차…)

Q4. 그럼 물가가 좀 잡혀야 될 텐데 이것도 쉽지 않죠?

마무리 요약 멘트

"소득이 낮은 가구의 한 달 적자가 38만 원으로 통계 작성 이후 최악이라는데… 그나마 하반기에 물가라도 잡혀야 될 텐데 더 어려워질 전망이라는 거죠, 해법도 쉽지 않고… 참 답답하네요. ○○○ 기자였습니다."(2011. 7. 11.)

- 이후 저소득 가정의 변화

그렇다면 10년이 지난 후 저소득층 살림살이 사정이 나아졌을까?

2022년 4분기 기준 5가구 중 1가구는 월평균 소득이 200만 원에 미치지 못한 것으로 나타났다. 통계청의 가계 동향 조사에 따르면 월평균

소득이 100만 원 미만 가구 비율이 8.5%인 것으로 분석됐다.

고물가에 소득보다 소비지출이 많아지면서 저소득층은 저축이나 부채 상환은 생각도 할 수 없는 상황에 몰리고 있는 것으로 조사됐다. 반면 상위 0.1%는 연간 18억 넘게 벌어 중위소득자의 70배에 달하는 것으로 나타났다. 이른바 '부익부 빈익빈' 양극화 현상이 심화되고 있다.

그런데 특이한 현상도 눈에 띈다. 2022년 소득 하위 20%(1분위) 가구의 월평균 복권 구매 금액이 1년 전보다 30% 가까이 증가했다는 부분이 시선을 끈다.

빠듯한 살림살이에 '인생 역전 한 방' 행운을 기대하는 서민들의 심정이 읽히는 대목이다.

- 5편 -
위기의 농업,
그 길을 찾다

▷ '응답하라' 80년대 아날로그 시절 취재 풍경

1980년대를 소환하는 드라마 〈응답하라 1988〉이 2015년 화제작이었다. 쌍팔년도 쌍문동이 무대였다. 한 골목 다섯 가족의 희로애락을 그린 스토리와 화면이 그 당시 그 시절을 떠올리게 해 공감도를 높였다.

7080시대, 명절 무렵이면 공중전화 부스 앞에 전화 걸려는 사람들로 장사진을 이뤘다. 복싱 WBC 타이틀 매치 경기가 있는 날이면 다방마다 만원사례였다. 찻값을 먼저 내야 TV 중계방송을 볼 수 있었다. 그 시절 낯익은 풍경이다.

드라마에 〈응답하라 1988〉이 있듯이 방송에도 7080시대가 있었다.

1981년 KBS 입사(9기) 초기 방송사 추억을 소환해 보자.

기자를 호출하는 삐삐(무선 호출기) 소리에 긴장해야 했고 덩치 큰 무선 통신기로 응답해야 했다. ENG 카메라 오디오맨이 허리에 탄띠처럼 배터리 뭉치로 중무장하고 조명등을 비추는 것도 그 당시는 신기한 진풍경이었다. 리포트물이 방송되기까지에는 정교한 프로세스를 거쳐야만 했다.

'꺼먹 전화' 시절 지방부의 역송을 받아 오디오와 영상 편집을 마친 리포트물은 VTR 비디오테이프로 제작돼 서울행 고속버스 기사에 넘겨진다. 이후 본사 직원이 서울 고속버스 터미널에서 리포트물 꾸러미를 건네받아 보도본부 지방부, 뉴스 편집부에 최종 전달돼 드디어 뉴스에 방송됐다.

'라떼 스토리'가 장황했다. 이런 배경 설명이 있어야 7080년대 농업의 실상을 이해할 수 있기에 부득이 당시 상황을 소환한 것이다.

▷ "혹시 농대 출신입니까?" 농업전문기자로

어느 날 농수산부 국장이라며 전화가 걸려 왔다.
"김 기자님 혹시 농대 출신입니까?"
"아닙니다만 왜 그러십니까?"
"농업 분야 취재를 많이 하셔서 그럽니다. 농정에 참고를 많이 하고 있습니다."

농업 분야 좋은 부분도 취재하지만 때로는 농정의 아픈 부분을 질타하는 리포트가 방송되니 이런 전화가 걸려 온 것이었다.

80-90년대 청주방송총국 취재기자로 근무할 당시 주로 농업 분야 취재에 집중했다. 취재물을 본사에 보내 서울 9시뉴스, 뉴스광장, 뉴스라인에 자주 방송됐다.

군대시절 병과가 있듯이 취재기자 시절 주특기가 있다면 필자는 '농업 분야'를 내세운다. 충청북도의 주산업이 농업인 데다 당시 청주총국에서 본사에 보낼 리포트 소재로 그나마 농업 분야가 채택됐기 때문에 이 분야를 파고들었다. 일종의 차별화, 특성화 전략이라고나 할까.

당시에는 전국부장(네트워크팀장)이 지방 보도국의 취재를 독려하기 위해 매월 총국별 리포트 참여 건수를 집계해 그 실적을 발표하던 시절이었다. 지방총국마다 묘한 경쟁 심리가 발동했다. 당시 리포트 방송도 어느 뉴스이냐에 따라 등급이 매겨졌다. 서울 9시뉴스에 방송되면 금메달, 뉴스광장은 은메달, 뉴스라인은 동메달로 평가됐다.

자치단체 규모가 작고 경제규모가 열세인 충청북도 청주에서는 리포트 소재 발굴 자체가 어려웠다. 그나마 충북의 주산업이었던 농업 취재는 힘들고 빛이 나지 않아 대부분 꺼리는 분야이기도 했다. 당시 '블루오션'에 과감히 도전장을 냈다. 한 분야를 깊이 있게 들여다보면 감자 캐기같이 큰 이슈에 작은 이슈가 줄지어 나오기 마련이다. 그래서 전문기자가 나오게 되는 모양이다.

또한 성장 과정, 삶의 터전이었던 고향이 농촌이고 농민의 아들이란 점도 농업 분야에 애착을 보인 이유였다.

1980-90년대 농민의 애환을 담은 시간 여행, '추억의 앨범'을 보는 식으로 당시 방송됐던 특이한 리포트 몇 개를 기록으로 남기고자 한다.

1장 1980년대 '그때 그 시절' 이색 리포트

하루가 다르게 정보통신 기술이 발달하면서 휴대폰의 모델과 기능도 첨단 시대를 맞고 있다. 40년 전 우리 농촌의 모습은 어떠했을까?

취재 수첩을 들여다보니 시대상을 반영하고 TV특성을 살린 '그때 그 시절' 이색 리포트가 먼저 눈에 띈다. 농촌에도 무선 호출기가 첫선을 보이고 외양간에도 CCTV가 등장했다는 리포트였다. 당시에는 우리 사회의 급격한 변화를 단적으로 보여 주는 화제성 리포트였다.

이제 인공지능(AI) 등 4차 산업혁명 시대, 5세대 이동통신(5G) 시대를 맞고 있는 현재 시점에서는 이동통신 초기 시대상을 반영한 다큐성 리포트물로 의미를 찾게 됐다. 1990년대로 시간여행을 떠나 본다.

▷ **농촌에도 삐삐 첫선**

(1994. 4. 7. 9시뉴스 방송)

앵커 멘트

"이제 농촌도 통신 혁명시대를 맞고 있습니다. 최근 무선 호출기가 싼 값에 임대되기 시작하면서 농촌에도 무선 호출기가 많이 보급됐기 때문입니다. 이 무선 호출기는 농사에도 요긴하게 쓰이고 있습니다. 청주방송총국 김홍식 기자가 취재했습니다."

본문

- 트랙터로 논갈이 작업 중(영상)…
- (자막) 충북 청원군(현재는 청주시 청원구) 오창들녘

들녘에서 농민의 논갈이 작업이 한창입니다…. (트랙터 작업 effect)
무선 호출기 신호가 울립니다……. (무선 호출기 신호음, 농민이 무선 호출 번호 확인 뒤 핸드폰으로 전화 영상)
… 다른 농가의 논갈이 작업 주문을 받습니다…….
- "알았어요. 10분 뒤에 갈게요."

잎담배 모종을 밭에 옮겨 심는 농민에게서도 무선 호출기가 보입니다. 경운기로 밭을 가는 농민도 무선 호출기를 휴대하고 있습니다.

기자 ON MIC

"바쁜 농사철, 들녘을 일일이 오가며 연락하는 것도 차츰 사라져 이제는 옛말이 돼 버렸습니다."

농민 인터뷰

"농기계 가진 사람에게 삐삐로 연락합니다. 신속히 일 부탁하기가 가능해져 큰 도움이 됩니다."

"지난달부터 무선 호출기가 싼값에 임대되기 시작하면서 농촌에도 무선 호출기와 휴대폰 보급이 빨라지고 있습니다.
농기계로 남의 농사를 대신 지어 주는 농민, 그리고 수확된 농산물을

도시에 배달하는 농민들에게 무선 호출기는 이제 필수품으로 등장했습니다. KBS뉴스 김홍식입니다."

당시에만 해도 낯선 무선 호출기, 휴대폰이 도시근교 농촌에 보급된 시대 상황을 포착해 방송한 아이디어, 소재와 기획력, TV 특성을 살린 영상 구성이 탁월했다는 평가를 받았다.

당시 고가인 휴대폰은 보급 초기 단계였고 무선 호출기는 농촌에도 보급 속도가 빨랐다.

이 리포트는 KBS2TV 8시 뉴스비전, 9시뉴스, 24시 뉴스, 930뉴스에까지 네 차례나 방송되는 진기록을 세웠다.

▷ 외양간에도 CCTV 등장

(1994. 4. 21. 9시뉴스 방송)

앵커 멘트

"시골 축사에도 이제 첨단 영상장치가 등장했습니다. 충북 괴산 한우 사육 농민들은 축사에 설치된 무인 카메라를 안방에 있는 모니터에 연결해 집 안에서도 간편하게 소를 관리하고 있습니다.

소 도난을 막고 일손과 돈을 적게 들이고도 가축을 손쉽게 사육하는 '일석이조' 효과를 내고 있습니다.

청주방송총국 김홍식 기자가 취재했습니다."

본문

…들녘에서 돌아온 농민이 안방에 설치된 모니터를 켭니다….
안과 밖에 있는 소 백여 마리가 화면에 차례로 나타납니다.
…축사를 떠나 집에 있을 때에도 5백 미터 떨어진 축사에 있는 소의 상태를 한눈에 알 수 있습니다.
안방 모니터가 축사에 있는 무인 카메라와 연결돼 있기 때문입니다.

영상

(전화기 들고 농민이 통화)
"주사 맞은 소, 상태 안 좋은 거 같은데 좀 봐 줘요. 내가 금방 나갈게…."

모니터를 통해 소의 상태가 좋지 않다는 것을 알아낸 농민은 축사로 달려갑니다. 아픈 소를 돌봐 줍니다.

농민 인터뷰

"새로 구입한 소와 아픈 소의 상태가 어떤지 안방에서도 모니터 보면 금방 알 수 있어요. 편리하죠…."

카메라와 함께 축사에는 센서 장치가 설치돼 있습니다.

기자 ON MIC

"사람이 축사 부근에 접근하면 이 장치가 작동해 전등이 켜지고 경보음이 울립니다. 가정에 연결돼 있는 모니터도 자동적으로 작동됩니다…."

(영상: 경보 울리고 화면에 뜬 영상 모습)

축사 관리비와 일손을 적게 들이고도 손쉽게 소를 관찰할 수 있고 방범 효과도 뛰어납니다. 이런 일석이조의 이점 때문에 축사에 영상 장치를 설치하는 농가가 늘어나고 있습니다. KBS뉴스 김홍식입니다."

4차 산업혁명시대, 이제는 추억거리이지만 30년 전 외양간에 CCTV 등장은 분명 화젯거리였다. TV뉴스답게 영상 위주의 리포트 구성이 강점이다. 9시뉴스에 방송되고 닷새 뒤 연합뉴스와 한국일보에서 이를 받아 보도했다.

▷ **음악 들려주니 농작물도 '쑥쑥'**

(1993. 7. 23. 9시뉴스 방송)

앵커 멘트
"음악이 정신신경계통 환자치료에 쓰여 관심을 모았습니다. 그런데 최근에는 농작물 재배와 축산에도 음악을 활용하고 있어 화제가 되고 있습니다.
현장을 청주방송총국 김홍식 기자가 취재했습니다."

본문
(BG: 배경음악)
비닐하우스 안에 잔잔히 음악이 흐릅니다.
베토벤의 명곡〈운명〉교향곡.

첨단 영농 방법으로 수경 재배 되고 있는 채소가 한층 신선하게 느껴집니다.

작물이 자라는 데 음악이 도움이 될 수 있을까에 관심이 모아집니다. 외국에서는 이미 고급 식물 재배에 음악을 활용해 상당한 성과를 거두고 있습니다.

인터뷰: 조진태 박사(충북도 농촌진흥원 식량작물과)

"식물도 감수성이 민감합니다. 좋은 음악 파장이 농작물을 자극시켜, 식물의 바이오리듬 조절로 성장을 촉진시키게 됩니다."

기자 ON MIC

"이 목장에서는 우유를 짜는 동안 이렇게 젖소에게 음악을 들려주고 있습니다."

목장 주인 인터뷰

"도로변 소음으로 젖소가 스트레스를 심하게 받았죠. 음악을 들려준 뒤로 젖소가 양순해지고 우유 양이 마리당 하루에 1킬로그램이 늘어나는 성과를 거두고 있습니다."

(BG 흐른다.)

최근에는 양계와 꿩사육에도 음악 요법이 확산되고 있습니다. 농사에 요긴하게 쓰이는 음악, 농가 소득을 높이는 활력소가 되고 있습니다. KBS뉴스 김홍식입니다.

음악과 영상이 케미를 이룬 구성이 돋보였다는 평가를 받았다. TV 시청각 특성을 살려 리포트 구성에 활용한 시도가 소구력을 높이는 긍정적 요소로 작용했다.

▷ 농산물에도 판촉 포스터

(1992. 1. 11. 9시뉴스 방송)

앵커 멘트(신은경)

"'농사도 장사'라는 말을 합니다. 이 말을 증명이라도 하듯이 충청북도 내의 일부 농가에서는 농축산물 판매촉진용 포스터를 만들어서 소비자들에게 배포하고 있습니다.

판로 확보와 제값 받기에 큰 성과를 거두고 있습니다.

청주방송총국 김홍식 기자가 보도합니다."

기자 ON MIC

"순 토종닭을 사육하는 농민들이 만든 판촉용 포스터입니다. 지금은 우리 농촌에서 차츰 사라지고 있는 토종 수탉과 암탉 그리고 병아리가 등장해 시선을 끕니다.

농민들이 이 같은 광고포스터 3천 장을 만들어 서울에 있는 백화점과 전국 관광지 식당에 보냈습니다.

그 결과 한 달 만에 토종닭 주문량이 2배 이상 늘었습니다."

인터뷰: 토종닭 사육자

"저희들이 이렇게 좋은 제품을 생산하더라도 제값을 못 받기 때문에 광고를 하기 위해서 이렇게 포스터를 제작하게 되었습니다."

판촉용 광고는 소비자와 축산농민 사이의 직거래를 트게 해 주어서 가격과 판로의 어려운 점도 해결해 줍니다.

농민들의 판촉활동은 이뿐만이 아닙니다. 양질의 쌀과 약초, 곶감 같은 특산품도 행정기관에서 품질을 보증한다는 내용이 적힌 포장지에 담아 시장에 출하하고 있습니다.

판매와 소득을 늘리는 일석이조의 성과를 거두고 있습니다. KBS뉴스 김홍식입니다.

농특산물 품질 인증제와 포스터를 통한 판촉 활동의 초기 모습을 담아 낸 점에 의의가 있다.

농산물 온라인 주문 판매가 일상화되고 TV 홈쇼핑을 통한 특산물 대량 판매가 이뤄지고 있는 요즘 상황에 비춰 보면 격세지감을 느끼게 한다.

▷ **농사도 A/S 시대**

(1992. 5. 21. 9시뉴스 방송)

당시 번뜩이는 아이디어로 소구력 높은 리포트를 연이어 제작해 본사 부장단 회의에서 화제가 됐다는 말을 전국부장으로부터 들었던 기억이 새롭다.

'농사도 AS 시대' 리포트도 당시 접근과 발상 시각이 참신했다는 평을 들었던 아이템이다.

앵커 멘트만 남아 있었다. 당시 기억을 되살려 재구성해 본다.

앵커 멘트

"가전용품에 A/S가 있듯이 농사에도 사후봉사가 이뤄지고 있습니다.

한 종묘회사에서 고추 종묘를 구입한 농가를 찾아 병충해 방제 등 농사 지도에 나서며 풍년 농사를 돕고 있습니다. 청주방송총국 김홍식 기자가 취재했습니다."

본문

(자막: 충청북도 괴산군)

전국적으로 고추 주산단지인 충북 괴산 고추밭.

한창 자라야 할 고추가 제대로 성장하지 못하고 있습니다.

농민 인터뷰

"날씨 탓인지 작년보다 잘 자라지 않아 걱정입니다…."

이때 종묘회사 직원이 고추밭을 찾아옵니다.

올봄 고추 씨앗을 판매한 회사의 직원입니다.

고추 생육 상태를 세밀하게 살핍니다.

종묘회사 직원, 농민 Q&A

"탄저병 초기 같은데, 병충해 약은 뿌렸나요?"
"아, 그게 병이 걸려 잘 자라지 않는 건가요?"

미리 준비해 온 병해충 방제약을 살포합니다. 종묘회사 직원은 병충해 방제와 함께 잡초 제거, 거름 주기, 장마철 관리 방법을 알기 쉽게 설명해 줍니다.

농민 인터뷰

"이제 고민거리가 해결된 느낌입니다."

이제 농사도 A/S 시대를 맞고 있습니다.
종묘회사의 사후관리가 농민의 농사 걱정을 해결해 주고 있습니다. KBS뉴스 김홍식입니다.

▷ '호박 젤리'를 아십니까?

(1994. 6. 22. 뉴스광장 방송)

앵커 멘트

"비교적 재배가 쉽다는 이점 때문에 해마다 토종 호박의 재배가 늘어나고 있습니다. 그러나 판로가 확보되지 못하고 값이 싼 것이 흠이었습니다.
이를 해결하기 위해 충청북도 농촌진흥원이 호박을 원료로 젤리를 만

들어 화제가 되고 있습니다.

　김홍식 기자가 취재했습니다."

화면 설명

－ 토종 호박을 자릅니다.

－ 잘게 썹니다.

－ 분쇄기로 묽게 반죽을 만들어 냅니다.

－ 생호박으로 만든 원료에 젤리 원료를 알맞게 섞어 놓습니다.

－ 상자에 넣은 원료를 식힌 뒤 건조실에 넣어 굳힙니다.

－ 이어 일정한 크기로 모양을 냅니다.

기자 ON MIC

"여러 가지 과정을 거친 뒤 나온 제품입니다.

투명한 빛깔을 띤 젤리, 쫄깃쫄깃하고 달콤한 맛이 납니다.

향수 어린 호박 특유의 맛과 향기도 고스란히 간직하고 있습니다."

인터뷰: 최관순(충북 농촌진흥원 시험국장)

"경쟁력을 높이고 수출까지 염두에 두고 호박 젤리를 생산하게 됐습니다."

호박 젤리 만드는 법에 대한 특허권도 획득했습니다.

대량 생산과 함께 수출까지 가능해졌습니다.

　호박을 원료로 젤리를 만들어 팔면 부가가치가 높아져 소득이 4배가량 늘어납니다.

노는 땅에 호박을 많이 재배하면 농가의 소득도 그만큼 높아질 것으로 기대를 모으고 있습니다. KBS뉴스 김홍식입니다.

호박 젤리 대량 생산이 당시만 해도 화제를 모았다. 특히 생산과정을 디테일하게 접근한 밀착 취재가 강점이었다.
TV 특성을 살린 영상 위주 구성이 탁월했다는 평가를 받았다.

▷ 식물 전문병원 인기

(1989. 5. 2. KBS 9시뉴스 방송)

앵커 멘트
"요즘 들어 취미로 화초를 가꾸는 가정이 늘고 있습니다.
그런데 화초에 병이 나면 당황하기 마련입니다. 이런 고민을 해결해 주는 '식물전문병원'이 최근 등장해 인기를 얻고 있습니다. 청주방송총국 김홍식 기자가 취재했습니다."

기자 ON MIC
"마치 병원에서 환자를 치료하듯이 가정에서 가꾸다 병이 난 각종 화초를 치료하고 있습니다.
원예전문가 이상수 씨가 청주에 문을 연 '식물병원'에서는 병든 화초나 분재목을 검진한 후 증상에 따라 치료가 시작됩니다. 이 씨는 화초나 과일나무의 환부를 잘라 내고 약품을 발라 준 뒤 생장촉진제를 투여해 본래의 싱싱한 상태로 회복시켜 줍니다. 식물병원의 솜씨가 알려지면서 인기를 얻고 있습니다. 하루에도 식물 애호가 수십 명이 찾아와 식물 치료를 맡깁니다."

인터뷰: 이상수(식물병원 운영자)
"사람이 아프면 병원을 찾고 동물이 아프면 동물병원을 찾듯이 식물에 병이 났을 때 초기에 치료해 꽃 피고 열매 맺어 관상 가치를 높이기 위해 열었습니다."

식물병원에서는 난 애호가들에게 재배 기술도 알려 주고 있습니다.
한때 조기 재배가 가능하고 맛좋은 수박 품종을 개발해 낸 이 씨는 앞으로 식물병원을 확장해 식물 조직 배양에도 도전할 계획을 세우고 있습니다. KBS뉴스 김홍식입니다.

1980년대 '식물전문병원' 아이템이 호기심을 자극한다. 화훼 재배 농민이 식물에 병이 났을 때 치료해 주는 업소를 운영하는 것을 보고 그럴듯하게 이름을 붙인 것이다.
어떤 관점에서 보느냐에 따라 취재거리가 될 수 있다는 것을 보여준 사례이다.
서울 9시뉴스에 방송돼 화제를 모으고 일본 NHK 해외뉴스에까지 방송됐다.

2장 긴급 출동, 위기의 농업 현장

1993년 우루과이라운드(UR) 협상 타결로 본격화된 시장 개방은 우리 농업에 위기를 불러왔다. '예외 없는 관세화'로 쌀시장이 위협을 받아 "한국농업의 타격이 컸다"는 분석이 나왔다.(〈상전벽해 60년, K-농업을 말하다〉, 농민신문, 2024. 5. 8.)

UR협상 결과는 농업구조 변화의 신호탄이었고 농가에서는 생존 전략 찾기에 '몸부림'을 쳐야 했다. 건국 이래 최대 농민시위가 촉발된 것도 이때였다.

이런 엄중한 시기를 맞아 필자의 움직임도 빨라져야만 했다. 본격적인 시장 개방으로 피해를 당하는 농촌의 실상을 본격 취재하고 우루과이라운드 파고를 뛰어넘으려면 무엇을 어떻게 해야 되는지에 취재 초점을 맞췄다.

농민에게 이를 알리고 정부에는 해결 방안을 촉구했다. 위기에 놓인 농업에 대한 문제 제기와 솔루션 찾기였다.

1. 불량 외국 씨앗이 몰려온다

2022년 5월 러시아가 우크라이나 종자은행을 폭격했다. 미국 워싱턴 포스트(WP)는 종자은행 파괴 목표를 가리켜 다음과 같은 한 줄로 표현했다.

'Destroy a seed, erase a future(종자를 파괴해 미래를 지워라).'

코로나 팬데믹 사태와 러시아-우크라이나 전쟁을 계기로 식량과 씨앗은 국가의 생존, 안보와 직결되는 '무기'로서 부각됐다. 종자를 잘 지키는 것이 오늘날 주요 국가 경쟁력으로 떠오르고 있다. 그만큼 종자주권(種子主權)의 중요성이 커졌다.

한국을 덮친 1997년 IMF 외환위기 시대, 농업의 씨앗인 종자문제도 무사할 수 없었다. 흥농종묘, 중앙종묘, 서울종묘, 청원종묘 등 우리나라 대표적인 종묘 회사가 외국 기업에 인수된다. 조상 대대로 내려온 토종 품종을 지킬 수 없었다. 고유의 한국산 종자를 다국적 종묘 기업들이 차지하게 된 것이다. 당연히 종자주권도 넘어갔다.

파종기를 맞은 농촌의 재래시장마다 외국산 농작물 씨앗이 홍수처럼 밀려왔다. 농수산물 수입 개방으로 종묘 수입이 허용되면서 수입된 씨앗 물량은 줄잡아 1,000억 원대에 이르는 것으로 추산됐다. 더욱이 밀수입된 불량 씨앗이 범람해 농가의 피해가 잇따르고 있지만 무방비 상태였다.
이때 경종을 울리는 고발 리포트를 만들었다. 카메라 출동식 현장 추적 취재로 밀수입된 불량 씨앗이 버젓이 팔리는 현장이 낱낱이 파헤쳐졌다.
1992년 5월 26일 KBS 9시뉴스에 주요 아이템으로 방송된다. 심층 기획 리포트로 3분 20초 방송됐다. 보통 9시뉴스 리포트 길이가 1분 20초인 것을 감안하면 파격적이었다.
당시 탐사보도 포맷으로 고발한 리포트를 되살린다.

▷ 〈현장 고발〉 재래시장까지 파고든 불량 외래 씨앗, 멍드는 농심

(1992. 5. 26. 9시뉴스 방송)

앵커 멘트

"파종기인 요즘 외국산 씨앗이 넘쳐 납니다.

일부 외국산 씨앗은 품귀현상을 빚자 불량 외제 종자까지 나돌고 있습니다. 크게 늘어나고 있는 수입 종묘, 무엇이 문제인지 그 실태를 심층 취재했습니다. 김홍식 기자입니다."

본문

한 종묘상입니다. 국산은 별로 보이지 않고 외국산 씨앗이 많이 진열돼 있습니다. 외국산 시금치와 수박 씨앗, 토마토와 멜론 씨앗이 즐비합니다. 파, 옥수수, 가지, 우엉, 오이씨도 알고 보면 수입품입니다.

IMF 관리체제 이후 국내 종묘회사가 외국회사로 넘어간 이후 수입 대상 국가가 네덜란드, 미국, 일본, 중국 등 10개 나라가 넘습니다. 이렇게 들어온 씨앗 가운데는 밀수입된 것도 있습니다.

기자 ON MIC

"제가 들고 있는 이 일본산 토마토 씨앗 제품에는 수입증지가 붙어 있지 않습니다. 정상적인 통로를 거치지 않은 불법 제품이 버젓이 팔리고 있는 것입니다."

인터뷰: 수입종묘 판매업자

- "이런 제품이 어떻게 들어온 겁니까?"
 "밀수입 된 거죠."
- "밀수입된 씨앗에는 어떤 게 있습니까?"
 "수박, 오이, 토마토…."
- "어디서 들어오죠?"
 "관광객 입국을 통해 은밀하게 들어옵니다."
- "밀수입은 왜 하는 겁니까?"
 "수입산이 국내산보다 2-3배 비싸고… 관세 물지 않으려고…."

취재팀이 찾아낸 일본산 토마토 씨앗 제품 봉투입니다. 그런데 씨앗이 들어 있지 않습니다. 빈 봉투입니다. 이 같은 빈 포장재는 불량 씨앗을 넣어 파는 데 버젓이 쓰여지고 있습니다.

일본과 미국에서 수입된 씨앗 제품입니다. 포장재 문구가 온통 영어와 일본어로 인쇄돼 있습니다. 우리 한글은 한 글자도 찾아 볼 수 없습니다.

농민 인터뷰

- "외국어로 써 있는데 알고나 뿌립니까?"
 "아뇨, 잘 모릅니다."
- "그러면 사용법과 재배상 주의사항을 어떻게 압니까?"
 "잘 모르니까 짐작해서 뿌리는데 어려움이 많지요."

수입된 씨앗이 우리 토질과 기후에 맞는지, 병충해는 어떻게 막아야 하는지 알 수가 없습니다.

적응 시험조차 안 된 상태에서 농민들은 그저 어림잡아 씨앗을 파종하고 있습니다.

인터뷰: 충북도 농촌진흥원 원예계 공무원

"관계법에는 수입종자에 대해 원예시험장에서 2년간 국내 적응시험을 거치도록 돼 있으나 그렇지 않은 것이 상당히 많이 시중에 유통되고 있습니다……. (질문) 그러면 재배과정에서 문제가 발생될 것 아닙니까?"

(답변) "몇 년 전 수입 토마토 씨앗으로 농사지었던 농가가 큰 피해를 본 사례가 있습니다."

수입된 씨앗으로 농사를 짓다 피해가 발생해도 제대로 배상을 받을 수 없다는 점도 문제입니다.

종묘 전문가 인터뷰

"불량 수입 씨앗이 판을 칩니다. 이런 종자로 재배하다 농사를 망쳐도 손해배상 받을 길이 없습니다. 제도적 장치가 전혀 없습니다."

수입 씨앗이 무분별하게 들어오면서 농민들의 위험 부담도 그만큼 커지고 있습니다.

밀수입 단속은 물론 외국산 씨앗에 대한 당국의 철저한 재배 적응 시험과 꼼꼼한 농사 지도가 필요합니다.

우리 땅에 맞는 국내산 우량종자의 개발도 시급한 과제입니다. KBS뉴스 김홍식입니다.

- 보도 그 후

방송의 반향은 컸다. 특종 보도 직후 관세청이 밀수입 조사에 나서고 농림수산부도 즉각 대책 마련에 나서 후속 조치가 이뤄졌다. 무분별한 수입 씨앗에 대한 단속이 강화됐다.

농사철 경종을 울려 농민들의 막대한 손실을 미리 막고 토종종묘 보호의 필요성을 이슈로 제기했다는 점에서 높은 평가를 받았다.

리얼한 현장 고발과 날카로운 문제점 제기, 솔루션 제시, 강력한 대책 마련 촉구가 메시지 전달력을 높였다는 호평이 이어졌다.

2. 원앙새마저 마구 수입

▷ 원형 보존 '비상', 사육농가 '타격'

(1993. 11. 20. 9시뉴스 방송)

앵커 멘트

"관상용 조류 가운데 원앙새는 기르기 쉬울 뿐 아니라 독특한 습성과 아름다운 깃털을 갖고 있어서 인기가 높습니다.

그런데 최근에 이 원앙새의 인기가 높아지자 수입업자들이 원앙새를 마구 들여오고 있습니다.

농가 소득에 큰 타격을 주고 있는 데다 천연기념물로 지정된 국내 원앙새의 원형 보존도 어려운 실정입니다.

청주방송총국 김홍식 기자가 보도합니다."

기자 ON MIC

"천연기념물로 관상 조류 가운데 으뜸으로 치는 원앙새입니다. 지난해 이맘때만 해도 한 쌍에 25만 원까지 팔렸으나, 요즘에는 값이 크게 떨어져 15만 원에도 제대로 팔리지 않고 있습니다. 올해 들어 경기침체 여파로 수요가 줄어든 데다 수입량이 크게 늘어났기 때문입니다.

희귀종인 원앙새의 수입이 이처럼 무분별하게 이루어질 경우 천연기념물인 국내 원앙새의 원형 보존도 어렵다는 게 조류 전문가들의 우려입니다."

조류 전문가 인터뷰

"마구 들어오면 원형 보존이 불가능합니다."

사육 농민들의 소득을 안정시키고 차츰 줄어드는 원앙새를 널리 보급하기 위한 방안이 시급합니다.

판로 규제의 완화와 함께 무분별한 수입을 막는 등 당국의 적극적인 대책이 요구되고 있습니다. KBS뉴스 김홍식입니다.

- 보도 이후 반응

보도 이후 당국의 발 빠른 대처 방안이 나왔다.

무분별한 수입에 대한 단속이 대대적으로 이뤄졌다. 그동안 규제에 묶였던 판로 문제도 풀렸다. 천연기념물 원앙새에 대한 원형 보존 방안도 당국에서 적극 검토돼 시행되기에 이른다.

3장 관찰취재의 개가, 농가 피해 막았다

1. 병해충 확산 주범은 '트럭 불빛'

뜻밖에 대어를 낚듯이 특종도 우연한 기회에 찾아오는 경우도 있다. 지역 특산물 취재와 촬영이 끝난 뒤 대화를 나누던 중 농촌진흥원 공무원이 불쑥 한마디를 던진다.

"요즘에는 병해충이 한꺼번에 급속도로 번져 골칫거리예요. 밤에 고속도로를 오가는 트럭 불빛에 옮겨붙은 해충이 전국으로 이동하면서 빠르게 퍼져요…."

이 한마디가 귓전을 때린다.

"아! 그거 얘기 되네요."

취재 과정에서 더 큰 아이템을 얻어 낸 '유레카'였다.

야간 취재가 다시 시작된다. 밤사이 논 주변 고속도로를 오가는 트럭 불빛을 주시한다. 벼물바구미 해충이 불빛에 몰리면서 그대로 트럭에 달라붙은 채 장거리 이동하는 모습이 카메라에 포착된다. 벼물바구미 해충의 확산 원인을 영상으로 규명한 점이 큰 수확이었다.

당시 벼포기의 잎과 뿌리를 갉아 먹어 치명적인 피해를 주는 저온성 해충 벼물바구미가 전국에 동시다발적으로 번져 큰 피해를 내고 있는 상황이었다.

당시 보도된 방송 내용이다.

▷ **"병해충, 차량 불빛 따라 급속도로 번진다"**

(1993. 6. 9. 9시뉴스 방송)

앵커 멘트
"벼농사에 치명적인 피해를 주는 벼물바구미 해충이 전국적으로 급속도로 번지는 원인이 밝혀졌습니다.

주범은 다름 아닌 야간 도로변 차량 불빛이었습니다.

청주방송총국 김홍식 기자가 취재했습니다."

기자 ON MIC
"요즘 한창 자라는 벼에 큰 피해를 내는 벼물바구미 성충입니다. 차량 통행이 많은 큰길가 논을 중심으로 이달 들어 크게 늘어나고 있습니다."

충북의 경우 발생 면적이 지난해 이맘때보다 20배나 늘어났습니다.

벼물바구미가 한꺼번에 크게 번지는 이유는 무엇인지 살펴봤습니다.

벼물바구미는 주로 바람을 타고 번지는 것으로 알려졌으나 취재결과 그 원인은 야간 운행 트럭의 불빛이었습니다.

밤사이 농경지 주변 도로를 오가는 차량에 해충이 옮겨 붙어 이동 경로를 따라 빠른 속도로 확산되고 있습니다.

인터뷰: 충북농촌진흥원 담당 공무원

"고속도로를 지나는 화물 차량 등에 벼물바구미가 붙어 있다가 통행 중 도로변 논에 떨어져 전파되기 때문에 급격히 증가되고 있습니다."

벼 잎을 갉아 먹어 수확량을 40%까지 떨어뜨리는 벼물바구미는 수확 때까지 전국으로 퍼질 것으로 보여 큰 피해가 우려됩니다.

그런데도 일손이 턱없이 모자라는 농가에서는 방제에 손을 대지 못한 채 피해 확산에 마음만 졸이고 있습니다.

KBS뉴스 김홍식입니다.

- 보도 그 후

이 리포트는 제작 당일 즉시 서울 9시뉴스에 헤드라인 뉴스로 방송된다. 이슈가 커지자 농정당국은 발 빠르게 병해충 긴급 방제에 나섰다. 전국적으로 한꺼번에 빠른 속도로 번지는 병해충의 확산을 막는 효과를 거둔다.

공무원의 지나가는 말 한마디 포착이 병해충을 긴급 방제하는 솔루션 역할을 한 것이었다. 관찰 취재의 중요성을 실감하는 계기가 됐다.

2. 3D 현상, 농촌 실태를 이슈로

Dirty(더럽고), Difficult(어렵고), Dangerous(위험한) 일을 하지 않으려는 이른바 3D 현상이 1990년대 우리 사회에 만연했다. 구직난 속에 중소기업의 인력난은 오히려 커졌다. 이런 세태가 농촌이라고 비켜

갈 리 없었다.

농촌 인구가 고령화되면서 3D 현상이 심각해지고 있는 농촌의 실태를 취재한 리포트가 시대상을 반영했다.

▷ 농촌에도 불어닥친 3D 현상

(1993. 8. 11. 9시뉴스 방송)

앵커 멘트

"위험하고 힘든 일을 기피하는 이른바 '3D 현상'이 농촌에까지 확산되고 있습니다. 장마와 태풍이 지난 뒤 병충해가 크게 번지는데도 농민들이 힘들다는 이유로 방제를 꺼리고 있습니다.

그 실태를 청주방송총국 김홍식 기자가 취재했습니다."

기자 ON MIC

"요즘 도열병 벼 병충해가 크게 번지고 있는 들녘입니다.

장마와 태풍이 지나 병충해 방제가 시급한데도 농약을 뿌리는 농민들의 모습이 거의 보이지 않습니다.

농촌의 일손이 부족한 데다 농민들이 방제 작업을 꺼리고 있기 때문입니다. 요즘 들어서는 농촌 청년들마저 농약 중독 위험이 크고 작업하기가 힘들다는 이유로 병충해 방제 작업에 나서지 않고 있습니다."

인터뷰

(농민) "힘든 일 싫어서… 아무리 증산이 된다고 해도 안 해요."

(농촌지도소 공무원) "병충해 발생했다고 농가에 알려도 힘들어 못 하겠다고 농민들이 말합니다. 이웃까지 동원하여 방제하느라 어려움이 큽니다."

이 때문에 병충해 방제 작업은 전체 발생 면적의 70% 선에 머물고 있습니다.

급격히 늘어나는 병충해를 보고도 제대로 막지 못하고 있습니다. KBS 뉴스 김홍식입니다.

▷ 감 수확 포기 농가, 벼 안 베는 농가 많다
(1991. 10월 중. 9시뉴스 방송)

농업인의 고령화가 근본 원인이지만 증산을 미덕으로 삼던 농민의 마음도 바뀌고 있었다. 당시 이런 세태를 반영한 리포트가 이어졌다.

1991년 감 주산지인 충북 영동의 농촌에서는 감 수확을 포기해 가을이 다 가도록 나무에 빨간 감이 그대로 남아 있었다. 주민들은 감 수확을 포기한 채 이를 도시에 사는 사람들이 따 가도 좋다는 말까지 했다. 이를 9시뉴스 리포트로 보도하자 반향이 컸다.

또한 청주시 근교 들녘에서는 수확기가 한참 지났는데도 벼가 그대로 있는 논이 여러 곳이었다. 벼 베기가 늦어지면 미질이 떨어지고 수확량이 줄어든다.

'벼 안 베는 농가 많다' 리포트가 9시뉴스에 방송되자 공무원들이 그때서야 움직였다. 당시 충북도지사는 "청와대로부터 호되게 꾸중을 들었다"는 말을 도청 출입기자였던 필자에게 털어놓기도 했다.

4장 "물폭탄 피해를 막아라" 긴박했던 철야 재난 방송

태풍, 집중 호우, 폭설 발생과 피해 복구 등 재난 방송은 연례행사였다. 한여름 태풍과 집중 호우는 인명 피해는 물론 농사에 치명적인 피해를 주는 복병이었다. 해마다 현장에서 중계차 연결 재난방송을 하며 피해 최소화를 위해 동분서주했던 기억이 아직도 생생하다.

특히 1987년 7월 9일 한반도를 강타한 슈퍼 태풍 셀마(Thelma)의 위력은 상상을 초월했다. 그 무섭다는 2002년 매미 태풍 당시보다 피해가 더 컸다. 사망 실종자가 345명에 이르고 막대한 재산 피해(4,900억 원대)를 냈다. 곳곳에서 농경지가 유실되고 한창 자라던 농작물이 침수 피해를 입었다. 충북 도내에서도 사망 실종자 4명의 인명 피해와 10,000ha가 넘는 농경지가 침수되는 피해가 발생했다.

1. 허리에 밧줄 감고 급류 속 재난 보도

1987년 7월 9일, 셀마 태풍 당시 집중 호우로 갑자기 수량이 불어난 미호천에서 밧줄로 허리를 감은 채 물결에 휩쓸려 가며 생방송하던 아찔한 순간이 떠오른다. 9시뉴스를 지켜본 가족과 지인들이 안부 전화를 연이어 걸어오기도 했다. 당시에는 위험보다 태풍과 폭우의 심각한 상황을 근접해서 알리고 싶은 마음이 앞섰다.

　향토사단인 37사단 군 헬기를 급히 빌려 타고 수마가 할퀴고 간 처절한 상황을 상공에서 리포팅 하던 순간도 어제와 같다. 당시 중계차에서 보도했던 빛바랜 원고가 일부 발견돼 몇 구절 돌아보고자 한다.

앵커 멘트

"슈퍼 태풍 셀마가 내륙을 관통하면서 중부지방에도 큰 피해를 내고 있습니다. 이번에는 청주 미호천(미호강)에 나가 있는 중계차를 연결합니다. 김홍식 기자, 지금 상황 어떻습니까?"

기자 ON MIC

"네, 청주입니다. 호우 경보가 내려진 충청북도에는 지금까지 평균 213mm의 강우량을 보인 가운데 지금도 간간이 비가 내리고 있습니다. 미호천의 물이 불어나 엄청난 물이 흐르고 있습니다. 물살이 거세어져 몸이 이렇게 쓸려갈 정도입니다."(사고에 대비해 허리에 밧줄을 감고 있었다)

본문

"집중 호우 피해도 늘어나고 있습니다. 지금까지 충청북도 내 피해 상황은 1명이 숨지고 3명이 실종됐습니다. 농경지 침수 면적이 만여 헥타르에 이릅니다.

　한강으로 물이 흘러가는 길목, 충주댐의 수량도 늘어나고 있습니다. 강원도 평창에서 들어오는 물의 양이 크게 늘면서 댐 수위가 시간당

60cm씩 불어나 127m에 이르고 있습니다. 만 수위는 145m입니다.

집중 호우 피해가 계속 늘어나고 있습니다. 괴산에서 연풍 구간 등 도로 26곳이 유실돼 교통이 끊겼습니다.(구간은 자막 처리)

또 건물 38동이 완전히 부서지거나 반파됐습니다.

월악산 송계 계곡 덕주골에서 야영을 하던 70여 명이 불어난 물에 고립됐습니다. 월악산 산악 구조대가 긴급 구조 작업에 나섰습니다.

이재민도 발생됐습니다. 한강과 합류 지점인 충주시 송림마을 77가구 주민 424명 등 모두 164가구 810명의 수재민이 충주 삼원국민학교와 건국대학교 충주분교에 수용돼 있습니다.

많은 비가 내리면서 열차사고도 발생했습니다. 오늘 낮 12시 반쯤 충북 청원군 부용면 부강리 앞(현재 세종특별자치시 부강면) 충북선 상행선에서 광주를 떠나 서울로 가던 370호 통일호 열차가 탈선하는 사고가 났습니다. 폭우로 약해진 철길 지반이 무너져 내리면서 일어났습니다.

이 사고로 객차 10량이 탈선돼 열차 승객 90여 명이 중경상을 입고 청주 서울병원과 조치원 제일병원에서 치료를 받고 있습니다.

청원군(청주시) 현도면 매봉리 앞 경부 하행선도 철도 운행에 차질을 빚고 있습니다. 철로가 산사태로 무너져 내린 흙더미에 묻혀 있습니다. 이 시간 현재 이곳 경부선은 상행선과 하행선을 번갈아 단선으로 운행되고 있습니다. 긴급 복구 작업을 펴고 있으나 내일 오후에나 운행이 정상화될 것으로 보입니다. 지금까지 청주에서 전해 드렸습니다."(1987. 7. 9. KBS 9시뉴스)

▷ 헬기에서 바라본 수해 복구 현장

앵커 멘트

"수마가 할퀴고 간 자리는 처참했습니다. 그러나 군장병과 주민들의 노력으로 조금씩 본래 모습을 되찾아 가고 있습니다. 충청북도 내 수해 현장 곳곳에서 펼쳐지고 있는 복구 작업 모습을 김홍식 기자가 헬기를 타고 돌아봤습니다."(1987. 9. 12. KBS 9시뉴스)

안타깝게도 당시 원고 원본은 찾을 수 없었다.

향토사단의 군용 헬기를 어렵게 지원받아 항공 촬영과 취재를 할 수 있었다. 상공에서 바라본 수해 현장의 처참한 모습이 한눈에 들어왔다. 그 속에서 복구 작업에 땀 흘리는 군장병과 주민들의 믿음직스러운 모습이 드러났다.

2. 100년 만의 기습 폭설, 긴급 제설 캠페인

경칩을 하루 앞두고 100년 만의 기록적인 폭설이 내린 초봄(2004. 3. 5.). 청주시내 교통이 마비되는 초유의 사태가 빚어졌다. 교통이 올 스톱되는 비상사태였다.

재난 상황을 지켜보며 눈 치우기 캠페인을 KBS가 벌여야 한다는 생각이 머리를 스쳤다. 신속하게 보도국 회의를 연 뒤 청주시내 중장비업체에 협조를 구해 긴급 제설작업에 나서기로 했다. 다행히 업체들도 캠페인에 적극적으로 동참해 주요 시가지 폭설 치우기 작업에 나섰다. 재난 속보방송을 통해 눈 치우기 범시민 캠페인도 전개했다. 마침내 2-3시간 눈길에 갇혔던 차량의 소통이 시작된다. 장시간 묶였던 교통대란의 위기를 넘긴 것이다. 방송의 영향력을 실감하는 순간이었다.

풍수해가 지난 후에는 복구 작업과 이재민 돕기 방송에 온 힘을 쏟았다. 학생으로부터 기업에 이르기까지 따뜻한 성금이 모아져 상심이 큰 이웃의 재기를 도왔다. 어려울 때일수록 국민을 하나로 모았다.
재난방송은 위험하고 긴박하면서도 인명과 재산 피해를 줄이고 복구를 지원한다는 측면에서 보람도 컸다.

5장 정책으로 이끌어낸 단독 고발 리포트

1. 현장 고발…솔루션 정책을 이끈다

정책형성 과정에서 공익적 이슈를 언론이 비중 있게 보도하면 정책에 큰 영향을 끼친다. 2003년 필자는 박사학위 논문에서 이를 케이스 스터디로 분석한 바 있다. 언론의 영향력이 크다는 가설을 여러 정책사례의 분석을 통해 입증했다.
어젠다(agenda) 세팅과 환경 감시가 언론의 대표적인 순기능이다. 그 중에서도 중요한 것은 사회 현상의 고발을 통해 바람직한 방향으로 정책과 사회 변화를 이끄는 점이다.
30여 년 동안 기자 생활을 하면서 많은 분야의 취재를 했으나 지금도 보람을 느끼는 취재물은 바로 이런 리포트이다.

그 대표적인 사례가 1993년 12월 17일 단독 보도된 '멀쩡한 3백억 원어치 농기계 부품이 고철로' 리포트였다. 충격적인 소재가 화제를 모았다. 한 번도 쓰지 않은 신형 농기계 부품이 고철로 헐값에 팔려 나가는 현장 영상이 리얼했다.

잇단 보도에 농기계 회사와 농협, 정부의 대책이 잇따라 나오고 농수산물 수입 개방 시대, 농업의 시급한 혁신 과제로 떠올랐다. 언론 보도의 파급력이 놀라웠다.

또 하나의 사례는 빗나간 농정을 지적한 '꿩사육 권장해 놓고 농가 지원은 뒷전' 리포트였다.

당시 정부에서는 수입 개방 대응 작목으로 꿩사육을 농가에 적극 권장했으나 관련법에는 꿩이 '가축'이 아닌 '보호 조류'로 묶여 있어 축산 농가에서 지원 혜택을 전혀 받지 못하고 있었다. 1991년 1월 25일 9시뉴스에 "뒤처진 현행법, 꿩사육 농가 지원 뒷전" 아이템으로 방송됐다.

사회적으로 파급이 컸던 이슈는 '거스름돈 안 주는 시내버스 횡포'였다. 1991년 11월 22일 〈KBS 9시뉴스〉와 이튿날 〈뉴스광장〉, KBS1라디오 〈뉴스와 화제〉에 연속 보도돼 전국적으로 파장이 컸다.

당시로서는 약자인 시민과 농민의 편에 서서 문제 제기를 했다는 점이 유의미했다.

'시민의 발'인 대중교통의 문제점과 굼뜬 정책 탓으로 축산농민이 겪는

애로사항을 고발해 이를 해결하는 정책을 이끌었다는 점에서 방송인으로서의 보람도 컸다. '하나의 고발 기사가 사회를 바꾼다'는 점을 확인했다.

그 당시 보도 내용을 간추려 본다.

2. 〈현장 추적〉 고철로 헐값에 팔리는 농기계 부품

▷ 멀쩡한 3백억 원어치 농기계 부품, 헐값에 고철로 넘긴다

(1993. 12. 17. 9시뉴스 방송)

"한 번도 안 쓴 부품이 그냥 고철로 팔리는 게 말이 돼?"

점심시간, 농업 분야 한 직장인의 말은 귀를 의심케 했다.

만약 이 말이 사실이라면 엄청난 자원 낭비이고 돈이 줄줄 샌다는 말이 아닌가.

즉시 취재에 들어갔다. 그 말은 사실로 드러났다. 고철 뭉치로 헐값에 팔려 나가는 농기계 부품 신제품이 연간 300억 원어치에 이른다. 그 과정에서 구조적인 문제가 있음이 밝혀진다.

먼저 당시 서울 9시뉴스(1993. 12. 17)에 방송된 단독 리포트 원고부터 살펴본다.

앵커 멘트

"한 번도 쓰지 않은 농기계 부품 300억 원어치가 고철로 헐값에 팔리고 있다는 사실, 믿으시겠습니까? 전국적으로 해마다 나타나고 있는 현상입니다.

신형 농기계가 잇따라 나오면서 보관된 구형 부품이 쓸모가 없게 되고, 농기계 회사에서는 반품을 받아 주지 않는 것이 그 원인이었습니다.

이 때문에 결국 농협의 적자 폭만 해마다 엄청나게 늘어나고 소중한 자원도 낭비되고 있습니다. 그 실태를 심층 보도합니다. 청주방송총국 김홍식 기자가 취재했습니다."

본문
- 농기계 부품 재고량 꺼내 쌓아 놓는 모습 (3초 영상)
- (충북 청원군(청주시) 내수농협 창고) (자막)

농협 창고에 보관돼 있는 농기계 부품들을 밖으로 꺼내 쌓고 있습니다. 고철로 팔기 위해서입니다. 신제품 농기계가 나와 이미 구형이 돼 버린 이 부품들은 쓸모가 없어졌습니다. 몇 달 사이 수요 자체가 거의 끊겼습니다.

기자 ON MIC
"콤바인 부품입니다. 8만 6천 원에 사들였지만 이제는 쓸모없는 재고품이 돼 버려 단돈 5백 원에 헐값으로 고철 수집상들에게 넘겨지고 있습니다. 고철로 처분되고 있는 이 농기계 부품은 대부분 출고된 지 2-3년도 채 지나지 않은 것들입니다. 포장도 뜯지 않은, 한 번도 쓰지 않은 상태입니다."

인터뷰: 단위농협 농기구서비스센터 직원

"1킬로그램에 단돈 40원에도 고철 수집상들이 안 가져가려고 해요. 자원재생공사도 마찬가지구요…"

단위농협 농기계 수리센터마다 사정은 마찬가지입니다.

사들인 농기계 부품 가운데 30% 이상이 미처 써 보지도 못한 채 재고로 분류됩니다. 해마다 악순환이 반복되고 있습니다.

1년 동안 전국적으로 판매되는 농기계 규모는 1조 원, 전국 농협에서 농기계 수리용으로 연간 구입하는 농기계 부품만 천억 원 규모.

이렇게 재고로 쓸모없게 돼 헐값에 고철로 팔리는 농기계 부품은 해마다 농협에서만 무려 3백억 원어치를 넘는 것으로 추산됩니다. 개인이 운영하는 농기계 수리업소의 경우를 더하면 규모는 훨씬 커집니다.

인터뷰: 농협 농기계부품센터 소장

"전자회사나 자동차회사는 사후봉사와 부품 반품제도를 실시하고 있지만, 농기계는 이뤄지지 않고 있습니다. 부품이 통일화·표준화되지 않은 것도 농기계 부품 재고량의 누적 증가 원인으로 분석됩니다. 농협 자금난이 가중되고 있습니다."

이와 함께 농기계 제조회사에서 경쟁적으로 신형 모델 농기계를 2년을 주기로 내놓는 것도 농기계 신형 부품이 고철로 돼 버리는 원인이 되고 있습니다.

해마다 반복되는 농기계 부품의 자원 낭비는 곧 농협의 적자폭을 가중시키고 그 부담은 고스란히 농민들의 부담으로 떠안게 됩니다. KBS뉴스 김홍식입니다.

- 잇단 후속 보도, 농정의 핵심 이슈 제기

'농기계 부품 재고량 연간 3백억 원어치 고철 판매' 특종 리포트는 후속 보도와 함께 TV〈9시뉴스〉에 3회, 라디오〈뉴스와 화제〉에 1회 방송됐다. 그 실태, 문제점 점검에 이어 대책이 제시됐다.

멀쩡한 부품이 고철로 팔리는 충격적인 현장, 재고량 헐값 판매로 무너지는 대리점의 폐업 실태가 심층 보도됐다.

핵심 이슈가 후속 보도로 잇따라 제기됐다.

농기계 생산회사의 반품 처리 거절 횡포, 부품의 비규격화, 가격 인상 편법으로 농기계 모델의 잦은 교체, 농협의 소요 판단 미숙과 유통 구조의 문제점을 꼼꼼히 지적하고 이를 개선할 것을 촉구했다.

또한 농기계 부품 문제로 빚어지는 문제로 농민조합원이 출자한 농협의 경영난 가중, 전국적으로 막대한 경제적 손실로 이어지는 비효율적 요소가 집중 부각됐다.

결론적으로 농업의 경쟁력을 약화시키는 구조적 요인과 악순환의 고리는 끊어 내야 한다는 점을 강조했다.

- 보도 이후 개선 사항

방송의 효과는 컸다. 리포트에서 제시된 해결 방안이 생산회사와 정책 당국의 수용으로 빛을 보게 된다.

먼저 농기계 부품 재고량에 대한 반품이 가능해져 막대한 자원 낭비가 해소됐다. 농협 중앙회는 전국 업소의 재고량을 파악하는 한편 반품 추진에 적극 나섰다. 경운기 트랙터 생산업체는 부품 재고량 전량에 대한 반품을 받아 주기 시작했다.

부품 유통 구조도 개선됐다. 농림수산부는 부품의 유통 단계를 줄여 구입과 공급을 전국 시도 부품센터로 일원화하고 육성자금 250억 원을 긴급 지원하는 등 적극적인 정책을 추진했다.

부품관리 시스템 개발로 재고량을 줄이는 효과가 가능해졌다. KBS보도를 계기로 충청북도 농촌진흥원에서 농기계 부품 현황을 컴퓨터로 관리하는 프로그램을 개발하여 보급에 나섰다.

뉴스에 리포트가 보도된 이후 호응이 뜨거웠다. 정부의 대응책으로 어려움이 해소된 농민, 대리점 업주, 전국농협 관계자들의 감사의 전화가 잇따랐다.

관계부처에서도 솔루션을 문의하는 등 근본적인 대책 마련에 분주한 모습이었다.

방송 시점인 1994년은 농업의 과감한 혁신과 전환이 절실히 요구되던 때였다. 우루과이라운드 협상이 타결됨에 따라 수입 개방에 대응하기 위한 특단의 대책이 필요한 시점이었다. 농업의 구조 개선과 농기계 등 농업 관련 산업의 경쟁력 강화가 급선무였다.

농업 분야 혁신이 절박한 시점인데도 멀쩡한 농기계 부품 3백억 원어치가 해마다 고철로 헐값에 팔려 나가는 현장 고발은 충격 그 자체였다.

당시 비효율적인 농정에 대한 경종을 울리고 과감한 쇄신 정책을 이끌어냈다는 점에서 큰 의미가 있었다.

취재 과정은 힘겨웠다. 거대한 조직 내부의 문제점을 파헤치는 데는 걸림돌이 적지 않았다. 탐사 보도 방식으로 진실을 파헤치는 끈질긴 기자정신이 필요했다. 어려운 과정을 이겨내고 올바른 정책을 이끌어낸 만큼 보람도 컸다.

이 리포트는 필자의 취재 파일에서 아직도 소중히 간직되고 있다.

3. 농가 사육 꿩을 '보호조류'에서 '가축'으로

(1991. 1. 25. 9시뉴스 방송)

우루과이라운드 협상 타결로 농축산물 수입이 전면 개방되자 농민의 어려움은 가중된다. 당국에서 이에 대응하기 위해 대체 유망 작목을 적극 권장했다. 꿩사육도 그중 하나였다.

그런데도 다른 농작물과 달리 정책적 지원은 전혀 이뤄지지 않았다. 현행법이 문제였다. 농가에서 사육하는 꿩이 '가축'이 아니라 '보호조류'로 묶여 있었기 때문이다. 이 불합리한 실정을 단독 취재해 방송한다.

1991년 1월 25일 서울 9시뉴스에 방송된 "뒤처진 현행법, 꿩사육 농가 지원 뒷전" 리포트였다.

앵커 멘트

"농산물 수입 개방시대를 맞아 이에 대응할 수 있는 고소득 대체작목으로 농산당국에서 꿩사육을 권장하고 있습니다. 그런데 관계법 규정은 현실과 동떨어져 있습니다. 꿩이 가축이 아닌 보호조류로 규정돼 있습니다. 결국 꿩사육 농가에서는 당국의 지원을 전혀 받지 못하고 있습니다. 그 실태를 김홍식 기자가 취재했습니다."

본문

꿩사육은 비교적 소득이 높은 이점에다 농산물 수입 개방 대응에 적합하다는 이유로 적극 권장되면서 사육 농가가 해마다 크게 늘어나고 있습니다. 충청북도만 해도 현재 700여 농가가 꿩 21만 마리를 기르고 있습니다.

기자 ON MIC

"그러나 농민들의 사정은 어렵기만 합니다. 당국으로부터 축산 지원 혜택을 전혀 받지 못하고 있기 때문입니다. 1967년 제정된 현행 '조수보호와 수렵에 관한 법률'에는 꿩이 가축이 아닌 '보호조류'로 규정돼 있어 축산지원 혜택을 아예 전혀 받을 수 없는 것입니다."

인터뷰: 꿩사육 농민

"꿩은 보호조류로 묶여 있어 양축자금 전혀 받을 수 없고 사료, 농기계 살 때도 지원 혜택 전혀 없습니다."

인터뷰: 충북 꿩사육자연합회 회장

"꿩을 가축이 아니라 야생조수로 보기 때문에 허가 절차, 농지 전용, 산림훼손 절차가 훨씬 까다롭습니다. 농가에서 엄두를 못 냅니다."

20년 전 꿩을 보호 조류로 규정한 관련법은 꿩을 농가에서 대량 사육하는 요즘 현실과는 이제 맞지 않게 됐습니다.

축산 전문가와 농민들은 현실과 동떨어진 현행법을 고쳐 '야생조류'로 묶여 있는 꿩을 '가축 범위'에 포함시켜 줄 것을 강력히 촉구하고 있습니다. KBS뉴스 김홍식입니다.

- 보도 이후 반응 및 정책 반영

현행법의 문제점을 지적하고 이에 대한 개선을 촉구하는 리포트가 본사에서 방송되자 축산 농민의 호응이 컸다.

리포트가 방송된 지 18일 만에 산림청의 반응이 나왔다.

꿩사육 허가제를 폐지하고 조수보호법을 현실에 맞게 개정한다는 내용이었다.

"산림청은 농가들이 소득 증대에 기여할 수 있도록 축사시설 부지 확보를 적극 허용하고 꿩사육 농가에 사육자금을 대폭 지원한다는 방침을 밝혔다. 또한 전문 사육기술 개발과 전용사료 개발에도 적극 나서기로 했다."(농수축산신문 1991. 2. 13. 보도)

이후 관련법 개정안이 국회를 통과해 전면 시행에 들어갔다.

꿩사육 농민들도 어엿한 축산농민으로 인정돼 각종 농가지원 혜택을 받고 있다.

하나의 취재가 정책 바로잡기에 나서는 계기로 작용했다. 영농의 걸림돌이 개선되고 농민들이 당연한 권리를 되찾은 사례로 남게 됐다.

전국 평사육자연합회에서는 이에 대한 감사의 뜻으로 필자에게 감사패를 보내오기도 했다.

4. 승객만 '봉'인가, 거스름돈 안 주는 시내버스 횡포

(1991. 11. 22. 9시뉴스 방송)

앵커 멘트

"요금을 냈는데 거스름돈을 받지 못하면 얼마나 속상하시겠습니까? 이런 일이 지금도 계속되고 있습니다.

지난 86년 시내버스 안내양 근무가 없어지고 승차표 제도가 생긴 이후 아직도 현금을 요금으로 내는 승객들이 많지만 잔돈을 거슬러 받지 못하는 겁니다.

승객들만 일방적으로 손해를 보는 행태가 반복되고 있습니다.

그 실태를 청주방송총국 김홍식 기자가 취재했습니다."

본문

기자 ON MIC

"청주시내를 운행하는 한 시내버스 안입니다. 승차표 대신 100원짜리 동전 2개를 요금함에 넣습니다. 그러나 기본요금을 뺀 나머지 잔돈은 거슬러 주지 않고 삼켜 버렸습니다. 운전기사가 잔돈을 거슬러 주지도 않습니다. 잔돈 교환기도 아예 없습니다. 요금함에 200원이나 500원짜리 동전을 넣어도 나머지 거스름돈을 받지 못하는 것입니다."

인터뷰: 승객
"거스름 돈 못 받으니 속상하죠…."(당시 기본 요금은 170원이었다.)

이 같은 현상은 청주지역뿐만이 아닙니다.
서울, 부산, 대구, 인천 등 전국 대부분 지역이 마찬가지입니다. 승차표(서울은 토큰)를 제때 마련하지 못한 승객들은 아직도 절반이 넘습니다.
현금을 내고 되돌려 받지 못하는 거스름돈이 전국적으로 하루 수억 원에 이를 것으로 소비자 단체에서는 추정하고 있습니다. 거스름돈 문제로 승객과 시내버스 운전기사 사이에 시비도 잦습니다.

인터뷰: 시내버스 운전기사
"저희도 답답하죠…. 회사에서 안 주니까 거스름돈을 줄 수가 없어요…."

시내버스 회사의 이 같은 횡포는 현행법에도 어긋납니다.
자동차 운수사업법에는 승객에게 잔돈을 거슬러 주지 않으면 이를 부당요금 징수로 보아 과징금 10만 원을 부과하도록 규정돼 있습니다. (법 규정 내용 화면 표시)

시내버스 운송회사측은 승객들에게 승차표나 토큰을 이용하라고 요구합니다. 그러나 승객들의 불편한 현실을 외면한 것입니다. 판매소가 턱없이 부족합니다. 이른 아침이나 늦은 밤에는 아예 문을 닫기 일쑤입니다.

결국 승객들만 비싼 돈을 내고 버스를 탈 수 밖에 없는 불합리한 일이 반복되고 있습니다. KBS뉴스 김흥식입니다.

- 〈후속 보도〉: 토큰 판매소 운영 확대, 잔돈 교환기 설치 촉구

이번 실태 보도로 요금을 올릴 때마다 승객들에 대한 서비스를 다짐해 왔던 운수회사의 민낯이 그대로 드러났다.

당시 승차표와 토큰 제도가 시행된 1986년 이후 취재 시점까지 5년 동안 전국 시내버스 운수회사들이 거스름돈을 승객에게 주지 않아 챙긴 부당이득이 무려 2조 원이 넘을 것으로 전문가들은 추산했다. 현행법에 위반되는데도 행정당국은 실태 파악이나 단속을 외면한다는 내용도 후속 리포트에서 보도됐다.

이어 솔루션도 이후 리포트에서 제시됐다.

토큰 판매소를 확대하고 늦은 밤이나 이른 새벽 취약 시간에는 승객의 편의를 위해 순번제로 '당직 판매소'를 여는 방안이 아이디어로 나왔다.

잔돈 교환기 설치를 의무화해야 된다는 리포트도 이어졌다.

운수회사에서는 1대당 설치비용이 60만 원이 든다는 이유로 잔돈 교환기 부착을 꺼리고 있었다.

- 보도 이후 반향 및 개선 사항

서울 9시뉴스 보도 이후 시내버스 잔돈 문제가 전국 이슈로 떠올랐다.

시청자들의 호응이 컸다. 전국에서 취재진을 격려하는 전화가 잇따랐다. 민생 차원에서 불합리한 행위를 바로잡아야 한다는 여론이 뜨거웠다.

청주시내 6개 시내버스 운수회사 대표들은 긴급 모임을 갖고 동전 교환기 부착을 서두르기로 의견을 모은다.
뒷짐을 지고 있던 행정당국도 단속에 나설 것임을 뒤늦게 밝힌다. 정부에서도 승객에게 불편을 주는 행위에 대한 개선 대책 마련에 나섰다.

시내버스는 '시민의 발'로 표현될 만큼 친근한 대중교통 수단이다. 힘없는 서민들을 대상으로 잔돈을 챙기며 부당이득을 쌓아 왔던 운수회사에 철퇴가 내려지고 잇따라 개선 대책이 나왔다.
곧 이어 시내버스에 동전 교환기가 부착됐다. 승객이 돈을 넣은 뒤 동전 교환기 버튼을 누르면 잔돈이 출구로 나왔다. 자동적으로 거스름돈이 나오는 방식이었다. 특히 농촌 주민과 고령층 승객들이 편리해졌다며 반겼다. 국민을 위한 공영방송으로서의 공적 책무를 수행한 느낌이었다.
평소 생활에서 겪었던 불편과 이를 개선하려는 아이디어로 촉발된 고발 리포트가 불합리한 시스템을 곧 혁신하는 놀라운 결과로 나타났다. 언론의 순기능과 영향력을 또 한 번 확인하는 순간이었다.
이제 버스 요금 결제가 대부분 카드로 이뤄지는 요즘에는 동전 교환기 문제가 추억의 한 편 스토리로 남게 됐다. 그러나 승객에 대한 최선의 서비스는 대중교통의 변함없는 책무로 남아 있다.

6장 위기 농업에 길은 있다

1. 〈해외 취재〉 '일본 농업의 저력, 고품질로 승부를 건다'

1994년 1월 겨울은 유난히 추웠다. 농한기였지만 농민들은 새봄에 무슨 농사를 어떻게 지어야 할 것인가로 고심이 컸다. 우루과이라운드 협상 타결 여파로 농산물 수입 개방의 파고가 높아지는 시점이었기 때문이다. 농업이 주업인 충청북도 농정에, 농민들에게 이를 타개할 방안이 없는가를 고민하다 충청북도와 자매결연한 일본 야마나시현 농업을 주목하게 된다.

1994년 1월 마지막 날. 서둘러 일본 취재에 나선다. 농사가 시작되기 전에 방송되는 것이 효과적이라는 판단 때문이었다.

또한 청주방송총국으로서는 해외취재 기획안이 본사 승인을 얻은 첫 사례여서 연초부터 기대가 컸던 것도 작용했다.

함께 간 동료 김태산 촬영기자와 나리타 공항에서 무거운 취재 장비를 들고 고속전철로 달린 지 3시간 반이 넘어서야 야마나시현 고후시에 도착할 수 있었다. 일본 내륙의 차가운 겨울바람은 몸을 움츠리게 했다.

때는 바야흐로 농한기여서 농업 분야 취재 여건은 악조건이었다. 그러나 구한말 선진문물을 익히러 낯선 일본을 찾았던 신사유람단을 떠올리며 피로와 졸음을 참아 내야 했다.

한겨울인 1월 31일부터 2월 9일까지 9박 10일간의 일본 취재가 강행된다.

- 과일 주산지, 온천지방…고소득 올리는 야마나시현

취재진이 찾아간 야마나시현(山梨縣)은 면적이 45,000평방킬로미터, 인구 86만 명으로 충북의 70% 규모이다. 인근에 일본의 상징인 3,776m 높이 후지산이 있는 분지형 내륙지방이다. 주위에 유명한 온천이 5군데나 있어 휴양 관광지로도 널리 알려져 있다.

1992년 충북과 자매결연한 야마나시현은 지리적 여건은 충북과 비슷하지만 포도, 복숭아, 자두 등 과일의 주산지로 농가 소득은 4배나 높았다.

농산물 수입 개방의 어려움 속에서도 흔들리지 않고 높은 수익을 올리는 일본 농업의 비결은 무엇인가. 이를 현장에서 하나하나 찾을 수 있었다.

▷ 고품질과 소비자의 국산품 애용이 비결

우선 생산자인 농민과 소비자의 두터운 믿음이 눈에 띄었다. 고후(甲府)시 한 슈퍼마켓. 소비자와의 현장 인터뷰 내용이다.

- "뭘 샀나요?"

"반찬거리."

- "여기에도 수입 농산물이 많이 들어오는데요, 그런 것 골라 보셨는지요?"

"아뇨. 저희들은 일본 제품만 고릅니다."

- "왜 그렇습니까?"

"안전하고 믿을 수 있잖아요…."

주부들은 값싼 외국산 채소보다 그 지역에서 생산된 신선하고 믿을 수 있는 농산물 구입을 고집하고 있었다.

'우루과이라운드'를 거뜬히 이겨 내는 첫 번째 비결은 바로 '고품질과 소비자의 국산품 고집'이었다.

▷ 농업도 전문 과학 산업으로 육성

두 번째 일본 선진농업의 비결은 '농업도 전문과학산업'으로 육성되고 있다는 점이었다.

야마나시현에만 시험장이 5곳이나 됐다. 수준 높은 전문연구원만 300명을 넘는다. 총합(總合)시험장과 과수, 축산, 낙농, 잠업 시험장이 일본 농업을 탄탄하게 받쳐 준다.

소비자의 입맛에 맞는 유기농 품종 개량, 기후와 토양에 맞고 고소득을 올릴 수 있는 새로운 영농기술 보급, 기상 재해 등 영농 문제점에 대한 솔루션 제시가 적시에 이뤄지고 있었다.

▷ 농업 관광상품화, 부가가치 올린다

'농업도 관광시대'라는 점을 착안한 것이 세 번째 비결이다.

포도 주산지 가쯔노마 농민들은 해마다 포도축제를 열고 맛깔나는 와인을 관광객에게 무료로 제공한다. 특산품을 알리고 판매량을 늘린다.

특산품을 관광자원화하여 부가가치를 높이는 사례는 많았다. 후지산 주변 가와구찌 호수를 낀 향기의 마을에 사는 주민들이 대표적 사례이다. 라벤더와 허브 등 3천 가지가 넘는 약초식물을 직접 재배해 만든 특산품 판매로 인기를 얻고 있었다.

농업도 이제 관광상품화하면 몇 배의 소득을 올릴 수 있다는 것을 일깨워주고 있었다.

▷ 아들의 귀촌…가업으로 이어지는 일본 농업

'대(代)를 이어 가는 농업'도 일본 농업의 네 번째 강점이다.

취재과정에서 아버지와 아들이 함께 농사짓는 광경을 흔히 볼 수 있었다. 심지어 일류대학을 나와 직장 생활을 하던 40대 아들이 아버지 농사를 물려받기 위해 귀농한 사례도 있었다. 농촌을 떠나는 이농 현상보다 이른바 돌아오는 '유턴(U-Turn) 현상'이 당시 트렌드였다.

농업에 대한 긍지와 보람으로 한 우물만 파는 농민들의 뚝심. 가업으로 이어지는 농업의 전업화가 바로 튼실한 일본 농업을 지켜 주는 저력이자 강점으로 작용하고 있었다.

▷ 일본 농업의 강점…전환기 맞은 한국농업에 솔루션 제시

일주일도 채 안 되는 빠듯한 취재 일정으로 일본 농업의 실체를 파악하기에는 어려움이 많았다. 그러나 핵심은 분명했다. 질 좋은 농산물을 생산해 내는 농민, 이를 뒷받침하는 분야별 농업 연구 시설, 여기에다 일본 농산물을 가장 좋다고 여기는 소비자들의 믿음, 특성을 살린 관광농업 육성, 가업으로 대를 잇는 농업이 그것이다. 우루과이라운드 파고에도 흔들리지 않는 일본 농업에는 이런 강점들이 자리하고 있었다.

전환기를 맞은 한국의 농업, 충북의 농업이 나가야 할 해답도 바로 여기에 있었다.

해외기획 〈일본농업의 저력, '고품질로 승부를 건다'〉 프로그램의 클로징 멘트에서도 일본 농업의 강점에 대한 벤치마킹이 필요하다는 점이 강조됐다.

- "농민, 자치단체, 소비자 힘 결집돼야"

"후지산을 중심으로 한 야마나시현 농업의 뚝심과 저력은 개방화의 거센 물결 속에서도 일본 농업이 안정된 성장을 이룩하는 데 큰 몫을 하고 있습니다.

전환기를 맞은 농업도 이제는 크게 달라져야 한다는 것을 새삼 일깨워주고 있습니다. 국가경제의 뿌리이자 생명선이기도 한 농업을 되살리기 위해서는 고품질, 소비자 신뢰와 함께 농민과 행정당국 그리고 소비자들의 의지와 힘이 한군데로 모아져야만 가능하다는 것을 일본 농업은 말해주고 있습니다."

2. 〈긴급진단〉 '위기에 처한 농업을 살리자' 기획 시리즈

일본 취재물은 1994년 3월 8일 밤 10시 KBS1TV 기획특집으로 50분간 방송됐다.

이에 앞서 주요 내용을 간추려 2월 14일부터 2주 동안 충북뉴스 시간에 〈농업특집 기획 리포트〉로 10차례 방송됐다.

농업기획 시리즈에서는 먼저 문제 제기로 '충북농업의 현주소'와 '농사지을 작물이 없다', '제값 못 받는 농축산물', '사라지는 충북 특산품'의 문제점을 진단했다.

이어 그 처방으로 '충북 농업의 미래, 희망은 있다'와 '충북농업 어떻게 할 것인가'가 집중적으로 다뤄졌다.

특히 농업기획 시리즈에서는 일본 야마나시현 선진농업 사례가 우루과이라운드 파고를 넘는 해법으로 제시돼 관심을 모았다.

방송 이후 반향은 컸다. 쌀 수입 개방 대응에 고심했던 농민과 농업인 단체 그리고 농업 관련 기관의 호평이 이어졌다.

충북농촌진흥원에서는 프로그램을 녹화해 영농 교재물로 활용했다.

필자의 농업전문기자로서의 '농업 살리기' 미션 수행은 계속된다. 우루과이라운드 파고를 넘기 위해 내 고장 특산품을 전국뉴스로 홍보하는 데 앞장선다. 고소득 작물 재배 영농정보 제공, 농업 이슈 점검과 대안 찾기 등에도 역점을 두고 집중 보도했다.

7장 첨단 영농, 농업의 미래 어디까지?

앞서 1980년대 방송된 리포트를 중심으로 당시 농촌상을 살펴보았다. 아날로그 시절 정겨움 속에 변화의 시도를 볼 수 있었다.

리포트가 방송된 지 40년이 지난 2024년 농촌의 모습은 어떻게 달라졌을까?

이제 농촌과 농업은 격세지감을 뛰어넘어 놀랄 정도로 크게 달라졌다. 하루가 다르게 격변의 시대를 맞고 있다. 4차 산업 혁명시대에 발맞춰 농업도 첨단화, 디지털화, 과학화가 빠른 속도로 진행되고 있는 것이다.

▷ 고령화, 인력난은 인공지능이 해결사

농업인의 고령화와 인구 감소, 청년이 없는 농촌의 일손 부족은 더 심해졌다.

그러나 궁즉통(窮則通)이라 할까. 농촌 일손이 크게 달리자 인력을 대체할 해법이 잇따라 나오고 있다. 외국인 계절제 근로, 도시 농부 육성사업, 농촌인력중개센터 운영이 부족한 농촌 일손을 메우고 있다. 위탁영농, 농기계은행도 농업 현안 해결에 한몫을 하고 있다. 그러나 근본적인 해결책으로는 역부족이다. 농업에도 혁신적인 솔루션이 등장한다.

농업의 혁명은 인공지능 AI 방식이 도입되면서 시작된다. 수천 년의 농업 역사가 새로 쓰이고 있다. 각종 첨단 농기계 기술 도입으로 농촌 풍경이 바뀌고 있다.

사람 없이 24시간 작업하는 자율 주행 농업용 트랙터, 이앙기, 콤바인뿐 아니라 제초기, 자율 운반 로봇, 드론 등이 농촌에 투입됐다.

이제 농사에 드론 활용은 대세이다. 필자의 고향에서도 몇 년 전부터 드론으로 비료 주고 농약을 살포한다. 드론은 급격한 도시화로 일손 구하기가 어려워진 농가에 큰 도움이 되고 있다.

AI를 통한 과학영농의 속도가 빨라지고 있다.

자율주행 모내기가 선보이고 AI가 병충해를 탐지한다. AI가 수확량을 극대화할 수 있는 적기 모내기 날짜를 정해 준다. 농경지 상태 정보가 데이터화되고 트랙터가 작물을 적당한 깊이와 높이로 알아서 심는다.

로봇을 활용해 잡초를 막기도 한다. 물 부족, 기온 상승 같은 기후 변화로 쌀 생산이 위축됐으나 그 대안으로 물을 덜 쓰는 농법이 개발되기에 이르렀다.

▷ 식량난 솔루션, '애그테크' 등장

식량 부족 문제는 전 세계가 함께 짊어져야 할 당면 과제다.

전 세계에 불어닥친 기후 변화는 농업과 식량 생산에 큰 영향을 미친다. 지구촌 곳곳에서 터지는 전쟁 또한 식량 수급의 불확실성을 높이고 있다.

결국 인류 식량 위기의 해법은 '농업(agriculture)'과 '기술(technology)'의 접목, 즉 '애그테크(Ag-tech)'에 달려 있다. 애그테크는 스마트 농업의 기반을 이루는 농업 관련 기술의 총칭이다. 인공지능(AI)·사물인터넷(IoT)·빅데이터 등 첨단 기술을 농작물의 생산과 유통 전 과정에 적용하는 것이다.

IT기술로 쌀 생산량을 늘린다. 품종 개량 유전 기술이 진보를 거듭하고 있다.

"농사로 메탄가스가 발생한다"는 지적에 따라 이를 해소하는 솔루션으로 첨단 맞춤 재배기술이 등장하기도 한다.

쌀 품종도 진화한다. 맞춤형 쌀이 등장한다. 건강에 좋은 철 성분 코팅을 한 기능성 볍씨까지 선보였다.

"흰밥 당뇨 위험" 지적에 '포스트 쌀' 곡물 개발도 활발하다. 다년생 벼에 베타카로틴이 함유된 '황금 쌀'까지 탄생됐다. 쌀의 진화도 이젠 하이테크다.

▷ 농업혁명 새바람, 'K-스마트팜'

더 큰 농업의 혁명이 다가온다. 이제 한국 첨단농업인 'K스마트팜'이 주목받고 있다. 컨테이너에서 365일 작물 재배가 가능해졌다. 스마트폰과 태블릿PC를 이용해 질 좋은 상추와 딸기를 재배한다.

한파와 폭염도 센서가 막아낸다. LED로 빛을 공급하고 농장에는 농부가 없다. 그러면서도 생산량은 땅에서 거두는 것보다 40배 수준이다. AI가 내장된 로봇이 논밭을 누비며 영농을 돕는 시대도 머지않았다.

"한국 경제의 뉴 엔진으로 불리는 녹색혁명 'K-스마트팜'의 수출이 해마다 늘어나고 있다. 4차 산업시대, 농업에도 혁명의 바람이 불고 있다."(조선일보, 2023. 12. 15.)

농업의 주인공이 AI로 바뀌면 정작 농업의 주인공인 사람은 어떻게 될까도 관심거리이다. 농업의 미래, 과학화. 과연 어디까지일까? 농업의 혁명과 진화는 지금도 진행 중이다.

8장 현장 르포… 병 드는 농촌 환경

언론의 기능 가운데 중요한 것이 권력 감시와 환경 감시, 어젠다 세팅 기능이다.

기자도 힘 있는 정부부처 공직자의 비위사실 고발, 환경 훼손 현장을 고발하는 취재를 할 때 힘이 실리고 자긍심을 느낀다. 사회 감시와 비판 역할이 기자의 본분이다.

취재기자 시절 현장을 달려가 심층 고발하려 동분서주했던 기억이 생생하다. 특히 쾌적한 산림 환경 보전과 농촌 환경을 해치는 행위를 고발하는 데 집중했다. 농촌 환경 살리기에 힘을 기울였다. 기억에 남는 리포트를 정리해 본다.

1. 산허리 잘려나간 국립공원 속리산

(1993. 11. 14, KBS 9시뉴스 방송)

앵커 멘트

"경관이 뛰어난 속리산 국립공원 안 산허리가 마구 파헤쳐지고 있습니다. 대규모 공사로 국립공원 한쪽이 제 모습을 잃어 가고 있습니다.

굴지의 재벌 그룹(실제 방송에서는 그룹 이름을 밝혔음) 소속 문화재단이 청소년수련장을 만들고 있는 것입니다.

그런데 어찌된 영문인지 반드시 거쳐야 될 환경영향평가도 받지 않았습니다. 김홍식 기자가 취재했습니다."

본문

자연경관이 빼어나 해마다 관광객이 많이 찾고 있는 속리산 국립공원입니다. 그러나 지난해 10월부터 산허리가 잘린 채 자연이 마구 훼손되고 있습니다.

(장소 자막: 충북 괴산군 청천면)

기자 ON MIC

"재벌그룹 산하 문화재단이 28만 평에 국내 최대 규모의 청소년수련장을 만들고 있는 것입니다. 시공업체는 10여 채의 각종 건물을 짓느라 계곡을 파헤쳤습니다. 갖가지 모양의 바위를 뽑아냈습니다. 국립공원이 제 모습을 잃어 가고 있습니다."

인근 주민 인터뷰

"환경이 오염될까 걱정돼요. 주민들은 크게 반대했는데……."

공정은 이미 70%를 마쳤습니다. 그런데 놀랍게도 환경영향평가를 받지 않았습니다. 재벌 그룹 측에서 관계법을 아예 무시한 것입니다.

회사 측 과장 인터뷰

"환경영향평가는 받지 않았으나 적법 처리 절차는 밟았습니다."

회사가 무리하게 공사를 밀어붙인 데는 당국의 허술한 행정처리가 한몫을 했습니다.

내무부(행정안전부)는 환경영향평가 없이 건설공사를 승인했습니다. 환경처(환경부)는 지난 9월 이 같은 사실을 확인하고도 아직까지 내무부에 공사 중지 요청을 하지 않은 것으로 드러났습니다.

느슨하고 손발이 맞지 않는 행정당국의 업무 처리가 아름다운 국립공원 경관을 훼손하고 있습니다. KBS뉴스 김홍식입니다.

- 보도 이후 개선 사항

KBS 9시뉴스에 현장고발 르포가 비중 있게 방송되자 당국의 즉각적인 반응이 나타났다. 방송된 지 사흘 만에 내무부는 속리산수련원 공사 중지 조치를 내렸다. 당시 연합뉴스의 보도 내용이다.

"(서울=聯合) 내무부는 17일 환경영향평가 없이 건설 중인 속리산 국립공원 내 청소년 수련장에 대해 공사를 중지토록 조치했다. 내무부는 이날 오전 국립공원관리공단에 공문을 보내 공사 중지와 함께 환경영향평가를 받도록 지시했다."(1993. 11. 17.)

환경처는 문제의 수련장이 새로 제정된 환경정책기본법에 따른 환경영향평가를 받지 않은 점을 들어 뒤늦게 내무부에 공사 중지 요청을 했다. 무분별한 개발에 따른 국립공원 훼손 행위에 제동이 걸린 것이다.

이 공사를 처음부터 반대해 온 주민과 환경단체는 KBS 보도를 반겼다. 한발 늦은 정부 당국의 조치에 분통을 터뜨린다.

이후 수련원은 들어섰으나 언론의 환경 고발로 그나마 환경훼손을 최소화할 수 있었다.

2. 땅속에 몰래 묻은 불법 공장 폐기물

TV 특성을 살려 현장을 리얼하게 고발한 환경 리포트가 큰 반향을 불렀다. 1994년 폐기물 불법 매립으로 신음하는 농촌 환경문제를 고발한다.(1994. 5. 4.)

앵커 멘트

"농촌 마을에도 공장이 마구 들어서면서 환경오염에 몸살을 앓고 있습니다. 공장에서 마을 인근에 폐기물을 대량으로 땅속에 묻었다는 주민의 제보가 잇따랐습니다. 김홍식 기자가 현장에 출동했습니다."

본문

(굴삭기로 퍼내는 작업 현장 EFFECT)

시멘트 생산업체인 ○○ 공장 뒷마당. 폐기물이 땅속에 묻혀있다는 인근 주민들의 주장을 확인하기 위해 땅을 파내는 작업이 시작됩니다.

…공장 관계자들의 초조한 눈초리. 주민들의 따가운 감시 속에 5분도 채 안 돼 폐기물 덩어리가 쏟아져 나옵니다.

(주민들: "저거 봐!")

기자 ON MIC

"땅속에 묻혔던 각종 폐기물이 무더기로 나오고 있습니다. 이 공장에서 원료로 쓰다 버린 것입니다. 시멘트 원료와 폐자재에서, 특정 폐기물인 석면에 이르기까지 몰래 묻은 폐기물이 잇따라 쏟아져 나옵니다. 50

톤을 넘습니다."

주민 인터뷰

"평소에도 공해 많죠. 주민 피해가 심각합니다."

생산과정에서 나온 폐기물은 당국의 허가를 받아 설치된 매립장에 버리도록 돼 있습니다. 그러나 이 공장에서는 규정을 어긴 채 오랫동안 공장 옆 땅에 몰래 묻어 온 것입니다.

생산업체에서는 환경오염에 대한 심각성은 외면한 채 서둘러 발뺌하고 있습니다.

업체 생산부장 인터뷰

"환경업체에서도 폐기물 안 가져가요. 빈터에다 그냥 버린 거고요. 크게 문제되지 않는다고 생각합니다."

KBS뉴스 김홍식입니다.

- 보도 그 후

1990년대 초 농촌에 공장이 마구 들어서면서 환경을 오염시키고 경관을 해쳤다. 이 현장 고발 리포트는 농촌에 들어선 공장의 환경오염 문제에 대한 이슈를 촉발시키는 계기가 됐다.

행정당국의 단속이 강화되고 농촌 환경오염을 막는 제도적 장치가 마련된다.

맑고 푸른 농촌 환경은 주민 스스로 감시하고 지켜 나가야 한다는 점도 일깨웠다.

9장 '큰절 장관 낙마'… 잊지 못할 취재 낙수

기자의 길은 평탄한 직업은 아닌 것 같다. 때로는 위험 부담이 큰 고발, 비판 기사도 써야 한다. 돌아보면 기자 생활에서 우여곡절도 많았다. 잊지 못할 취재 낙수도 있었다. '기자수첩'을 들춰본다.

취재 낙수 부분은 '위기의 농업, 그 길을 찾다'와 직접적인 관련은 적으나 취재 분야의 말미여서 여기서 언급한다.

▷ 장관이 넙죽 사과의 큰절?

2003년 10월 1일 C 장관이 한국교원대 연수원에서 특강을 한다는 취재 일정이 올라왔다. 당시 C 장관은 잇따른 돌출성 발언으로 요주의 인물이었다(물론 방송에서는 장관 실명이 그대로 보도됐다).

보도국장으로서 취재기자에게 당부했다. "오늘 분명히 해프닝이 있고 또 말실수가 있을 것이다. 처음부터 끝까지 강연 전체를 촬영하고 말 한 마디, 행동 하나하나를 빠짐없이 놓치지 말고 끝까지 취재하라"고 신신당부했다. 예상은 적중했다.

C 장관은 전국 교장 승진후보 교감들을 대상으로 한 특강에서 "솔직히 말씀드려 제가 존경하는 선생님은 없습니다."라는 말과 함께 교사들

을 비하하는 표현까지 썼다. 수강하던 예비교장들이 나서서 항의하고 퇴장하는 소동이 일어났다. 이에 당황한 장관이 큰절로 사죄하는 해프닝이 벌어졌다.

취재와 보도 과정에서 아이템을 빼줄 것을 요청하는 전화가 오는 등 우여곡절이 있었으나 리포트는 팩트대로 완성됐다.

10월 1일 9시뉴스 헤드라인에 장관이 넙죽 절하는 영상이 방송된다. 한 나라의 장관이 큰절로 사과하는 모습은 충격적이었다. 결코 그냥 넘길 일이 아니라는 게 여론의 흐름이었다.

C 장관은 결국 전격적으로 경질된다. 취임 14일 만이었다.

노무현 대통령이 고건 총리의 해임 건의를 받아들이는 형식이었다. 헌정 사상 국무총리 해임 건의로 국무위원이 낙마한 첫 사례로 기록됐다.

이를 단독 보도한 지용수 기자와 최승원 촬영기자는 그해 연말 언론단체로부터 잇따라 특종상을 받았다.

▷ "언론, 너희 때문에 낙선했다"

1990년 음성 진천 국회의원 보궐선거 개표 현장에서는 야당 후보가 당선되는 이변이 일어났다. 흥분한 여당후보 캠프 간부들은 현장에 있던 KBS 취재진에게 "너희 때문에 우리가 졌다, 죽여 버린다"는 험악한 말을 외쳤다. 자당 후보가 예상과 달리 낙선하자 언론에 대한 불만이 공영방송에 쏠린 것이다.

취재 카메라가 부서지고 카메라기자는 멱살을 잡히는 험악한 상황이 벌어졌다. 긴박한 순간 나는 그들 앞에 나섰다. 그리고 목소리를 높였다. "이러면 안 됩니다. 취재진을 폭행하면 안 됩니다. 당신들은 선거에서 지고 언론인의 정당한 취재행위를 폭력으로 방해한 혐의로 형사책임까지 져야 합니다. 왜 이런 무모한 짓을 합니까?" 앵커로 얼굴이 알려진 사람의 당당한 외침에 그들의 행위는 멈췄다. 가까스로 위기를 모면했다.

▷ "청와대입니다"

1991년 2월 말 갑자기 청와대라며 전화가 걸려왔다. 노태우 정부시절 손주환 정무수석의 전화였다. 손 수석은 이후 김영삼 정부 공보처 장관을 지낸다. 영부인 손명순 여사의 사촌동생이어서 실세로 알려졌던 인물이다.

3.1절을 앞두고 애국지사 손병희 선생의 생가가 훼손돼 복원이 필요하다는 내용의 필자 리포트가 KBS 뉴스로 방송되자 이를 본 손 수석이 직접 전화를 걸어온 것이었다. 손병희 선생과 같은 밀양 손씨여서 문중의 관심사였던 모양이다.

손 수석은 취재기자인 필자에게 감사하다는 말에 이어 복원 구상과 사업비 등을 꼼꼼하게 질문했다.

그 후 손병희 선생 유허지 복원 예산이 책정됐다는 소식을 들었다. 청주시 청원구 북이면 의암로 234번지에 있는 유허지가 대대적으로 새롭게 단장됐다. 생가와 기념관, 의암 영당, 동상 등 의암을 기리는 시설이 잇따라 들어서는 단초가 됐다.

- 6편 -
대통령과의 만남, 특별 대담

기자 시절 행사장에서 대통령을 잠시 바라볼 수는 있어도 직접 대화를 하고 방송용 인터뷰를 하는 기회를 얻는다는 것은 흔한 일이 아니다. 특별히 기억될 만한 일이다.

필자는 보도국 간부 시절 김대중 대통령과 노무현 대통령을 만나 대화를 나눈 특별한 추억이 있다.

1. 김대중 대통령과의 만남, '소류지 준설' 즉석 제안

▷ 가뭄 극복 아이디어 치하

2001년 9월 하순, 김대중 대통령이 충청북도 도청을 찾았다. 그 무렵 가을에 접어들면서 들녘은 황금물결을 이루고 있었다. 그해가 특별히 기억되는 것은 90년 만의 가뭄으로 모내기를 못 할 당시 KBS가 '가뭄지역에 양수기를 보냅시다' 긴급 캠페인을 벌였기 때문이다. 그해 국민성금으로 퍼올린 양수기 물로 가뭄을 극복해 유례없는 대풍을 거두게 된다.

대통령과의 간담회 주제도 '한해(旱害)없는 농정'이었다. 농수산부 장관, 청와대 비서실장과 비서관, 충북출신 국회의원, 도지사, 시장 군수가 모인 자리였다. 필자는 양수기 보내기 캠페인 기획 유공자로 대통령상을 받아 수상자 자격으로 초대받은 자리였다.

대통령과의 만남 일주일 전부터 청와대 관계자로부터 예상 질문과 답변에 대한 사전 조율이 몇 차례 있었다.

대통령은 먼저 양수기 보내기 캠페인 아이디어를 치하한다.

"김 부장님이 좋은 아이디어를 내주셔서 올해 농사가 대풍을 이뤘어요. 노고를 치하합니다."

당시 KBS 청주방송총국 보도국 편집부장이었다.

▷ "향후 가뭄 극복하려면 필요한 것이 무엇입니까?"

대통령의 다음 질문은 예정에 없던 돌발 질문이었다.

"올해와 같은 한해를 극복하기 위한 항구적인 대책으로 당장 필요한 것은 무엇이라고 생각합니까? 아이디어를 주세요."

순간적으로 평소 생각해뒀던 소류지 준설 아이디어가 떠올랐다.

"그동안 흘러내린 토사로 소류지 바닥이 메워져 담수량이 크게 줄었습니다. 그러다 보니 가물 때 농업용수를 제대로 쓸 수 없습니다. 오랜 가뭄으로 바닥을 드러낸 지금이 준설공사 적기입니다."

청와대 수석과 한갑수 농림부 장관도 메모를 하며 공감을 표했다. 좋은 아이디어라며 대통령의 검토 지시가 그 자리에서 내려진다.

배석한 이원종 충북지사는 "백만 불짜리 아이디어"였다며 반색을 한다. 시장 군수들도 환영 일색이었다.

얼마 지나지 않아 충북 등 전국 시도에 소류지 준설자금이 긴급 지원 된다. 저수지 바닥 흙을 파내는 공사가 시작됐다. 그만큼 담수량이 늘어나 가뭄이 심할 때 농업용수로 요긴하게 쓸 수 있게 된 것이다.

국민의 작은 지혜도 경청하고 이를 국정에 즉각 반영하는 대통령의 모습이 인상적이었다.

2. 노무현 대통령과 특별 회견, "대통령 말 믿으라 하이소!"

▷ 스테이크와 레드 와인, 격의 없는 대화

노무현 대통령의 지론은 국가균형발전이었다. 역대 대통령 중 지방 우대정책을 적극 시행한 대통령으로 기록된다. 노 대통령은 지방 언론인과의 소통도 중시했다. 시도별 언론사 국장단을 청와대로 초대해 오찬을 함께하며 지역현안을 듣는 자리를 마련했다.

2003년 12월 18일은 충북 언론인과의 오찬 간담회 자리였다. 언론사 간부들이 모여 버스 편으로 청와대에 갔다.

KBS 청주방송총국 보도국장이었던 필자는 청와대 오찬 모임에서 대통령 바로 왼쪽 자리에 앉았다. 와이셔츠 차림의 노 대통령과 식사를 하며 쉼 없이 대화를 나눴다. 오찬 메뉴는 비프스테이크와 레드 와인이었다.

식사 도중 가벼운 질문에도 대통령은 일일이 성의껏 답변했다. 대통령 이마의 일자(一字) 주름살 관상론부터 충북 증평에 먼 친척이 살고 있다는 얘기, 옥천에서 물장사할 때의 실패담 등 거침이 없었다. 탈권위와 소탈함을 느낄 수 있었다.

▷ "충청권 행정수도, 확실히 보증합니다!"

지방 언론인으로서 대통령 만나기가 어려운 상황에서 이렇게 청와대에서 밥만 얻어먹고 갈 수는 없겠다는 생각이 들었다. 당시 충북의 최대 현안은 오송 등 충북 인근에 특별행정도시가 건설되느냐였다.

대통령에게 단도직입적으로 말했다.

"제가 오늘 대통령님을 만난다 하니 이것만은 꼭 확답을 듣고 오라는 도민들의 주문이 있었습니다. 행정수도 충청도에 꼭 오는 겁니까?"

"그 부분은 걱정 안 하셔도 됩니다. 대통령이 확실히 보증합니다. 충청권 행정수도 건설 약속 꼭 지킬 겁니다. 도민들께 전하셔도 좋습니다."

대통령은 웃으며 이런 말까지 했다.

"대통령 말 믿으라 하이소!"

"그렇다면 그런 내용을 KBS와 인터뷰에서 밝혀 주실 수 있습니까?"

"좋습니다."

대통령의 대답은 시원했다. 오찬자리가 끝난 뒤 KBS와의 20분 간 단독 인터뷰가 이뤄진다. 일정에 없던 즉석 제안이 성사된 것이었다. 분 단위로 짜이는 대통령 일정을 감안하면 극히 이례적이었다.

대통령과의 단독 인터뷰는 귀사 후 특별 편성돼 '특별 대담, 대통령에게 듣는다'로 20분간 방송됐다. 물론 충청권 행정수도 건설 관련 대통령의 확실한 언급도 전파를 탔다. 뉴스 속보로도 방송됐다. 충북 도민들의 반응은 환영일색이었다.

청와대에서 청주로 오는 도중 이원종 충북지사에게 전화로 대통령의 행정수도 건설 약속 사실을 알리니 "큰일 하셨다"며 반색을 한다.

그날 만나 본 노무현 대통령은 권위주의적인 모습은 전혀 찾아 볼 수 없었다. 그냥 스스럼없이 편하게 대할 수 있었다. 그래서 그날 예정에 없던 필자와의 단독 인터뷰도 성사될 수 있었다. 그날 방송된 단독 대담 내용을 일부 간추려 본다.

▷ "특별 대담, 대통령에게 듣는다"

오프닝 멘트

"안녕하십니까? 오늘은 충북 언론인들로서는 특별한 날이었습니다. 청와대에서 노무현 대통령을 만나 지방 균형 발전과 충북 발전을 위한 정책 구상을 들었습니다. 특히 노 대통령은 KBS 청주방송총국과 가진 특별회견에서 충청권 행정수도 건설을 거듭 약속했습니다. 오늘 현장에서 제가 인터뷰한 주요 내용을 들어 보시겠습니다."

특별 대담

Q1. 내일은 대통령께서 당선되신 지 꼭 1년이 되는 날입니다. 국정책임자로서 1년 동안 감회가 크실 것으로 생각이 되는데 어떻습니까?

A. 아마 보시기에도 1년 동안 참 어렵겠다, 라는 생각이 드실 것입니다. 여러 가지 국가적으로 어려운 문제들이 많았던 편이었습니다. 북핵 문제도 그렇고, 가계부채로 인한 신용불량자 문제, 그로 인해서 금융시스템이 혹시 붕괴되거나 흔들릴지 모른다는 불안, 경제 침체 이런 많은 어려움들이 있는 데다가 사스, 파병 등등 큼직큼직한 일들이 참 많았습니다. 앞으로 국회와 정부가 서로 필요할 때는 협력하고 우리의 국정 목표에 대해서 국민들이 잘 이해하고 함께 힘을 모아야 성공할 수 있다고 생각합니다.

Q2. 충북은 도세가 열악해 경제적으로도 더 어려운 상황입니다…. 균형 발전 차원에서 충북에 대한 지원 정책은 어떻게 생각하고 있습니까?

A. 이번 정부의 지방화 전략의 최대의 수혜자는 충청북도가 되겠다는 생각이 들었습니다. 충청북도는 이미 생명과학산업을 비롯해서 전략산업이 자리 잡고 그밖에 고속전철, 또 도로, 공항 이런 여러 가지 교통 인프라도 잘 갖추어져 있어서 이미 발전 단계에 들어섰다고 볼 수 있습니다. 가히 앞으로 10년 후에는 충청권의 시대, 또 보기에 따라 충북의 시대가 오지 않을까, 이렇게 생각합니다.

Q3. 충청권 주민들의 가장 큰 관심사는 대통령께서 공약하신 신행정수도 문제입니다.
  우여곡절 끝에 일단 법안이 국회상임위원회는 통과를 했지만 산

넘어 산인 것 같습니다. 물론 대통령께서도 여러 차례 관철 의지를 밝히셨지만 충청권 주민들은 아직도 확신을 갖지 못하고 있습니다.
심지어는 지난 대선에 이어서 또 총선 투표용 아니냐 이런 의구심을 갖는 주민도 있는 게 사실입니다.
신행정수도 이전 공약을 지키기 위해서 대통령께서 좀 더 적극적으로 나서 주실 것을 주민들은 원하고 있습니다.
이에 대해 대통령께서 특단의 대책이 있다든지 복안이 있다면 말씀해 주십시오.

A. 소망이 간절한 사람은 그 소망이 이루어져 가는 과정이 실제로 정상적으로 잘되고 있어도 어쩐지 불안하고 마음이 급하고 그런 것이 보통 이치일 것입니다. 충청도민들은 답답하실 겁니다. 상임위 통과가 어려울 것이다 했어도 한 고비 넘겼고 법사위도 어제 통과했고 본회의가 남아 있지만 본회의 통과도 저는 잘될 것으로 생각합니다. '제가 열심히 하고 있다, 저는 자신 있다, 한국의 장래를 위해서 돼야 된다, 충청권 신행정수도라는 것은 이제 21세기 도시, 미래형 도시를 만드는 것이다.'라고 말할 수 있습니다.

Q4. 대통령께서 그리는 신행정수도는 어떤 모습일까요?
그리고 아직도 반론을 펴는 사람들에게 어떻게 그 정책의 당위성을 설명하시겠습니까?

A. 이번 신행정수도는 말하자면 한국의 경제문화의 수준을 한 등급 업그레이드할 수 있는 그런 상징적 도시로 만들어지는 것입니다. 세계에 자랑할 만한 행정문화도시, 지식의 도시가 되는 것입니다. 그렇게 되면 수도권도 좀 여유가 생기면서 동북아시아 경제 중심의 또 한 단계 업그레이드된 수준이 높은 그런 도시로 다시 성장하게 됩니다. 환경이라든지 그밖에 교육, 문화, 환경들이 훨씬 더 좋아지는 그런 도시가 될 수 있습니다.

이것은 전 국민에게 도움이 되는 것입니다. 경상도 쪽 일부 의원들이 반대하는데 이유를 모르겠습니다. 국회가 거기 가면 국회의원들이 지역구에서 출퇴근할 수 있게 됩니다. 그러면 지역구민들에게 좀 더 성실하게 봉사할 수 있지 않나. 당이 다르고 총선을 앞두고 영남의 민심이 흔들릴까, 이런 것 때문에 자꾸 각을 세우는 것인데 그렇지 않습니다. 결국은 그렇게 끝까지 가서는 안 됩니다. 잘될 겁니다. 잘 안되면 총선 후에 또 통과시킵시다.

Q5. 이번에는 경제 이슈를 보겠습니다.
우리 국토의 중심부에 위치한 청주국제공항은 현재 이용하는 승객이 갈수록 늘고 있습니다. 앞으로 신행정수도가 건설되면 청주국제공항은 신행정수도의 관문 역할을 하게 됩니다. 지원 대책이 있다면 말씀해 주십시오.

A. 청주국제공항은 앞으로 희망이 있는 공항이라고 생각합니다. 그리고 신행정수도라든지 충청북도 전체의 비전을 구성하는 데 큰 요소

로서 큰 역할을 할 것이라고 생각됩니다. 손님이 늘 수 있는 요소만 있으면 활성화하도록 노력하겠습니다. 궁극적으로는 아마 신행정수도의 관문 노릇을 충분히 할 수 있을 것으로 봅니다.

Q6. 이번에는 농업 문제에 대해서 질문 드리겠습니다.

대통령께서도 고향이 농촌이시고 한때는 농사를 도왔다는 그런 말도 들었습니다. 농업 주산지인 충청북도도 농촌 문제가 갈수록 심각해지고 있습니다. 농가부채가 갈수록 늘어나고 설상가상으로 농업 개방에 대한 우려도 커지고 있습니다. 바로 한국과 칠레 간 자유무역협정 FTA 체결문제입니다.

대통령께서는 고사위기에 몰린 농촌 살리기, 또 FTA 체결 문제 어떻게 보고 계십니까?

A. 참 어려운 문제이고 농민들의 어려움이 엄청나게 크다는 점도 잘 알고 있습니다. 그러나 개방할 것은 해야 합니다. FTA도 피할 수 없는 필수적인 것입니다. 이를 통해서 얻는 경제적 이익을 농업 쪽에 지원하는 이런 시스템을 지속적으로 관리해 나가겠습니다. 다음 농가 빚을 해결해야 되는 것 아니겠습니까. 그래서 부채도 덜어 드리도록 계획을 세우고 있습니다. 총체적으로 말하면 앞으로 10년간 116조 정도의 투자를 농촌에다 하고 융자보다는 보조금 지원을 늘려 나가려 합니다.

Q7. 끝으로 지방 발전, 균형 발전을 어떻게 추진할 것인지 말씀 듣고 싶습니다.

A. 중앙정부로서는 지방발전을 위한 지원에 대해서 강력한 의지를 가지고 있습니다. 이것을 위해서 조세제도도 개혁하고 재정구조도 고치고 그다음에 지방에 대한 많은 권한도 분산하고 지금 중앙정부가 가지고 있는 많은 기능도 이전하는 계획을 추진해 나가고 있습니다. …그러자면 지방언론이 아주 튼튼하게 건강하게 발전해야 합니다. 지방언론의 역할을 기대합니다.

필자: 충북도민을 위한 귀한 말씀 감사드립니다. KBS 특별회견에 응해 주셔서 감사합니다.

대통령: (웃으며 악수를 청한다) 감사합니다.

- 7편 -

국민을 하나로,
감동의 캠페인 방송

1장 농촌사랑 불씨가 144억 기적의 성금으로

1. "농촌을 살립시다" 잇단 캠페인 전개

충북은 전통적으로 주산업이 농업이었다. 해마다 농사 작황이 농민의 애환을 갈랐다. 공영방송이 농업을 중시한 이유이다. 필자가 기자 생활, 데스크 역할, 보도국장을 하는 동안 KBS에서는 농민들과 함께 웃고 함께 울었다. 필자는 농촌 출신으로 농민의 아들이었기에 농업 분야에 더욱 애착이 가가도 했다.

우선 생각나는 캠페인 방송이 2001년 봄, 가을에 있었던 보도특집 〈가뭄지역 양수기를 보냅시다〉와 〈내고장 쌀 팔아주기〉였다. 90년 만의 가뭄, 그리고 이를 극복해 낸 국민의 뜨거운 성금, 그해 봄을 잊을 수 없다.
국민의 성금으로 사들인 양수기로 물을 대서 모내기를 한 정성에 힘입어 그해 가을 대풍을 맞게 된다. 해피엔딩이었다.
그러나 이제 또 복병이 기다리고 있었다. 쌀의 판로가 문제였다. 그래서 솔루션으로 나온 후속 캠페인이 소비 촉진 운동과 애향 운동을 겸한 〈내고향 쌀 팔아주기〉였다.

한 해 농사를 방송이 기승전결, 결자해지로 풀어낸 셈이 됐다.

김장채소 과잉 재배로 값이 폭락해 농민들이 수확을 포기한 채 갈아엎을 때 기획된 캠페인 방송이 〈사랑의 김장 담가주기〉였다.

산지에서 무와 배추를 사들여 김장을 담가 어려운 이웃에게 전달하는 식의 소비운동이었다. 김장 담그는 데는 새마을 부녀회원과 자원봉사자들이 나섰다.

누구나 고향의 원천은 농촌이다. "농촌을 살립시다" 긴급 구호 캠페인이 국민을 하나로 결속시키는 에너지원이 됐다.

당시 방송 원고를 보면 가슴 뛰었던 상황이 생생하게 떠오른다.

2. 가뭄을 극복한 〈양수기 보내기〉 캠페인

▷ 90년 만의 가뭄, 농사 올 스톱⋯캠페인 긴급 기획

2001년 그해 봄은 햇빛이 유난히 뜨겁고 땅이 메말랐다.

충북지역 4-6월 강우량이 27밀리미터에 그쳤다. 평년의 19%였다. 저수지도 바닥을 드러냈다. 논바닥은 거북등처럼 갈라졌다. 모내기는 엄두도 내지 못했고 그나마 심은 모도 힘없이 타들어 갔다. 90년 만의 극심한 가뭄으로 벼농사를 포기하는 농민들이 속출했다.

이때 고향인 농촌을 찾았던 필자는 "이럴 때 그놈의 양수기라도 있었으면" 하고 넋두리하는 노인의 말을 듣고 아이디어가 떠올랐다. '가뭄지역 양수기 보내기 운동'의 단초였다.

당시 KBS 청주방송총국 보도국 편집부장이었던 필자는 '양수기 보내기' 아이디어를 캠페인으로 기획한다. 제작과 MC를 맡았던 TV시사프로그램 〈주간초점〉에서 첫 방송을 한다.

▷ 성금 모금 촉발시킨 〈주간초점〉 특집방송

2001년 〈양수기 보내기 운동〉을 촉발시킨 6월 1일 〈주간초점〉 오프닝 멘트와 클로징 멘트에 절박했던 당시 상황이 담겨있다.

오프닝 멘트

"여러분 안녕하십니까? 제가 이렇게 인사를 드렸습니다만 농민들은 편치 못합니다. 요즘 하루하루 마음을 졸이고 있습니다. 가뭄이 벌써 석 달째입니다. 농경지가 메마르고 농민들의 속도 타들어 가고 있습니다. 오늘 〈주간초점〉에서는 사상 유례없는 가뭄 실태를 점검해 보고 이를 이겨내려는 도민들의 의지의 현장을 찾아봅니다. 먼저 가뭄이 어느 정도인지부터 알아봅니다. 취재기자가 들녘에 나가 봤습니다…."(취재기자의 '극심한 가뭄 실태' 리포트 방송으로 시작)

클로징 멘트

"거북등같이 갈라지는 논바닥을 바라보는 농민들의 심정은 그저 허탈하기만 합니다. 이달 말까지도 비다운 비가 내리지 않을 것이라는 게 기상대의 예보입니다. 그러나 언제까지 하늘만 바라보고 있을 수만은 없습니다. 저희 KBS 청주방송총국과 충청북도 그리고 농협이 함께 벌이고 있는 〈양수기 보내기 운동〉에 도민들의 뜨거운 정성이 모아지고 있습니다. 성금 보내 주신 여러분께 거듭 감사드립니다. 여러분께서 보내 주신 정성어린 성금은 곧 실의에 빠진 농민들에게 큰 힘이 되고 있습니다. '가뭄은 극복할 수 있습니다.' 〈주간초점〉 다음 주 이 시간 다시 뵙겠습니다. 감사합니다."

이날 〈주간초점〉 방송에서는 가뭄 현장 취재 리포트(최동혁 기자), 북부지역 가뭄 피해 현장 연결(한증성 기자), 양수기 전달식 현장(이영섭 기자), 양수기 보내기 성금 모금 현장 연결(김경란 아나운서), 농민 대표 인터뷰 등으로 구성돼 극심한 가뭄 피해 실태와 도민들의 극복 의지가 생생하게 전달됐다.

이어 정규뉴스에서도 '양수기 보내기' 아이템을 핫이슈로 기획해 양수기 구입용 성금 모금에 들어갔다.

호응은 뜨거웠다. 어린이부터 노인에 이르기까지, 기관 단체, 기업체에서 자발적으로 성금 기탁에 참여했고 출향인사들도 성금을 보탰다.

긴급 모금된 성금은 충청북도와 각 시군에 보내져 양수기와 연결용 호스, 파이프 장비를 구입하는 데 쓰였다. 농촌에서는 장비로 논바닥을 뚫어 파이프를 연결하고 양수기를 연결해 지하수를 뽑아 올리는 작업을 밤낮으로 시도했다.

▷ "야, 물이 나온다! 만세!"

비 한 방울 내리지 않아 거북등같이 갈라진 논바닥, 모내기를 하지 못하는 농심도 까맣게 타들어 가고 있었다. 땅속 깊숙이 파이프를 연결한 관정에서 과연 물이 뿜어져 나올까 시선이 집중된다.

이윽고 양수기 시동을 건다. 초조함도 잠시, 양수기 호스에서 물이 솟구쳐 쏟아지기 시작한다. 얼마 만에 보는 귀한 물이던가. 하늘로 치솟은 물줄기가 메마른 논바닥으로 떨어진다. 이를 지켜보던 농민들은 자연발생적으로 박수를 치며 외친다.

"야, 물이 나온다! 만세!"

2001년 6월 13일 충북 진천 들녘 모습이다. 이날 충북도민의 성금으로 마련한 양수기가 등장한다. 관정(管井: 지하수를 퍼올리기 위해 땅을 굴착하고 파이프를 연결해 파놓은 우물)에서 물을 끌어 올려 논에 대는 작업을 첫 시도한 것이 성공한 것이었다.

▷ 대통령도 감동시킨 양수기 물줄기

충북 진천 가뭄극복 현장을 지켜본 김대중 대통령의 눈시울도 붉어졌다. 이원종 충북지사로부터 "KBS 청주방송총국이 가뭄지역 양수기 보내기 운동을 벌인 결과 그 성금으로 농촌에 양수기를 보내 이렇게 가뭄을 극복하고 있다"고 보고하자 "양수기 보내기 운동이 자연 재해를 극복하는 데 크게 기여하고 있다"며 치하했다.

▷ 본사에 긴급 건의, 〈양수기 보냅시다〉 6시간 생방송

청주에서 시작된 성금 모금 운동이 성공을 거두면서 이를 전국으로 확산시키는 것이 필요했다. 가뭄 피해는 충북뿐만 아니라 전국적으로 극심했다. 청주의 사례를 정리해 본사 차원에서 이를 전국 캠페인으로 전개하는 것이 필요하다는 건의를 사장에게 문서로 보낸다. 진천 논에서 양수기의 위력을 지켜본 김대중 대통령이 KBS 박권상 사장에게 격려 전화를 한 것도 한몫을 했다.

드디어 청주방송총국에서 시작된 양수기 보내기 캠페인은 전국으로 번진다. 2001년 6월 9일 본사에서 주말 '특별 생방송 〈가뭄지역에 양수기를 보냅시다〉'를 편성해 1부에서 3부까지 세 차례나 방송했다.

방송 시간은 6시간을 넘겼다. 현장은 뜨거웠다. 대통령, 여야 대표, 기업, 단체, 농촌이 고향인 시민, 학생들의 성금 행렬이 이어졌다. 가뭄 극복에는 여야도 진영도 없었다. 그야말로 국민 역량이 하나로 총결집된 순간이었다.

▷ 언론사 참여 촉발, 범국민운동으로 확산

KBS 청주방송총국의 농촌 살리기 캠페인이 언론사 참여의 기폭제 역할을 했다.

전국 신문 방송을 포함해 모든 언론사가 참여하는 범국민운동으로 전개된다. 언론사마다 모아진 성금은 예상을 훨씬 뛰어넘었다. KBS가 모은 성금 64억 원을 포함해 전체 언론사 모금액은 136억 원, 여기에 방송협회 주관 ARS 모금액도 8억을 넘어섰다.

모금된 성금은 즉시 농촌에 보내졌다. 가뭄이 극심한 지역을 중심으로 관정 뚫는 작업에 먼저 쓰였다. 지하에서 물을 끌어올리는 양수기와 송수호스를 구입해 농촌에 긴급 투여됐다.

▷ 재난 극복, 그리고 대풍

국민의 성금은 가뭄이 극심한 농촌지역에 긴급 수혈, 링거 주사 역할을 톡톡히 했다. 재난 극복의 모멘텀, 마중물 역할을 해낸 것이다.

하늘만 바라보며 노심초사하던 농민들은 밤을 새워 양수기로 논에 물을 대고 모내기를 서둘렀다. 국민의 성원에 보답하려는 듯 더욱 농사에 정성을 기울였다.

농심이 천심을 움직인 것인가.

2001년 가뭄 극복은 그해 가을 유례없는 대풍으로 이어진다.

3. "풍작 되니 쌀값 걱정"…〈내고향 쌀 팔아주기〉 캠페인

▷ 쌀이 남아돈다?…떠오른 '솔루션 아이디어'

가까스로 가뭄을 극복해 대풍을 이루었으나 그 기쁨도 잠시, 또 다른 복병이 기다리고 있었다. 이번에는 과잉 생산에 따른 쌀값 하락과 판로가 문제였다. 양곡 창고마다 누적된 재고 물량도 심각했다. 보관비용도 골칫거리였다. 이를 해소하기 위한 솔루션이 절박했다.

이때 필자로부터 나온 아이디어가 바로 "내고향 쌀 팔아주기"였다.

출향인사와 농촌 출신 기업인 그리고 고향을 떠나 사는 사람들이 자신의 고향에서 생산된 양질의 쌀을 사주면 농민도 돕고 고향에 보답하고 어려운 이웃을 돕는 1석 3조의 효과에 초점을 맞춘 것이다. 내 고장 쌀을 구입해 어린이나 노인 복지시설에 기탁하는 운동도 겸했다. 쌀 소비 촉진 운동과 농촌사랑 애향운동을 겸한 솔루션으로 "양수기 보내기" 시즌2, 후속 캠페인이었다.

▷ "내고향 쌀 팔아주기" 〈주간초점〉 특집 방송

필자는 또 하나의 캠페인 "내고향 쌀 팔아주기" 운동을 촉발시킨다. 2001년 10월 19일 〈주간초점〉 프로그램 보도 특집 "시름에 빠진 농민을 돕자"가 오후 5시 20분부터 40분간 방송됐다. 특별기획 〈양수기 보냅시다〉를 방송했던 〈주간초점〉에서 특집 포맷으로 방송됐다. 당시 방송의 오프닝과 클로징 멘트를 되살린다.

오프닝 멘트

"여러분 안녕하십니까? 올가을 벼농사가 풍작을 이뤘지만 기쁨도 잠시, 농민들의 시름이 다시 커지고 있습니다. 풍년농사가 되레 쌀값 하락을 빚고 있기 때문인데요.

저희 KBS 청주방송총국에서는 농민들의 시름을 조금이라도 덜어주고자 〈내고향 쌀 팔아주기〉 운동을 기획했습니다.

오늘 특집 생방송에서는 〈내고향 쌀 팔아주기〉현장에 나가 있는 중계차를 연결해 현장의 생생한 모습을 알아봅니다. 이어서 쌀 재고량이 늘어나는 데 따른 문제점과 해결책을 진단해 보도록 하겠습니다."

클로징 멘트
"네, 현장 수고했습니다. 두 분, 오늘 말씀 고맙습니다. (충북대 농대 교수와 충청북도 농정국장 출연)

날이 어두워지고 있습니다만 "내고향 쌀 팔아주기" 현장에는 지금도 쌀을 구입해 농민들을 도우려는 시민들의 발길이 계속 이어지고 있습니다.

여러분이 기탁하신 쌀은 어려운 이웃에게 소중하게 전달됩니다. 쌀을 제값에 팔지 못하는 농민들을 돕게 됩니다. '1석 2조' 효과죠. 우리가 쌀 한 포대를 더 사주면 농민들에게는 큰 도움이 될 겁니다. "내고향 쌀 팔아주기"는 앞으로도 계속됩니다. 도민 여러분의 많은 참여를 기다리고 있습니다.

생방송으로 보내 드린 "내고향 쌀 팔아주기" 특집 방송을 여기서 마칩니다. 감사합니다."

이날 특집 방송은 "애써 농사를 져도 비용도 못 건진다"는 농민 3명의 문제 제기성 인터뷰로 시작된다.

농협물류센터 캠페인 현장 중계차 연결(이영진, 김윤혜 아나운서), 쌀 판매 운동 필요성과 실적 리포트(최동혁 기자), 핵심이슈에 대한 문제 제기와 솔루션 대담(충북대학교 농업경제학과 유진채 교수, 충청북도 한철

환 농정국장)이 이어졌다.

특히 쌀 소비 촉진을 위한 쌀 요리 시식코너 현장 중계차 연결(김윤혜 아나운서)에서 소개된 쌀국수, 쌀버거 등이 시선을 끌었다.

충북 쌀의 우수성, 고급 브랜드화 과제를 담은 리포트(구병회 기자)에 이어 다시 이 시각 농협물류센터 쌀 구매 현장(이영진 아나운서)이 연결됐다.

다양하게 진행된 이날 방송으로 '고향 사랑, 농촌 사랑' 캠페인 효과를 촉발하는 계기가 마련됐다.

"내고향 쌀 팔아주기" 성과가 잇따라 나타났다. 고향을 떠나 있던 재경인사, 도시 주부, 충북출신 기업인들이 대량으로 쌀을 사들였다. 가정용, 사원들에게 나눠 주기, 어려운 이웃에 쌀 기탁하기 등 용도도 다양했다. 그러나 '고향 사랑, 농촌 사랑' 마음은 하나였다. 농민들의 쌀 판매가 촉진되고 양곡 창고 재고량도 그만큼 줄어들었다.

4. '버려지는 김장채소'…〈사랑의 김장 담가주기〉 캠페인

▷ 풍작, 과잉생산…배춧값 폭락에 수확 포기

트랙터가 김장 채소밭을 갈아엎는다. 잘 자란 배추와 무가 뿌리 뽑힌 채 땅바닥에 나뒹군다. 애써 가꾼 농작물의 수확을 포기한 채 마구 갈아엎는 농민의 심정은 어떠할까. 2002년 가을 농촌의 모습이다.

그해 가을은 김장 채소가 풍작을 이뤘다. 거기에다 재배 면적이 늘어나 생산량이 넘쳐났다. 물량이 늘어나니 가격 폭락으로 이어졌다. 농민들은 수확의 기쁨은커녕 이를 처치하는 것이 고민일 정도였다. 수확을 포기하고 농기계로 채소밭을 갈아엎는 안타까운 모습이 곳곳에서 눈에 띄었다. 오히려 수익보다 수확과 운송, 판매비용이 더 들어가는 상황을 감당하기 어려웠기 때문이다. 과잉 생산에 따른 농산물 가격 하락은 거의 연례행사가 되고 있었다.

▷ '사랑의 김장 담가주기'가 해법, "아유, 너무 고맙습니다!"

당시 김장 채소 폭락 뉴스를 방송하면서 아이디어가 번뜩 떠올랐다. 밭에서 버려지는 배추와 무를 싼 값에 사들여 김장을 담가 어려운 이웃에게 나눠주면 농가도, 김장을 담그지 못하는 이웃에게도 서로 도움이 되지 않겠느냐는 생각이 들었다. 더욱이 2002년에는 김장을 담그지 못하는 수재민도 있었다.

이를 간부회의에서 제안한 뒤 뉴스로 잇따라 방송했다. '사랑의 김장 담가주기' 캠페인이 시작된 것이다. KBS와 농협이 공동주최하는 방식이었다.

성금을 모금해 농협을 통해 김장 채소를 농가에서 사들여 김장을 담갔다. 새마을부녀회와 적십자 부녀봉사단체에서도 흔쾌히 참여해 맛깔스러운 김장을 담그는 모습이 뉴스에 방송됐다.

농업인에게 희망을, 어려운 이웃에게는 사랑을, 기부자에게는 보람을 주는 상생의 농산물 소비 촉진 운동이었다.

그해 가을은 따뜻하고 인정이 넘쳤다. 온정의 성금이 이어지고 배추도 기탁됐다. 정성껏 마련한 김치는 소년소녀가장 세대, 홀로 사는 노인 가정, 복지시설, 수재민 가정에 전달됐다.

필자를 포함한 KBS 청주방송총국 간부들은 충북 영동 수재민 가정을 방문해 직접 김장 박스를 전달했다. "아유, 너무 고맙습니다. 잘 먹겠습니다." 할머니의 눈물을 잊을 수 없다.

▷ '사랑의 김장 나누기' 전국 확산, 연례행사로 정착

'사랑의 김장 나누기'는 두 가지 의미를 담고 있어 큰 호응을 얻게 된다.

돌봄이 필요한 이웃들에게 사랑이 담긴 김치를 전달해 따뜻한 사회를 만들고, 우리 지역에서 생산된 농산물 애용으로 농업인을 돕자는 의미가 그것이다.

'사랑의 김장 담가주기' 운동은 KBS 전국뉴스와 〈6시 내고향〉에 방송되면서 전국 캠페인으로 확산됐다. 이 캠페인은 이후 김장철 연례행사로 이어지고 있다.

생산 농민을 지원하고 어려운 이웃을 돕는 사랑의 김장 담가주기가 또 하나의 농촌사랑 운동으로 결실을 이룬 것이다.

5. 기승전 '농촌사랑'…방송인의 보람

2001년은 방송의 힘을 실감하는 한 해였다.

봄철 '가뭄지역에 양수기 보내기 운동'에 이어 가을철 '내고향 쌀 팔아주기 운동'이 연이어 펼쳐진 해였다. 한 해 벼농사의 시작과 마무리를 완결시킨 '농촌사랑 캠페인의 해'로 기록됐다.

특히 '가뭄지역 양수기 보내기' 캠페인은 필자의 30년 넘는 방송생활 동안 가장 기억에 남고 보람 있는 일로 생각된다.

하나의 아이디어가 거대한 국민운동을 촉발시켜 국가 발전에 기여할 수 있는 마중물 역할을 할 수 있다는 사실을 실감했다. 어려운 시기에 국민을 하나로 뭉치게 함으로써 국난을 극복하게 할 수 있게 하는 모멘텀을 제공할 수 있다는 점도 깨달았다.

'가뭄지역 양수기 보내기', '내고향 쌀 팔아주기', '사랑의 김장 담가주기' 등 잇단 농업 관련 프로젝트는 공영방송의 미션 수행으로 스테이션 이미지를 높이는 데도 기여했다.

성공적인 캠페인은 한 사람의 아이디어로만 성사될 수는 없다.

당시 동료 방송기자와 PD, 기술진, 행정 분야 등 전 직원의 단합된 노력이 뒷받침되었기에 가능한 결실이었다.

2장 아이디어 '밀알', 국민감동 캠페인으로

1. 사랑의 헌혈 캠페인

▷ '피가 모자란다' 혈액 수급에 빨간불

"혈액 보유량이 고갈돼 응급 수술을 제외하고는 수술이 밀릴 위기입니다."

당시 혈액센터 간호사의 절박한 호소이다.

헌혈실 출입구에 부착된 '오늘의 혈액 보유 현황'에는 대부분 '경계'와 '심각'으로 표시돼 있었다.

혈액이 부족하기는 30-40년 전이나 지금이나 마찬가지이다. 1980년대 취재기자 시절 대한적십자사 충북혈액원을 출입할 당시에도 단체 헌혈이 줄어들면서 혈액 보유량에 비상이 걸렸다는 상황을 여러 차례 보도한 기억이 난다. 실제로 응급 환자 수술 중 희귀 혈액형 피가 없다며 헌혈자를 급히 찾는 긴급 라디오 방송이 나오곤 했다.

특히 계절적 요인도 작용했다. 해마다 겨울철이면 헌혈자 감소로 혈액 보유량이 바닥을 드러냈다. 비상이 걸린 대한적십자사 혈액관리본부가 헌혈 캠페인에 나서지만 역부족이었다. 더구나 신종 플루가 유행한 2009년 혈액 보유량은 1.8일분으로 떨어져 심각한 위기상황이었다.

▷ 헌혈 캠페인 긴급 제안

혈액 보유량의 심각한 위기 상황을 지켜보면서 영향력이 가장 큰 공영방송이 대대적인 캠페인 방송에 나서면 솔루션이 될 수 있겠다는 아이디어가 떠올랐다.

'New KBS'로의 새출발과 임직원 단합, 그리고 공영방송의 공적책무를 국민들에게 널리 알리기 위해 KBS 임직원들이 참여하는 '사랑의 헌혈 캠페인' 구상이었다.

당시 홍보부장이었던 필자는 김인규 신임 사장에게 직접 메일을 보낸다.

"KBS 임직원들이 앞장서 헌혈에 나서고 범국민적인 헌혈 캠페인 방송을 하면 혈액도 모아지고 공영방송의 공적 책무 이행으로 스테이션 이미지를 높이는 데 기여할 것으로 보여 이를 제안한다"는 내용이었다.

2009년 11월 24일 취임한 김 사장은 공채 1기 기자 경력에 KBS 내부 출신 첫 사장이어서 시선이 쏠렸다. '확실한 공영방송'을 만들겠다는 소신을 밝힌 김 사장으로서는 공영방송의 이미지 쇄신을 보여 주는 이벤트가 필요한 상황이었다. 마침 그때 필자가 대대적인 헌혈 캠페인 아이템을 제안한 것이었다. "KBS 가족이 앞장서는 '사랑의 헌혈 캠페인'을 제안합니다", 당시 메일 제목이다. 범국민적 헌혈 캠페인의 취지, 전개 방식, 기대 효과를 꼼꼼히 적었다.

곧 바로 사장의 답장이 메일로 왔다. "보내준 의견 감사합니다. 적극 검토하도록 하겠습니다." 답변은 짧았으나 추진은 빨랐다.

▷ '헌혈, 이웃에게 사랑을' KBS 특별 생방송 호응

드디어 2010년 1월 22일 〈KBS 특별생방송 '헌혈, 이웃에게 사랑을'〉이 방송되면서 헌혈 캠페인의 막이 오른다.

사랑의 헌혈 캠페인에 대한 국민의 호응은 뜨거웠다. 행사장에서 모아진 헌혈 분량도 기대치를 뛰어넘었다. 만성적인 혈액 부족량을 채우는 데 큰 도움을 주게 된다. 캠페인 성과를 당시 언론이 잇따라 보도했다.

- KBS '헌혈! 이웃에게 사랑을'…전국 1만 7,000여 명 동참

(티브이데일리) 송승은 기자 = "전국에서 1만 7,000여 명이 헌혈에 동참했다. KBS는 지난 22일 오전 10시부터 오후 6시까지 〈헌혈! 이웃에

게 사랑을〉을 3부에 걸쳐 1TV를 통해 특별 생방송했다. 생방송이 진행되는 동안 시청자들의 동참도 이어져 12곳 행사장에서만 2,315명, 전국적으로는 9,000여 명이 헌혈에 참여했다."(2010. 01. 23.)

KBS 사랑의 헌혈 캠페인 현장인 KBS 본관 시청자광장과 서울 명동 거리, 그리고 전국 10개 지역에서 다양한 헌혈 행사가 벌어졌고 현지 상황을 중계차로 연결했다.

방송이 진행되는 동안 산악인 엄홍길과 〈6시 내고향〉팀, 드라마 〈바람 불어 좋은 날〉팀 등이 현장을 찾아 헌혈에 동참했다.

김인규 사장을 비롯한 KBS 사원들도 대한적십자사와 단체 헌혈 약정을 맺고 헌혈을 실천했다.

대한적십자사 혈액관리본부는 "요즘 하루 평균 5,000명 정도에 머물던 헌혈자가 특별생방송의 효과로 두 배 가까이 늘었다"고 설명했다.

이 밖에 콜센터 전화 등을 통해 헌혈을 약속한 인원 7,899명을 포함하면 이날 하루에만 1만 7,000여 명이 헌혈에 동참한 셈이다.

▷ 헌혈 캠페인, KBS 특별생방송 연례행사로

KBS의 사랑의 헌혈 캠페인은 매년 3월 공사창립기념일이나 9월 방송의 날 특별이벤트로 생방송이 10년 넘게 계속되고 있다. 헌혈은 이제 범국민운동으로 정착됐다.

직장과 단체, 가족들이 헌혈에 앞장서는 모습이 방송돼 캠페인 효과를 톡톡히 하고 있다. 건강에 도움이 되는 헌혈의 이점과 헌혈왕이 소개되는 등 헌혈 붐 조성에도 앞장서고 있다.

나 자신은 물론 위급한 우리 이웃의 생명을 구하는 헌혈 운동이 이제 '사랑의 헌혈'을 실천하는 캠페인으로 자리 잡게 된 것이다.

2. 청소년 대상 TV활용교육(TIE), 효문화 캠페인 전개

'청소년이 미래이다'라는 확고한 신념으로 청소년을 대상으로 한 캠페인을 제안한 것도 특기할 만하다.

필자의 아이디어로 제안된 청소년 대상 〈TV활용교육〉과 〈학생효도대상〉 캠페인이 빛을 보게 된다.

1 〉 청소년에 첫 TV활용교육(TIE)

▷ TV가 바보상자라고요?

40년 넘게 평생을 방송에 관련된 일을 해 온 사람으로서 평소 가장 듣기 거북했던 말이 곧 "TV가 바보상자"라는 말이었다. 일종의 방송의 역기능을 과장해서 표현한 말일 것이다. 그러나 방송의 이점이나 순기능이 얼마나 많은가. 정보 제공, 교육적 효과, 여론 형성, 환경감시, 어젠다 세팅 효과, 캠페인 효과, 오락 제공 등 긍정적 효과가 압도적으로 많을 것이다.

▷ TIE를 아십니까?

TV가 '바보상자'가 아닌 '보물 상자'임을 보여 주자는 도전이었다. 이른바 TIE(Television in Education), 'TV활용교육'이 바로 그것이다.

TIE는 청소년들을 대상으로 한 'TV 바로 보기' 캠페인으로 기획됐다. 말하자면 TV의 교육적 순기능을 극대화해 보자는 취지로 시작됐다.

2006년 KBS 홍보부장이었던 필자가 직접 창안한 아이템으로 한국에서의 첫 방송 소비자 운동이었던 셈이다. 방송 부문으로 시도된 청소년 대상 미디어 리터러시였다는 점에서도 의미가 컸다.

TIE를 쉽게 말하면 나쁜 환경에 노출돼 있는 청소년들에게 건전한 KBS TV프로그램을 통해 교육적 효과를 높여 보자는 것이었다. 'TV와 교육'의 만남이었다. 유익한 KBS 콘텐츠의 시청 소감을 전국 중고교생을 대상으로 공모한 뒤 교수와 교사의 심사를 거쳐 월별, 연말 우수작을 선발해 시상하는 방식으로 진행됐다.

공영방송 KBS에서 이름도 낯선 TIE 프로젝트가 본격 시작되자 전국적으로 반향이 컸다. 제주에서부터 서울까지 청소년들의 응모가 잇따랐다. 서울에 있는 중고교에서는 학교 자체적으로 프로그램을 공동시청하고 소감문을 쓴 뒤 토론하는 학습과정이 생기기도 했다.

특히 연말에는 그동안 우수 입상자들이 'KBS 체험 워크숍'에 참가해 프로그램 제작 과정을 견학하고 프로그램 시청 소감문을 제출해 연말 대상을 겨뤘다. 대상을 차지한 학생에게는 상금과 장학금, 부총리 겸 교육부 장관상까지 수여돼 당시로서는 제법 권위 있는 청소년 페스티벌로 꼽히기에 이르렀다.

▷ TIE의 탄생 계기는 드라마 〈불멸의 이순신〉

TV활용교육 TIE의 탄생은 〈불멸의 이순신〉 드라마가 한몫을 했다. 2006년 전국의 시청자들을 감동의 도가니로 몰아넣었던 KBS 대하드라마 '불멸의 이순신'은 생생한 역사 교과서 역할을 톡톡히 해냈다.

또한 〈역사스페셜〉, 〈환경스페셜〉과 함께 〈비타민〉, 〈위기탈출 넘버원〉 등 당시 KBS 콘텐츠는 흡인력과 정보 측면에서 높은 평가를 받았다. 오락 예능 프로그램이면서 동시에 알찬 정보를 제공하는 '인포테인먼트'(Infotainment, 인포메이션과 엔터테인먼트 합성어) 프로그램으로 확고하게 자리를 잡아 가고 있었다.

'바보상자다', '공부를 방해한다'며 부정적으로 지목됐던 TV방송 프로그램이 이제 교육적으로 활용도가 높은 콘텐츠로 제대로 대접받기에 이른 것이다.

이로써 TIE는 KBS의 공영성 확보와 시청자 만족도를 높이는 긍정적 역할과 함께 TV 소비자들에게 올바른 TV 시청 캠페인을 처음으로 시도했다는 평가를 받는다. 획기적이고 유의미한 캠페인으로 방송역사에 기록을 남길 만했다. 그해 공로를 인정받아 KBS 홍보실은 부총리 겸 교육부 장관 감사패를 받기도 했다.

물론 방송의 역기능은 보완돼야 하지만 최소한 TIE 관점에서는 반문하고 싶다.

"이래도 TV가 바보상자입니까?"

▷ 언론에 비친 TV활용교육

- TIE(TV활용교육)를 아시나요

"TV도 보고 논술 실력도 키우는 TIE가 주목받고 있다. TIE란 TV활용교육(Television In Education)의 약자. NIE가 신문에 실린 정보를 활용해 교육적 효과를 얻는 것이라면 TIE는 TV 프로그램 시청을 통해 TV 바로 보기, 논리적 글쓰기, 올바른 가치관 형성 등을 도모하는 교육이다."(미디어오늘, 2006. 12. 7.)

"KBS TIE 시청 소감 공모의 심사위원인 최미숙 상명대 국어교육과 교수는 'TV 프로그램에서 제시된 문제 제기와 어젠다를 주체적인 관점에서 분석하고 비판하면서 논술하는 것은 교육적으로 상당한 의미가 있다'고 평가했다."(PD 저널, 2008. 8. 13.)

KBS는 교육인적자원부와 공동으로 2006년의 경우 4차례에 걸쳐 전국 중·고교생을 대상으로 TV활용교육 시청 소감을 공모했다.

〈환경스페셜〉, 〈역사기행〉 등 KBS의 공익적인 프로그램을 대상으로 시청 소감을 접수해 총 40명을 선발했고, 12월1일 TIE 결선대회를 가졌다. 이날 대회에서는 성남 낙생고 1학년 이지후 학생이 대상인 부총리 상과 장학금 100만 원을 받았다.

수상자들은 TIE미디어교육 워크숍에 참여하고 KBS1TV 〈TV 비평 시청자데스크〉에 출연해 TIE 교육 효과를 설명하기도 했다.

▷ TIE 이후 청소년 TV시청 행태 달라지나

해를 거듭할수록 청소년을 대상으로 한 TV활용교육의 기획 의도가 살아나고 있다.

청소년들이 TV프로그램을 단순히 흥미 위주로 아무런 생각 없이 시청하는 행태에서 벗어나 TV 시청을 통해 분석력과 사고력, 논리력, 판단력을 배양하는 교육적 효과가 나타났다. 이제 학교와 학부모의 학생과 자녀에 대한 TV 시청 지도도 달라진다. 공부에 방해가 된다며 무조건 못 보게 했던 것에서 벗어나 학습효과가 뛰어난 유익한 고품질 콘텐츠는 선별적으로 자녀들과 함께 시청하는 행태로 바뀌고 있다.

TV활용교육의 기획의도가 살아나 공영방송 KBS의 미션 수행으로서도 긍정적 평가를 받게 된다.

2 〉 학생효도대상(청소년 효 문화 캠페인)

▷ 캠페인 차원 '효행 실천 학생 시상' 제안

"고등학교 3학년 우등생이 '전국 1등'에 대한 강요를 못 이겨 어머니를 살해하는 사건이 발생해 충격을 주고 있다."

"고교생이 아버지를 흉기로 찔러 숨지게 하는 등 10대 패륜 범죄가 잇따르고 있다."

실제 발생했던 사건으로 언론에 보도된 내용이다. 청소년의 패륜 범죄가 도를 넘고 있다. 범죄 자체가 청소년들이 저질렀다고 보기 어려울 정도로 잔인해 충격을 주고 있다.

이런 현상을 보며 솔루션이 없을까를 고민했다.

패륜 범죄를 줄이기 위해 충효의 고장답게 효행을 실천하는 모범 청소년을 선발해 이들을 표창하는 방안이 아이디어로 떠올랐다. 그 수범사례를 롤 모델로 제시해 교육에 활용해 보자는 취지였다.

효행을 강요하는 주입식 교육이 아니라 본보기를 내세워 보여주는 것이 더 효과적일 것이라는 생각도 들었다.

때마침 2003년 1월 KBS 청주방송총국을 방문한 김천호 교육감(2005년 별세)에게 청소년교육 실천운동으로 효행대상 제도의 필요성을 설명하자 적극적인 공감의 뜻을 표한다. 캠페인 차원에서 KBS와 충청북도교육청이 공동 주최하는 것이 어떻겠느냐고 제안하자 교육감은 즉석에서 좋은 의견이라며 흔쾌히 수락했다.

교육청 차원에서도 청소년 선도가 절실했는데 공영방송에서 이를 먼저 제안한 것에 대해 고마워하며 이를 즉시 시행하겠다고 약속했다. 곧이어 담당 장학관이 보도국장인 필자를 찾아와 세부 방안을 논의해 일사천리로 추진됐다.

교육청에서는 학교에 공문을 보내 효행을 실천하는 모범학생을 추천할 것을 알리고 학교에서는 공적서를 보내왔다. 이 가운데 현지실사를 통해 수상자를 엄선한다.

수상자의 우수사례는 KBS방송으로 알리고, 교육청은 수범사례 책자를 만들어 교재로 활용했다.

그때 뿌린 아이디어 씨앗은 20년 가까이 지난 지금도 계속 이어져 효행이라는 소중한 불씨를 피워 가고 있다.

▷ 언론에 비친 '충북학생 효도대상'

- 아버지에 간 이식 학생에 섬김상, 학생 효도대상 시상

"충북도교육청 화합관에서 7일 오전 '제10회 충북학생 효도대상' 시상식이 열렸다. 시상식에서는 섬김상 2명, 사랑상 1명, 효행상 5명 등 8명의 학생이 수상했다. 섬김상을 받은 매괴고 공민석 학생은 간경화를 앓고 계시는 아버지를 위해 자신의 간 70%를 이식했을 뿐 아니라, 지체장애 1급인 할아버지도 지극한 정성으로 모시고 있다."(충청신문, 2012. 5. 7.)

3 〉 KBS 최초 과학 대하드라마 〈장영실〉 제작 제안

주말에 방송되는 대하드라마는 정통사극으로서 KBS 정체성을 드러내는 대표적인 콘텐츠였다.

〈용의 눈물〉(1996), 〈태조 왕건〉(2000) 〈정도전〉(2014)을 비롯해 〈불멸의 이순신〉(2004), 〈징비록〉(2015), 〈무인시대〉(2003), 〈왕과 비〉(1998) 드라마가 주말이면 시청자들에게 선보였다.

그런데 드라마 스토리는 긍정적인 소재도 있었지만 궁중의 암투와 갈등 구조, 전쟁, 국가의 패망 등 부정적인 것이 많았다.

그렇다면 궁중의 무대를 벗어나 민생, 과학, 도전, 꿈을 어필할 대하드라마 소재는 없을까. 그때 떠오른 소재가 바로 장영실이었다. 미천한 신분으로 태어나 평생을 노비로 살 뻔했으나, 궁에 들어가 15세기 조선의 과학기술을 세계 최고로 만들어낸 천재 과학자 장영실의 일대기를 그려 보면 화제가 될 수 있겠다는 생각이 든 것이다. 이제는 개천에서 용이 난다는 말도 퇴색된 상황에서 청소년들에게 꿈을 심어주고 도전정신과 창조정신을 불러일으킬 긍정적인 소재로 판단됐다.

이 아이디어는 사장과의 독대 자리에서 보고된다. 콘텐츠 개발에 고심하던 PD 출신 조대현 사장은 보고서를 보자마자 책상에서 일어선다. 그리고 "바로 이거야!" 하며 반색을 한다. 아이디어를 칭찬했다. 곧바로 첫 과학 대하드라마가 시도된다.

〈장영실〉은 2016년 1월 2일부터 2016년 3월 26일까지 24부작으로 KBS1TV 대하드라마로 방송됐다. 장영실 역에는 송일국, 세종 역에 김상경, 태종 역에 김영철 탤런트가 탄탄한 연기력으로 열연했다. 높은 시청률을 보이며 콘텐츠를 수출하기까지에 이른다. 청소년을 자녀로 둔 가정에서는 온 가족이 함께 시청해 화제를 모았다.

드라마에서는 조선의 과학자 장영실에 대한 새로운 내용이 드러나면서 재조명됐다.

시간을 알려주는 물시계인 자격루를 우리나라 최초로 만든 장영실은 재능이 뛰어났으나 신분이 비천했다. 동래현의 관노 출신이었다. 부친은 원(元)나라 소주·항주 출신이고, 모친은 기녀였다고 전해진다. 과학기술 발전에 힘쓴 장영실은 세종의 총애를 받아 정5품 상의원 별좌가 되면서

관노의 신분을 벗었고 궁정기술자로 활약했다. 장영실의 천부적인 재능과 함께 이를 백성이 이롭게 적극 활용하도록 한 세종대왕의 혜안이 돋보인 드라마였다.

홍보실장의 제안이 대하드라마 소재로 활용된 것에 대한 보람을 느꼈다.

3장 언론이 반대하면 정책 무산?
'언론의 영향력' 검증

1 〉 '언론의 보도와 정책 변화 영향력' 실증 연구

기자 생활을 하면서 언론의 영향력, 파급력이 크다는 사실을 경험적으로 실감했다. 그러나 이를 이론적으로 체계적으로 정립해 놓은 결과는 찾기 어려웠다. 언론의 역할과 그 영향력을 실증적으로 분석한 선행연구가 당시에는 거의 없었다.

이에 따라 국가의 미래와 국민생활에 결정적 영향을 미치는 정책결정 과정에서 언론의 역할이 어느 정도 작용하는지가 저널리스트로서 궁금했다. 실제 사례 연구를 통해 이론적 학문적으로 이를 정립해 보자는 의도에서 시도된 것이 박사학위 도전이었다.

1985년 주경야독으로 연세대 행정대학원에서 언론홍보 전공으로 석사학위를 받은 지 15년이 지난 시점이었다.

▷ 힘들었던 논문 작성, 드디어 박사학위 결실

청주대학교 신문방송학과에는 석사과정은 있었으나 당시 박사과정이 없었다. 부득이 행정학과에서 정책학을 전공하면서 정책과 언론 분야를 통섭하는 연구 과정을 거쳐야 했다.

주말 오후 강의도 들어가며 박사과정의 학점을 이수하고 제2 외국어 시험, 종합시험까지 통과했다. 이제 남은 것은 논문 작성이었다.

기자 생활의 실무경험을 바탕으로 박사학위 논문 작성이 시도됐으나 학문의 길은 멀고도 험난했다. 바쁜 현업과 일정 속에 논문 작성이 어려웠다. 주로 새벽 시간을 활용해야 했다. 학문의 힘든 수련 과정을 톡톡히 치른 셈이다.

완성된 논문은 도표와 인용된 기사 아이템만 130개에 이르고 300쪽 분량이었다. 박사학위 수여식에서 '축하한다'는 말보다 '고생 많았다'는 격려의 말에 더욱 공감이 갔다.

과정은 힘들었으나 그 열매는 유익했다. 박사과정에서 연마한 학문적 수련과 이론의 토대는 저널리스트 전문성 강화로 이어져 중견 언론인으로서 업무를 수행하는 데 큰 도움이 됐다.

2 〉 핫이슈 정책사례, 주요 언론기사 분석

2003년 통과된 박사학위 논문은 〈정책이슈의 특성에 따른 언론보도 행태와 영향력에 관한 연구〉이다. 이 연구의 분석 대상은 당시 사회적으로 큰 이슈가 됐던 4가지 사례였다.

시화호 오염, 의약분업, 핵폐기물 처리장 설치 등 세 가지 사례에 지방의 첨예한 갈등 이슈였던 경북 용화온천 개발사업(1991년 착공)이 포함됐다.

언론 영향력을 검증하는 방식은 사례 연구였다. 언론의 보도의 양과 질에 따라 정책 방향이 어떻게 달라졌는지를 살펴보는 방법이다.

기사 형태가 리포트 또는 스트레이트인지, 뉴스 길이, 뉴스 형식(팩트 보도, 기획, 해설), 보도 횟수, 라인업 순서를 꼼꼼히 살폈다. 이른바 언론 보도의 양(Quantity)과 질(Quality)을 살펴보는 정량(定量) 평가와 정성(定性) 평가가 활용됐다.

조사 대상은 신문의 경우 메이저 신문이라 불리는 《조선일보》, 《중앙일보》, 《동아일보》, 그리고 진보 성향을 띤 《한겨레신문》이었다.

방송은 시청률이 높게 나타나는 지상파 방송 뉴스로 KBS 9시뉴스, MBC 뉴스데스크, SBS 8시뉴스가 분석대상이었다. KINDS(언론재단의 '종합뉴스 데이터베이스')를 통한 자료 검색도 활용됐다.

3 〉 언론이 반대하면 정책 무산?

정책의 이슈의 특성에 따라, 언론보도의 행태에 따라 정책의 성패가 어떻게 나타났는가가 관심거리이자 분석 대상이었다. 그 영향력을 구체적으로 살펴본다.

(1) 시화호 오염

"시화담수호는 죽음의 호수"
"주먹구구식 전시행정의 표본"
1996년 4월 25일 SBS 8시뉴스 톱으로 보도된 특종이 시화호 이슈의 신호탄이었다.

동양 최대 인공호수로 담수호인 시화호에 생활하수와 인근공단의 유독 폐수까지 마구 흘러들어 썩어 가고 있었다. 최악의 오염 사태를 빚는 모습이 현장의 생생한 영상으로 방송되자 사회에 큰 충격을 준다.

뒤이어 '시화호가 죽어 간다'(조선일보), '졸속개발이 만든 거대한 시궁창, 시화호 무엇이 문제인가'(동아일보) 기획기사가 잇따른다.

이어 정부가 움직인다. 첫 보도 후 환경부가 시화호 수질 개선 관계 기관 회의를 긴급 소집하고 감사원은 특별감사에 나선다. 결국 정부는 2001년 2월 11일 시화호 담수화 계획을 전면 포기한다. 언론의 지속적인 보도로 정책이 백지화된 대표적 사례이다.

(2) 의약분업

1998년을 뜨겁게 달군 의약분업 이슈는 참여연대의 약값 비리 폭로와 이를 이슈화한 언론보도로 촉발된다.

KBS는 11월 12일 9시뉴스에서 "연간 1조 폭리, 국민만 봉"이라는 아이템을 심층 보도한다. 보험약가를 부풀려 책정해 의료보험 재정 손실이 연간 1조 2천억에 이르고 약값 바가지로 결국 의료소비자인 국민만 손해를 본다는 내용이었다. 이어 "의료보험 약값 바가지", "해도 너무한 약값 폭리", "보험약가 더 내려라" 등 언론보도가 잇따른다. 의약분업 문제가 전 국민의 관심사로 촉발된다.

약품의 오용, 남용을 방지하고 질 높은 의료 서비스로 국민 건강을 증진하자는 것이 제도의 취지였다. 환자 진료 과정에서 처방은 의사가, 의약품 조제는 약사가 맡게 하자는 것이 골자이다. 추진 과정에서 의사와 약사의 힘겨루기가 계속되자 언론은 '국민 건강을 볼모로 밥그릇 싸움'이라는 논조로 비판을 거듭한다.

지루한 논란과 우여곡절 끝에 결국 2000년 7월 1일 의약분업은 시행된다. 언론의 이슈화로 정책이 시행된 사례이다.

(3) 안면도 핵폐기물 처분장 설치

안면도 핵폐기물 처분장 이슈는 언론의 보도로 시작된다.

1990년 11월 3일 《한겨레신문》과 《동아일보》는 "안면도에 핵폐기물 처분장 설치" 기사를 싣는다. 언론의 보도는 곧 주민들의 반핵운동으로 이어진다. 주민들의 격렬한 시위가 반복된다. 특히 11월 8일에는 사태가 악화돼 주민 1만 5,000명이 궐기대회를 열고 초중고교 학생 3,000여 명이 등교를 거부한다.

이 기간 언론보도는 안면도 사태의 원인이 정부의 속임수 밀실행정으로 빚어졌다고 비판하면서도 주민의 지역 이기주의와 폭력 방화 등 시위의 과격성을 비판하는 양비론적 양상을 보이기도 했다.

정근모 과학기술처 장관은 11월 8일 안면도 핵폐기물 처분장 설치 백지화 방침을 발표했다. 하루 뒤 장관은 물러났다. 2년 5개월간 지속됐던 안면도 반핵운동은 1993년 봄 '안면도 핵폐기장 백지화 승리기념 주민화합 큰 잔치'로 막을 내린다.

이 세 가지 정책사례는 당시 언론의 영향력을 보여 주는 대표적인 사례이다.

언론은 이처럼 이슈를 촉발하거나 확산시키고 지속적인 여론형성을 통해 정책 결정에 이르게 하거나 정책 실패를 가져오게도 한다.

4 〉 언론의 영향력, 사례 분석으로 검증

정책사례 분석 과정에서 언론의 보도 행태에 따른 영향력이 도출됐다.

즉 언론의 논조는 정책이슈의 특성이 사익적일 때보다 공익적일 경우 적극적이고, 이슈 확산의 범위가 지역적일 때보다 전국적일 경우 더 적극적일 것이라는 가설이 확인된다.

보도 방식도 TV뉴스의 리얼한 영상, 심층 리포트, 신문의 톱뉴스, 해설, 시리즈 보도 등에 따라 그 여론 형성, 어젠다 기능 역할을 좌우한다는 사실이 검증됐다.

정책 결과는 언론의 영향력과 상관관계임이 드러난 것이다.

언론의 보도 형태가 적극적이었던 시화호 개발과 의약분업 사례의 경우 언론이 의도한 대로 정책이 백지화 또는 시행 방향으로 나타난 점이 특징이다.

시화호 개발은 언론에서 환경보호라는 측면에서 시화호 담수화 문제점을 심층 고발함으로써 이슈를 촉발하고 확산시켜 결국 정책의 완전 백지화를 이끌어냈다.

의약분업의 경우도 언론의 논조가 정책지지 성향을 일관되게 보임으로써 정책 결정과 시행에 상당한 영향요인으로 작용했다는 분석이 나온다.

- 8편 -

말의 힘, 긍정의 메시지

1장 말한 대로, 믿는 대로 이뤄진다

▷ '꿈은 이뤄진다' 월드컵 4강 진출

2002 월드컵에서 믿기지 않는 일이 벌어진다. 한국팀이 포르투갈, 이탈리아, 스페인 등 우승후보를 잇달아 무너뜨린다. 월드컵 4강 신화가 탄생된다.

월드컵 축구대회 사상 최대의 이변을 이뤄낸 2002년은 역사적 한 해로 기록된다. 전 국민이 열광했다. 붉은 악마를 중심으로 "대-한민국" 함성이 울리고 길거리 응원이 펼쳐졌다. 수많은 인파가 〈오 필승 코리아〉를 합창하고 '꿈은 이뤄진다'를 목청껏 외쳤다. 골인되면 지나가는 차량이 경적을 울리고 아파트에서는 함성이 울렸다. 커피를 공짜로 대접하는 카페도 등장한다. 사람들은 기쁨의 눈물을 흘리고 자신감이 넘쳤다.

국민이 하나로 뭉쳤다. 이 감동의 물결이 이후 우리나라 변화의 원동력으로 작용하게 된다. '하면 된다'는 필승의 일념이 4강의 기적을 이뤄낸 것이다.

▷ '꿈을 이룬' 오바마, 만델라 흑인 대통령

꿈을 싹틔운 역사적 순간이 있었다. 1963년 8월 28일, 미국의 수도 워싱턴 DC 링컨기념관 광장에 20-30만을 헤아리는 엄청난 군중이 모였다. 그날 링컨 기념관 발코니에서 마틴 루터 킹 목사는 군중들 앞에서 "나에겐 꿈이 있습니다(I have a dream)."라는 유명한 연설을 했다.

"나에게는 꿈이 있습니다. 언젠가 이 나라가 모든 인간은 평등하게 태어났다는 것을 자명한 진실로 받아들이고, 그 진정한 의미를 신조로 살아가게 되는 날이 오리라는 꿈입니다."

당시로서는 믿기지 않던 흑인 인권운동 지도자 킹 목사의 꿈은 이미 실현되고 있었다. 2008년, 미국의 첫 흑인 대통령 오바마가 당선되는 기적이 일어난다. 이보다 앞서 1994년에는 27년 만에 출소한 인권운동가 넬슨 만델라가 남아프리카 공화국 최초의 흑인 대통령으로 취임했다. 95세에 타계한 그의 일생은 저서 제목대로 '자유를 향한 긴 여정'이었다.

▷ '소년의 꿈' 기록이 '대통령'으로

1970년 어느 날 인도네시아 자카르타 시내 한 초등학교. 3학년에 다니던 한 곱슬머리 흑인 소년이 작문 시간에 글을 쓴다. "나의 꿈은 미국 대통령", 이 흑인 소년이 바로 44대 미국 대통령에 당선된 오바마였다. 흑인 소년의 꿈이 마침내 이뤄진 것이다.

'미래의 대통령 김영삼', 김영삼 소년이 중학교 시절 하숙집 책상머리에 직접 써 붙인 붓글씨이다. 어린 김영삼은 하루에도 몇 번씩 이 글을 쳐다보며 각오를 되뇌곤 했다. 소년 YS의 꿈은 그로부터 꼭 46년 만에 현실이 된다. 1993년 2월, 14대 대한민국 대통령에 취임한다.

소년 김영삼, 곱슬머리 흑인 소년 오바마의 사례는 '기록하면 그대로 이뤄진다'를 입증하는 좋은 본보기이다.

▷ 노벨상 꿈이 현실로, 수상자석 예약 60년 후 수상

"저 노벨상 타게 됐어요(I won the Nobel Prize)."
"오, 이런 세상에. 결국 해냈구나! 축하한다, 내 아들."

2023년 노벨 생리의학상을 받게 된 드루 와이스먼(64) 미국 펜실베이니아대 의대 교수와 부모의 전화 통화는 감동적이다.
mRNA 백신 개발에 기여해 코로나 대유행에서 인류를 구한 공로가 인정돼 노벨상 수상자로 결정됐다는 연락을 받자 부모님에게 이 기쁜 소식을 가장 먼저 전한 것이다.(조선일보, 2023. 10. 24.)

아들과 부모가 남다른 기쁨을 나누게 된 사연이 분명 있었다.
와이스먼 교수의 부모는 그가 다섯 살 때 노벨위원회가 있는 스웨덴 스톡홀름을 방문했다. 당시 가이드의 안내로 노벨상 시상식이 열리는 강당에 들어가 본 그들은 "여기 두 자리 예약해 주세요."라고 말했다고 한다. 부모님은 이후 와이스먼에게 종종 그 이야기를 들려주곤 했다. 와이스먼은 이를 잊지 않았다.

그 후 코로나 백신 개발에 성공해 당당히 노벨상 수상의 영예를 안게 된 것이다.

노벨상 시상식 자리를 예약하는 부모의 말 한마디가 자식의 성취동기를 자극해 결국 세계 최고 권위 있는 상을 받게 된 것이다.

'말의 힘, 긍정의 힘'이 얼마나 중요하고 큰 씨앗이 되는지를 여실히 보여 주는 대표적인 사례이다.

▷ 출연료 1,000만 달러 꿈을 이룬 배우 지망생 짐 캐리

성공한 사람들의 대부분은 단순히 꿈만 꾼 것이 아니다. 자신의 꿈을 시각화(Vivid)한 후 생생하게 꿈꾸어(Dream) 결국에 이루어낸(Realization) 즉 R=V+D 법칙을 실천한 사람들이다.

캐나다 출신의 세계적인 영화 명배우 짐 캐리도 이 성공법칙을 통해 성공한 사람이다. 아픈 어머니를 돌보던 그는 1990년 어느 날, 유명한 영화배우가 되어 어머님의 병을 고치고 싶다는 마음에 할리우드로 길을 떠났다.

그는 배고프고 힘든 생활 속에서도 유명한 영화배우가 되고 싶다는 꿈을 버릴 수 없었다.

그는 간절한 소망을 문구점에서 산 수표 용지에 적는다. '1995년 추수

감사절 전까지 할리우드 영화사로부터 1천만 달러를 받는 영화배우가 될 것이다'라는 내용이었다.

그는 자신의 꿈을 잊지 않도록 수표 용지를 보며 수시로 큰 소리로 읽으며 생생하게 꿈을 꾸었다.

마침내 1995년이 되었을 때 그는 〈덤 앤 더머〉(Dumb and Dumber)라는 영화의 출연료로 7백만 달러를 받는다. 연이어 〈배트맨〉의 출연료로 1천만 달러를 받았다. 그때가 바로 추수감사절이었다.

▷ "병과 치료는 마음먹기에 달렸다"

외과전문의이자 자연치료 의학 권위자인 전홍준 박사는 마음먹기에 따라 난치병을 약 없이도 고칠 수 있다고 주장한다. 즉 "나는 건강해, 풍요해, 행복해, 감사해"를 그냥 습관처럼 하루에 수백 번 말을 하거나 생각하면, 그냥 놀이처럼 하다 보면 점점 건강하고 풍요롭고 행복한 사람이 된다는 것이다.(전홍준, 《비우고 낮추면 반드시 낫는다》, 2017)

자신의 염원이 '이미 이뤄졌다'고 단정하라는 주문도 있다.

'나는 이미 완치됐다'라고 선언하면 환자의 난치병이 완쾌되는 놀라운 결과가 나타났다고 전 박사는 주장한다.

▷ 가수 운명, 노랫말처럼 된다

'말한 대로 된다'는 것을 입증하는 조사 결과가 눈길을 끈다. 가수의 노래 가사와 그의 운명을 조사한 결과이다.

1987년 창립된 대중가요 작사가들의 모임인 '한국노랫말연구회'에서 히트곡과 가수 운명의 상관관계를 발표했다. 가수 100명을 대상으로 조사한 결과, 놀랍게도 91명의 가수가 자신의 히트곡에 나오는 가사와 삶이 같았다는 것이다. 특히 요절한 가수들은 한결같이 죽음과 연관된 노래를 불렀다.

배호, 차중락, 김현식, 김광석 가수가 노랫말처럼 젊은 나이에 세상을 떴다. 반대로 좋은 가사로 노래를 불러 인생이 역전된 가수도 있다.

〈해뜰날〉의 송대관, 〈만남〉의 노사연, 〈나는 행복합니다〉라는 노래를 부른 윤항기 가수가 좋은 예이다.

가수가 노래 한 곡을 취입하기 위해서는 같은 노래를 여러 번 반복해야 한다. 그 노래에 자신의 감정을 최대한 실어야 한다. 그러다 보니 그 노래의 가사가 자신의 잠재의식 깊은 곳에 투영돼 그 노래의 가사대로 되어간다는 것이다.

노래방에 가서도 슬픈 노래보다 즐겁고 신나는 노래를 불러야 하는 이유이다.

2장 '말이 씨가 된다' 긍정의 말로 바꿔라

▷ 말이 운명을 만든다

'말이 씨가 된다'는 우리 옛말이 실감이 난다. 말은 그 사람의 생각이고 넋이고 운명이다. 그 말이 씨앗이 되어 나를 만들어 간다. 어제 뿌린 말의 씨앗이 오늘의 나를 만들고, 오늘 뿌린 말의 씨앗이 내일의 나를 만든다.

미국의 뇌과학 전문가들은 "인간의 뇌세포의 230억 개 중 98%가 말의 영향을 받는다"는 연구 결과를 발표했다.

"인생은 될 대로 되는 것이 아니라 생각대로 되는 것이다."
조엘 오스틴이 《긍정의 힘》에서 말한 내용이다.

▷ 긍정적 메시지의 효과

"사람은 말한 대로 된다. 말이란 자신에게 하는 예언이다."(조엘 오스틴) 확신과 믿음, 신념, 긍정과 적극적 사고방식이 우리 신체와 미래에 영향을 미친다.

긍정적 메시지의 효과는 임상 실험에서도 입증됐다. 말하는 대로, 생각한 대로 플라시보 효과와 노시보 효과가 나타났다. 긍정적인 믿음이 있는 상태에서 가짜 약을 먹을 경우 실제 진통 효과를 보는 현상을 플라시보 효과(placebo effect)라고 부른다. 자기암시 효과, 위약(僞藥) 효과이다.

▷ 긍정의 말을 해야 한다

국내 최초의 생태학자인 최재천 교수는 '실패하는 입버릇'을 '성공하는 입버릇'으로 바꾸는 순간 인생이 180도 달라진다고 주장했다.

'살면서 절대로 해서는 안 되는 말'로 세 가지를 꼽았다. '바쁘다', '힘들다', '죽겠다'이다.

반면 "오늘 컨디션 최고야!" 아침에 일어나 이렇게 크게 외치면 실제로도 최고의 컨디션이 된다. "오늘은 왠지 큰 행운이 올 것만 같다.", "나는 뭐든지 할 수 있다." 빌 게이츠가 하루에 두 가지 자기최면을 걸었듯이 몸과 마음은 늘 입을 따라다닌다.

'머피와 이혼하고 샐리와 결혼하라'(이동규 교수)는 말도 있다. 일이 꼬이기만 하는 부정적 '머피(Murphy)의 법칙'을 멀리 하고 그 대신 유리한 일만 일어나는 긍정의 '샐리(Sally)의 법칙'을 가까이해보자는 제언이다.

일체유심조(一切唯心造). 불경 화엄경에 나오는 문구이다. "모든 일은 마음먹기에 달려 있다. 모든 것은 마음먹은 대로 이루어진다."라는 의미이다.

3장 말하기, 스피치도 기술이다

언론과 홍보 분야, 정책방송 심의 업무를 거치는 40여 년간 효과적인 메시지 전달과 스피치 전략은 늘 염두에 둔 화두였다.

취재기자, 데스크, 앵커, 홍보맨으로 일선을 뛸 때도 이론적, 경험적 토대를 쌓으려 노력해 왔다.

'무엇을 말하는가'보다 '어떻게 말하는가'가 더 중요하다는 말이 있다. 메시지 전달의 성공은 말하기, 스피치 테크닉에 달렸다. 이를 효과적으로 전달하기 위해서는 커뮤니케이션 과정에서 '무엇을(What)' '어떻게(How)' 해야 하는지가 관건이다. 스피치 노하우를 실무 경험과 이론을 바탕으로 살펴보고자 한다.

▷ 상대방 분석, 관심사 파악이 필요하다

상대를 알아야 하는 지피지기(知彼知己) 전략은 커뮤니케이션에도 필요하다.

기획력과 발표력을 가늠하는 프레젠테이션처럼 '3P(Purpose, People, Place)' 분석이 필수다. 무엇을 위해 스피치를 하는지, 누구를 대상으로 하는지, 어떤 환경에서 하는지에 대한 분석을 철저히 해야 한다.

스피치나 대화에서 관심을 이끌기 위해서는 상대방의 관심사(Want & Needs)를 다뤄야 한다. 청중들이 무엇을 듣기를 원하는지를 먼저 파악해야 한다. 그 장소나 주최 측의 니즈를 살펴야 한다. 요즘 청중은 재미있고 유익하지 않으면 바로 눈길을 돌린다.

'인생은 수시로 우리를 저울에 단다'는 말이 있듯이 '청중들은 수시로 화자를 저울에 단다'는 점을 유념해야 한다.

▷ 첫마디, 첫 문장에서 판가름 난다

말과 글의 성패는 첫마디, 첫 문장에서 판가름 난다.

출발에서 실패하면 독자와 청중은 떠난다. 그런 점에서 "말과 글의 시작은 유혹(誘惑)이어야 한다. 치명적인 유혹이면 더욱 좋다. 그래야 마지막 말까지 집중해서 듣는다."(강원국, 《대통령의 글쓰기》, 2017)

드라마도 첫 회 5분에서 성공 여부가 결정된다. 시청자들은 인내심을 갖고 기다려 주지 않는다. 작가와 제작진이 오프닝 부분에 온 힘을 쏟는 이유이다.

오디션 경연에서도 첫 소절에서 결판난다. 처음부터 호기심을 자극해야 한다.

▷ "읽지 말고 말하세요"

한 오디션 프로그램에서 심사를 맡은 가수 박진영은 "말하듯이 노래하라"는 주문을 자주 한다. 그래야 감동이 전달된다는 것이다. "자기 목소리로 노래하라"는 주문도 이어진다. 남의 목소리나 스타일을 따라 했다가는 혹평을 면치 못한다. 자신만의 강점, 특성, 퍼스낼리티를 살리라는 주문이다.

스피치의 경우에도 연설문을 낭독하는 식으로 하는 경우가 적지 않다. 심지어 앵커와 기자의 대담에서도 원고를 읽는 식으로 진행하기도 한다. 읽지 말고 자연스럽게 말을 해야 한다. 그래야 메시지 전달력과 소구력을 높일 수 있다.

▷ 노래하듯, 연주하듯 말하라

강약과 리듬이 청중을 몰입시킨다.

음대 출신인 김미경 아트스피치 원장은 '비주얼로 포장하라'고 주문한다. 말의 강약과 높낮이를 노래처럼 리듬을 실어 조절하라고 말한다. 강의는 진정성을 담은 메시지를 악보처럼 강약과 높낮이로 표현해야 한다. (김미경, 《김미경의 아트스피치》, 2010)

손발을 움직이는 제스처도 중요하다. 때로는 제스처가 말보다 강하다. 몸짓언어가 자연스럽게 스피치와 어우러질 때 청중은 환호하고 감동하게 된다.

▷ 메시지는 명쾌하고 간결해야 한다

하수는 길고 어려운 글을 쓰지만 고수는 명쾌하고 심플한 글을 쓴다. 이름난 명강사의 말은 명확하고 간단명료하다. 장황하고 군더더기가 많은 말이나 글은 전달력이 떨어진다. 자칫 왜곡되거나 오해를 부를 수도 있다. 방송이나 신문 기사 문장도 짧은 문장이 신선하고 산뜻하다. 의미 전달이 잘된다.

성공한 슬로건, 연설, 광고, 인터뷰를 분석한 결과 6가지 공통점이 발견됐다.

감성(Emotion), 신뢰성(Credibility), 단순성(Simplicity), 구체성(Concreteness), 의외성(Unexpectedness), 스토리(Story) 등이다.

광고 구비 요건 3S에도 단순성이 들어 있다.

광고 이미지는 전달력이 강해야 하고(Strong), 단순해야 하며(Simple), 현명하게(Smart) 사람들의 시선을 단번에 끌어야 한다는 것이다.

스티브 잡스의 단순화 5원칙에도 커뮤니케이션(소통)의 단순화, 디자인의 단순화('less is more')가 들어 있다. 메시지가 단순해야 한다는 점을 강조한 점에서 일맥상통한다.

▷ 자신만의 독특한 경험을 녹여내라

커뮤니케이션 과정에서는 테크닉 못지않게 콘텐츠가 중요하다. 말의 기술과 함께 메시지의 내용도 알차야 한다. 메시지에는 자신만의 독특한 삶의 경험, 지식, 지혜를 녹여 넣어야 소구력을 높일 수 있다. 유명한 사람이나 출판물의 어록을 인용하는 것이 때로는 상투적으로 보일 때가 있다. 자신만이 겪은 생생한 경험담과 사례가 공감을 부르고 감동으로 다가온다.

마케팅 전략에서는 '나은' 것보다 '다른' 것이 이긴다는 속설이 있다. 그래서 기업은 '차별화'에 포커스를 맞춘다. '나만의 특성, 강점을 어필하라' 이것이 정답이다.

▷ 유명 사례나 에피소드를 인용한다

2013년 가을, KBS 임원과 주요 국장급 간부가 참석한 가운데 비상경영대책회의가 열렸다. 경영위기를 맞고 있으나 노사 간 첨예한 갈등은 악화되고 있었다. 당시 홍보실장이었던 필자는 "노사 간 화합으로 뭉쳐야 어려움을 이겨낼 수 있다"며 남극 펭귄 사례를 인용했다.

남극 펭귄은 '뭉치면 살고 흩어지면 얼어 죽는다'는 것을 본능적으로 알고 있었다. 생존 전략으로 겨울이 오면 펭귄 수천 마리가 2cm 틈새를 넘지 않게 밀착해 움직였다. 동료끼리 따뜻한 체온으로 강추위를 이겨내는 것이다. 산적한 현안을 앞두고 있는 KBS 노사도 화합과 단결만이 살 길이라는 메시지가 담긴 호소였다. 남극 펭귄 사례를 인용한 스피치는 주효했다. 장내는 숙연해지고 호소력 있는 제안이었다는 호평이 이어졌다.

인기 강사일수록 자신이 겪은 경험담이나 가족 에피소드로 스토리를 풀어 나간다. 김미경 인기 강사, 장경동 부흥 목사, 황창연 신부도 경험담이나 주변 이야기로 쉽게 스피치를 전개해 몰입도를 높인다. 자기 자랑뿐만 아니라 때로는 시행착오, 셀프 디스(self-dis)도 마다하지 않는다. 일단 재미있어야 흥미를 유발하고 상대방의 관심을 끌 수 있다.

▷ "책에서 얻은 사례를 양념으로 써라"

스피치강사 김미경 아트스피치 원장은 "강연이라는 것은 책 300권을 1시간 분량으로 먹기 좋게 요리해서 입안에 쏙 넣어주는 것과 같다"고 말한다. 그러자면 책의 핵심 내용을 추려 내고 구체적인 사례를 끄집어 내 양념으로 써야 한다.

스피치 구성 A-B-A 포맷도 소개한다. 오프닝과 클로징을 노래 가사처럼 반복하는 형식이다. 오프닝에서 언급했던 주요 내용을 클로징에서 요

약하고 다시 한번 강조하는 화법이다.(김미경, 《김미경의 아트스피치》, 2010)

▷ 대화도 '거래'이다

'주는 것과 받는 것'에 대한 단어가 동서양이 같다. give & take와 거래(去來: 갈 거, 올 래) 단어의 배열이 동일한 것이 놀랍다. 주어야만 오는 것이다. 주었기 때문에 받고, 받았기 때문에 주는 것이다. 술자리에서도 술잔을 권해야 내게도 잔이 온다.

대화도 마찬가지다. 먼저 상대방의 말에 귀를 기울여 잘 들어야 한다. 경청이 기본이다. 또한 상대방에게 말할 기회를 주어야 한다. 대화는 주고받는 것이지 혼자 말하는 것이 아니다.

'대화의 1-2-3법칙'도 화술의 기법이다. "1분 말하고 2분 듣고 3분 맞장구쳐라. 좋다고, 잘했다고 추임새를 넣어라."이다.

'가는 말이 고와야 오는 말이 곱다'는 속담도 있다. 좋은 말만 골라서 해야 하는 이유이다.

- "커뮤니케이션은 탁구 아닌 배구"

윌리엄 반스 예일대 커뮤니케이션 센터장이 밝힌 스피치 노하우이다. "커뮤니케이션은 탁구가 아닌 배구처럼 해야 한다."

대화를 속공으로 돌려보내는 대신 성의를 다해 귀 기울이는(receive) 인상을 줘야 한다는 것이다. 탁구에서 공을 속공으로 돌려보내듯 즉시

답하는 대신에, 잘하는 배구처럼 좀 더 시간을 끌어도 된다.

'말'보다 '의중'(意中)을 읽어야 하는 경우도 있다. 속뜻을 간파(看破)하는 것도 실력이자 능력이다. 'NO'라고 말하지 않는 능력도 필요하다. 우선 'Yes'로 긍정하고 'But'으로 반론하면서 상대방 의견을 존중하는 태도를 보여 주는 것이 커뮤니케이션의 노하우이다.

▷ 청중과 교감을 해야 한다

연설을 할 때는 말하는 사람의 표정과 동작이 살아 있어야 청중과 교감을 높일 수 있다. 청중 이름을 언급하는 것도 친밀감을 높인다. 청중과 시선을 맞추는 것이 기본이다.

또한 청중의 공감을 유도하는 질문형 스피치도 공감을 높인다. 유세장에서 후보들은 곧잘 이런 화법으로 유권자의 박수와 호응을 유도한다.

"…정책에 대해 이렇게 하려고 하는데 여러분도 동의하십니까?"

대화할 때도 노하우가 있다. 우선 맞장구를 쳐 주자. 상대방을 인정하고 높여 주는 맞장구는 멋진 인간관계를 만들어 준다. 그리고 상대방의 말을 들으며 고개를 끄덕여 주는 리액션도 효과적이다. 상대방의 좋은 점을 칭찬해라. 평강공주의 칭찬과 격려가 바보 온달을 장군으로 만들었다.

▷ "너 힘들었지?", "얼마나 억울하십니까?"

상대방과 공감을 해야 소통 효과를 높일 수 있다.

미국의 철강왕 앤드루 카네기의 자서전을 보면 자신이 일생에서 가장 많이 한 말은 "너 힘들었지"였다. 카네기의 묘비명에는 "남의 마음을 잘 알아주는 이 여기 잠들다"라는 문구가 있을 정도다.

카네기는 평소 기업인들에게 강조했다. "돈을 먼저 벌기보다 사람을 먼저 벌어라. 그러면 돈은 따라 들어오게 되어 있다."

이 말은 조선시대 개성상인 임상옥에게 상술을 가르친 거상 홍득주의 훈시와 똑같았다. 경제의 이치를 터득한 지혜가 동양과 서양, 시대를 떠나 같다는 사실이 놀랍다.

실제로 옥고를 치른 경험이 있는 법륜 스님이 교도소 법회에 가면 가장 먼저 하는 말이 있다. "얼마나 억울하십니까?" 수감자들은 자신의 범행에 대한 경중보다 먼저 억울하다는 생각을 가지고 있단다. 이를 심리적으로 파고들어 '나도 수감자 편'이라는 것을 은연중 보여준 뒤 설법을 하면 교화 효과가 높아진다는 것이다.

▷ 스피치에는 논리, 인품, 감성이 어울려야 한다

아리스토텔레스는 대중을 설득할 수 있는 요건으로 세 가지를 들었다. 즉 말의 내용에 이성과 논리를 갖춰야 하고(로고스), 말하는 사람의 인품이나 성실성, 전문성에 하자가 없어야 하며(에토스), 청중의 감성과 분위기에 어울리도록 해야 한다(파토스). 이 세 가지를 갖춰야 대중을 설득할 수 있다는 것이다.

기원전 384년에 태어난 고대 그리스 철학자의 명언이 아직도 울림을 준다. 현대적 관점에서도 스피치의 요건으로 적확한 메시지가 아닐 수 없다.

연사에게 흠이 있다면 열강을 해도 청중들의 호응을 얻기 힘들다. 〈친절한 금자씨〉 영화의 이영애 배우 대사처럼 "너나 잘하세요." 반응이 나올 것이다.

▷ 옳은 말을 기분 좋게 하라

조직에서 어려운 점이 업무보다 사람과의 관계라고 말하는 사람이 많다. 그 관계는 커뮤니케이션이다. 언제나 좋은 말만 할 수는 없다. 때로는 옳은 말을 해야 할 때가 있다. 특히 상대가 상사일 경우 더욱 난감하다. 이럴 경우 어떻게 대처해야 할 것인가. 아무리 옳고 맞는 말이라도 상대방을 의식해 기분 좋게 대화하라는 것이다.

건의사항도 때로는 공식 회의보다 상사와의 면담을 통하는 것이 효과적이다.

취재과정에서도 "현장에 와 보니 부장님 지시와 어긋납니다. 얘기가 안 됩니다." 하고 직설적으로 불만을 털어놓는 기자가 있다. 반면 "내용이 처음 의도와 좀 다릅니다. 혹시 이런 방향으로 논점을 바꿔 취재하는 것은 어떨까요? 그러면 단독 보도도 가능합니다."라고 말하는 기자도 있다. 데스크 입장에서 어떤 기자에게 더 호감이 가겠는가.

▷ 관객보다 먼저 울지 않는다

"배우는 관객보다 먼저 울지 않는다"가 명작의 흥행 공식 중 하나다. 슬픈 스토리도 연사가 먼저 슬퍼해서는 안 된다. 또 우스운 얘기도 연사가 먼저 웃어서는 그 효과가 반감된다. 개그맨이 먼저 웃으면 김이 새는 것과 비슷한 이치이다. 오디션 프로그램에서도 슬픈 노래를 부를 때 관객이 먼저 슬픔을 느껴야지 가수가 먼저 울면 안 된다는 지적이 나온다. 연사가 오버하면 메시지 전달의 본질을 흐리게 된다.

효과적인 메시지 전달을 위해 스피치나 대화 과정에서 말하는 사람의 적절한 감정 조절은 반드시 지켜져야 할 필수 사항이다.

▷ 유머, 양념성 멘트도 필요하다

팩트만 줄줄 말하면 시선이 휴대폰으로 넘어간다. 미소를 짓고 여유를 보이며 유머도 적절히 써야 청중과 교감할 수 있다.

대학 강의 때도 인기 프로그램 비화, 뜨거운 연예계 화제, 아이돌의 출연료, 방송가 뒷얘기를 양념으로 말해 주면 학생들의 몰입도가 높아지는 것을 알 수 있었다.

대화 과정에서 유머는 분위기를 반전시킨다. 말하는 사람에 대한 호감도가 높아져 대화가 쉽게 풀린다. 서양 국가에서는 유머를 중요시한다. 미국에서는 대통령이 유머 보좌관을 둘 정도이다.

김수환 추기경이 털어놓은 유머가 있다. "삶은 무엇인가?"라고 질문한다. 상대방은 답을 찾느라 고심한다. 추기경께서 질문하는 인생론이라면 엄청난 메시지가 있을 것으로 추측한다. 추기경의 답은 반전을 불러온다. "열차를 타고 오다 보니 '삶은 계란'이라던데요." 당시 열차에는 삶은 계란 파는 상인이 있었다.

"누구에게나 때가 있다."라는 동네 목욕탕 간판 글과 "火내지 맙시다" 같은 소방서의 불조심 캠페인 글도 그 센스 있는 표현이 미소를 머금게 한다.

▷ 때로는 반어법 표현이 시선을 끈다

반어법이 메시지 전달에 도움을 주기도 한다. 상징과 강조, 풍자와 비판의 깊이를 더해 주기 때문이다.

대통령 임기 말이면 청와대에서 "현 정부 임기 내에 레임덕은 없다"라는 말이 나온다. 그러나 이 말이 나오면 이미 레임덕이 시작됐다는 의미로 해석될 수도 있다.

또 정무직에서 갑자기 자진사퇴한 인사들 가운데 일부는 "외압은 없었다"고 하지만, 반어법으로 해석할 수 있는 여지가 많다.

반어법이 본래의 의도와는 달리 오해를 불러 파문도 종종 빚는다. 반어법 표현에 품격과 신중을 기할 필요가 있다는 점을 유의해야 한다.

▷ 실수에 대한 두려움은 연습으로 극복해라

실수는 누구나 할 수 있고 경험이 있기 마련이다.

세월이 지나면 오히려 값진 추억이 될 수 있다. 인기 MC출신 이계진 전 아나운서는 현업 시절 아나운서의 실수 에피소드를 담은 《뉴스를 말씀드리겠습니다, 딸꾹》(2010)을 펴내 베스트셀러 반열에 오르기도 했다.

지명도 높은 앵커가 생방송 중 말실수 해프닝을 빚어 구설수에 오르기도 했다.

2008년 2월 21일 아침 라디오 시사 프로그램에서 "에그플레이션 에 그는 계란이죠?"라는 말실수를 했다.

'애그플레이션(agflation)'에서의 '애그(ag-)'를 계란의 '에그(egg)'로 잘못 말한 것이다. '애그플레이션(agflation)'은 농업(agriculture)과 인플레이션(inflation)의 합성어로, 농산물 가격 급등으로 일반 물가가 상승하는 현상을 뜻하는 신조어이다.

실수는 엎질러진 물이 되고, 그 실수담이 잇따라 언론에 보도되면서 제작진은 해명서를 내야 했다.

스피치에 대한 실수 경험과 두려움을 극복하는 지름길은 연습을 거듭하는 것이다.

아나운서가 초창기 콜사인과 시각 고지도 제대로 못 하다가 60분짜리 토크 프로그램도 애드리브를 구사하며 능숙하게 해내는 인기 방송인으로 성장한다. 이름을 날리는 인기 MC에게도 올챙이 시절 실수가 있었다. 실수에 대한 트라우마는 연습으로 극복해야 한다.

4장 감동과 울림을 주는 특별한 메시지 사례

여기서는 스피치에서 인용하면 좋을 감동의 메시지 사례를 살펴보고자 한다.

앞서 '무엇을 말해야 하나'(메시지 콘텐츠), '어떻게 말하는가'(효과적인 스피치 노하우)를 살펴보았다. 위에서 말한 '무엇을'과 '어떻게'의 대상은 '메시지'이다. 메시지는 진정성, 공감 능력 요건을 충족했을 때 전달력이 높아지고 그 효과가 제대로 나타난다.

유명한 강사들의 스피치를 보면 대부분 자신의 경험이나 사례를 인용한다. 그래야 메시지 전달이 효과적이고 청중들의 흡인력과 몰입도를 높일 수 있다. 자신이 경험한 실제 사례와 유명 인사의 감동 스토리는 맛있는 요리의 양념 역할을 한다.

필자는 평소 감명 깊게 읽었던 부분을 스크랩해 놓곤 했다. 밑줄 친 문장도 있었다. 그냥 지나치기 아까운 내용이 대부분이다. 깊은 감동을 주는 소구력 있는 메시지 사례이다. 대화나 스피치에서 이를 적절히 활용하면 메시지 전달 효과가 높아질 것으로 보이는 사례를 엄선하여 정리해 보았다. 기사 원문에 필자의 의견을 더했다.

▷ 오바마 '51초의 침묵'

추모 연설을 하던 버락 오바마(Barack Obama) 미국 대통령의 연설이 멈췄다. 연설을 지켜보던 국민과 정치인, 언론이 오바마 대통령에게로 시선이 쏠린다. 그러고도 시간은 흐른다. 51초… 침묵의 시간은 길게 느껴졌다. 이른바 '51초 무언(無言) 연설'이었다.

2011년 1월 12일 총기사건이 발생한 미국 애리조나주 남동부의 투산 지역에서 일어난 상황이다. 이날 열린 희생자 추모식에서 미국 대통령의 대중 연설 역사상 가장 낯선 광경이 벌어졌다. 연설의 말미에 9세의 최연소 희생자 크리스티나 그린을 거론하며 "나는 우리 민주주의가 크리스티나가 상상한 것과 같이 좋았으면 한다"고 언급한 뒤 51초간 침묵했다.

오바마 대통령이 갑자기 연설을 멈춰버린 순간 사람들이 술렁거리기 시작했다.

'뭐가 잘못된 거지? 연단에 놓인 프롬프터에 문제가 생긴 건가?'

째깍째깍 시간은 더디게 흘렀다. 오바마는 말없이 호흡을 가다듬었다. 호흡과 호흡 사이에서 비통함과 안타까움이 뒤섞인 슬픔의 덩어리 같은 것이 밖으로 새어 나오는 듯했다. 오바마의 시선이 허공을 닿았다. 그는 닿을 수 없는 아득히 먼 공간을 쳐다보는 듯했다. 오바마는 눈물을 참으려는 듯 두 눈을 연신 깜박였다. 복받치는 슬픔을 억누르며 감정을 추스르느라 차마 말을 잇지 못했다. 오바마의 어깻죽지가 흔들렸다. 51초의 정적이 흐른 뒤 오바마는 어금니를 굳게 깨물었다. 그리고 다시 연설을 이어 나갔다. 그의 음성은 무거웠다. 무거운 음성이 공중에서 낮게 깔리며 천천히 추모객의 가슴을 향해 퍼져 나갔다.

오바마는 이어진 연설에서 미국의 단합과 정치적 독설 자제를 촉구했다. 그는 "이번 사건을 둘러싸고 서로 공격하거나 비난해선 안 되며 희망과 꿈을 결집하는 계기로 삼자"고 호소했다. 또 "대중을 선동해 극단적인 대결 구도의 정치 환경을 만드는 것도 삼가야 한다"며 "우리를 분열시키는 힘은 우리를 단결시키는 힘보다 강하지 않다"고 말했다. "무엇보다 대화하는 게 중요하다"고 지적했다.

오바마의 51초 침묵과 독설 자제 연설은 미국인의 감정을 파고들었다. 자극적인 말로 다투던 미국 국민의 마음을 녹여 냈다. 당시 미국 언론은 오바마 대통령이 보여준 이례적인 모습과 스피치에 찬사를 아끼지 않았다. 미 정가의 극단적 대립이 오랜만에 잦아들었다.

"오바마의 연설이 이렇듯 찬사를 받는 이유는 무엇일까? 오바마는 말을 잘하기 위해 웅변을 하기보다 특정한 지점에서 말을 거두어들이면서 침묵을 통해 극적인 감동을 준 것이다. '비언어의 대화(non verbal communication)'라고 불리는 침묵의 가치와 무게, 힘을 확인시켜 준 스피치 사례로 기록됐다."(중앙일보, 2011. 1. 15.)

▷ '대야를 걷어찬' 부처님의 아들 교육

여시아문(如是我聞). 부처님이 라훌라를 현제(賢提)라는 절에 보내 90일 동안 안거하며 공부하도록 시켰다. 그렇지만 그는 성미가 거칠고 사나운 데다 말이 거칠어 제대로 정진하지 못했다. 부처님은 몸소 그곳에 찾아가 라훌라를 만났다.

대야에 물을 떠다 발을 씻어 달라고 한 다음 이렇게 말했다.

"너는 이 발 씻은 물을 마실 수 있겠느냐?"

물론 그 더러운 물을 마실 수는 없다.

"너도 그와 같다. 정진을 게을리하고 입을 지키지 않으며 탐욕과 분노와 어리석음의 세 가지 독한 번뇌가 네 마음에 가득 차 더러워진 물처럼 되었느니라."

이제 물을 갖다 버리라고 한 다음 이렇게 물었다.

"이 대야에 음식을 담을 수 있겠느냐?"

물론 더러워진 대야에 음식을 담을 수는 없는 법이다.

"진실한 말은 적고 생각은 거칠며 정진을 게을리하여 여러 스님에게 비난을 받고 있는 너도 그와 같다."

그다음에 부처님이 하신 방식은 다소 의외다.
발로 대야를 걷어차니 대야가 떼굴떼굴 굴러가다 멈췄다.

"너는 혹시 저 대야가 깨질까 걱정하지 않았느냐?"

라훌라는 질그릇 대야가 워낙 싼 물건인지라 크게 걱정하지 않았다고 답한다.

"너도 그와 같다. 몸으로는 함부로 행동하고 입으로는 거친 말과 나쁜 욕지거리로 남을 헐뜯는 일이 많으니, 만일 그 버릇을 고치지 않고 죽으면 삼악도(三惡道: 죽은 후 악인이 간다는 지옥도·축생도·아귀도의 3곳 세계)에 태어나는 일을 되풀이할 것이다."

라훌라는 다름 아니라 부처님이 출가하기 전 아내 야쇼다라와의 사이에서 낳은 아들이다. 그는 어릴 때 출가했는데, 당시 교단에서는 하루 한 끼밖에 안 먹으니 배가 고파 자주 울었다. 게다가 할아버지가 왕이고 아버지가 부처님이어서 다들 그를 위해 떠받쳐 영 버릇이 없었다고 한다. 보다 못한 부처님께서 직접 만나 대야를 발로 차는 과격한 방식으로 그를 깨우친 것이다.

이후 라훌라는 크게 분발하여 부처님의 10대 제자 중 하나가 되었고, 특히 남이 모르게 착한 일을 많이 한다고 해서 밀행제일(密行第一)이라는 칭찬을 들었다.

〈법구비유경(法句譬喩經)·상품(象品)〉에 나오는 일화이다.

자식에 대한 올바른 가르침은 부모들이 겪는 공통의 고민이다. 그런데 성인의 반열에 오른 부처님이 아들 문제로 걱정을 했다는 글이 전해 내려오는 것 자체가 경이롭다. 마구 꾸중하지 않고 적절한 비유로 스스로 깨닫게 하는 훈육 방식이 자식 교육의 솔루션으로 시사하는 바가 크다.

▷ 아들에게 넙죽 큰절, 명재상 황희

조선 초기 영의정을 지낸 황희에겐 기방(妓房)을 자주 드나드는 아들이 있었다.

말로 타일러서는 듣지 않자 충격 요법을 썼다. 기방에서 돌아오는 아들을 대문에서 큰절로 맞으며 "네가 내 말을 듣지 않는 걸 보니 나를 아비로 여기지 않는 것이다, 앞으로 너를 손님의 예로 대하겠다"고 선언했다.

그제야 아들이 무릎을 꿇고 "기방에 가지 않겠다"고 약속했다.

명재상 황희조차 자식 교육에 어려움을 겪었다는 일화다.(조선일보(만물상), 2024. 1. 9.)

90세 가까이 살고 총 24년을 정승의 자리에 있었던 황희(1363-1452)는 명재상으로 역사에 남아 있다. 영의정 재임기간이 18년으로 조선시대 최장 기간을 기록했다. 좌의정 5년, 우의정 1년을 지냈다. 89세까지 관직에 있으며 치국(治國)에 힘썼던 황희 정승도 아들 교육 등 수신제가(修身齊家)는 마음대로 되지 않았던 모양이다.

황희의 눈물어린 자식 교육으로 장남 황치신은 호조 판서를, 삼남 황수신은 영의정을 지냈다.

▷ 66세 영조를 감탄케 한 15세 정순왕후

영조 35년인 1759년 6월 9일 궁중에서는 영조가 자신의 신부감을 놓고 일종의 '면접시험'을 치르고 있었다.

먼저, 영조가 친히 왕비감을 간택하기 위해 좌정해 있는데 김한구의 여식만이 홀로 지정된 자리를 피하여 앉았다. 이에 영조가 "어찌하여 피해 앉는가?"라고 물었다. 그러자 김한구의 여식이 대답하길, "아비의 이름이 여기 있는데 어찌 감히 그 자리에 넙죽 앉겠습니까?" 하는 것이 아닌가. 왕비를 간택하는 자리에 놓인 방석에는 대개 그 아버지의 이름을 써 놓기 때문에 그 자리에 그냥 앉을 수 없지 않느냐는 얘기였던 것이다. 영조가 내심 이를 기특히 여겼다.

영조가 간택에 응한 여러 규수들에게 "꽃 중에서 무슨 꽃이 가장 좋은가?"라고 물었다. 이에 어떤 규수는 모란꽃이 좋다고 말하고, 또 어떤 규수는 해당화가 좋다고 말했다. 모두 보기 좋은 것을 꼽은 것이다. 하지만 김한구의 여식만은 말하길 "저는 목화가 가장 좋습니다"라고 하는 것이 아닌가. 이에 영조가 그 까닭을 다시 물으니 답하기를 "다른 꽃들은 때에 따라 보기 좋은 데 지나지 않으나, 오로지 목화만은 온 천하 사람들에게 옷을 지어 입혀 따뜻하게 해 주는 이득과 공로가 있기 때문입니다."라 했다.

영조는 어린 규수가 총명하다 생각하고 다시 물었다. "무엇이 가장 넘기 힘든 고개인가?" 어느 규수는 '대관령 고개'라고 하고, 또 다른 규수는 '조령 고개'라 했다. 저마다 넘기 힘든 고개를 댄 것이다. 하지만 이번에도 김한구의 여식은 남들과 다르게 '보릿고개'라 했다. 영조가 그 까닭을 물으니 이렇게 답했다. "눈앞에 보이는 고개야 반보(半步) 앞이 평지(平地)다 생각하고 걸으면 못 넘을 바 없지만 해마다 봄에 곡식이 떨어져서 보리가 나올 때까지 배고픔을 참고 넘어야 하는 춘궁기의 보릿고개야말로 참으로 넘기 힘든 고개이기 때문입니다"라고 답했다.

영조가 또다시 물었다. "무엇이 가장 깊은고?" 그러자 어떤 이는 산이 깊다고 말하고, 또 다른 어떤 이는 물이 깊다고 말했다. 하지만 김한구의 여식만은 "사람의 마음이 가장 깊습니다"라고 말했다. 영조가 그 까닭을 물으니, "사물의 깊이는 자로 재서라도 헤아릴 수 있겠으나, 사람의 마음은 여간해서 재기도 헤아리기도 어렵기 때문입니다"라고 답하는 것이 아닌가. 사람의 마음, 곧 인심(人心)은 헤아리기 힘들다는 것을 표현한 것이다.

결국 지혜가 깊고 사물을 보는 총명함이 엿보이는 김한구의 딸이 왕비로 간택(揀擇)된다.
1759년(영조 35년) 66세의 국왕 영조는 나이 차가 무려 51세 나는 15세 신부를 새 왕비로 맞아들이니 그가 곧 정순왕후(貞純王后)이다.

영조가 계비(繼妃)로 김한구의 여식을 간택하게 된 까닭을 짐작하게 하는 일화가 야사(野史)인 '대동기문(大東奇聞)' 등에 일부 전해지고 있다.

▷ "아직 12척의 배가 남아 있습니다"

"금신 전선 상유 십이(今臣 戰船 尙有 十二)…. 신에게는 아직도 12척의 배가 있습니다."

이순신 장군이 명량해전을 앞두고 임금께 올린 비장한 각오의 장계내용이다. 충무공은 그 12척의 전선으로 11배 넘는 133척의 왜선을 수장시켜 명량해전을 세계 해전사의 유례없는 대첩으로 이끌었다.

그렇다면 명량대첩의 비결은 무엇일까.
당시 함선 수에서 절대 열세에 있던 이순신은 탐망선을 이용해 적의 동태를 치밀하게 감시하고 유인하는 작전을 편다. 이어 싸울 장소로 명량의 좁은 물목, 즉 울돌목을 선택했다. 이순신은 우세한 왜군의 수군함대를 좁은 물목에 가둬 놓고 조선 수군은 해협입구에 포진시킨다. 이후 이곳을 빠져 나오는 선두 함선을 집중 공격하는 전략을 구사한 것이 맞아떨어진 것이다. 전무후무한 대승으로 결판이 났다.

"아직도 12척의 배가 남아 있습니다."라는 충무공의 정신은 '… 때문에'로 구실과 핑계를 찾는 사람들에게 '그럼에도 불구하고' 극복해 내는 자세를 일깨운다.

'상유십이'(尙有十二) 정신은 드라마로, 영화로 재조명된다.
KBS1TV 대하드라마 〈불멸의 이순신〉이 시청자들로부터 폭발적인 인기를 얻으면서 온 나라가 이순신 열풍에 휩싸이게 된다. 2004년 9월 4일부터 104부작으로 방송된 이 드라마는 시청률 30%를 돌파해 화제를 모았다. 명장면이 많았던 드라마의 충무공역은 탤런트 김명민이 맡아 혼신을 다한 연기로 깊은 감동을 선사했다.
이어 10년 뒤 명량대첩을 소재로 한 영화 〈명량〉이 2014년 7월 30일 개봉돼 1,761만 명의 관객 수를 기록했다. 이순신 역으로 최민식 배우가 열연했다. 학생들이 많이 관람해 교육적 효과도 높였다.

'CEO 이순신' 리더십이 집중 조명됐다. 기업에도 열풍이 불고 서적 출간도 봇물을 이뤘다.

▷ '당당히 죽으라' 국민을 울린 안중근 어머니

2023년 새해 벽두부터 극장가에 관객이 몰렸다. 안중근 의사 순국 1년 전부터 순국까지를 그린 영화 〈영웅〉이 흥행을 몰고 왔다. 울림이 큰 영화였다.

특히 관객을 울린 것은 안중근 어머니 역을 맡은 '국민 엄마' 나문희 배우의 열연이었다. 사형선고를 받은 아들에게 '항소하지 말고 당당히 죽으라'는 내용의 편지를 보낸 장면이 압권이었다. '사랑하는 내 아들 도마'를 부른 장면은 관객들을 울렸다. 출연 배우들이 뽑은 최고의 명장면이었다.

1909년 10월 26일 중국 하얼빈 역에서 이토 히로부미를 처단한 안중근 의사는 이듬해 사형을 선고받는다. 이때 안 의사의 나이는 31살이었다.

안중근 의사의 어머니 조마리아 여사는 아들의 사형선고 소식을 듣고도 짧고 단호한 편지를 남긴다.

"네가 만약 늙은 어미보다 먼저 죽은 것을 불효라 생각한다면, 이 어미는 웃음거리가 될 것이다. 너의 죽음은 너 한 사람 것이 아니라 조선인 전체의 공분을 짊어지고 있는 것이다. 네가 항소를 한다면 그것은 일제에 목숨을 구걸하는 짓이다. 네가 나라를 위해 이에 이른즉 딴 맘 먹지 말고 죽으라. 옳은 일을 하고 받은 형이니 비겁하게 삶을 구하지 말고, 대의에 죽는 것이 어미에 대한 효도이다. 아마도 이 편지가 이 어미가 너에게 쓰는 마지막 편지가 될 것이다. 여기에 너의 수의(壽衣)를 지어 보내니 이 옷을 입고 가거라."

안중근 의사도 사형선고를 받은 뒤 어머니에게 유서를 겸한 편지를 보낸다.

"불초한 자식은 감히 한 말씀을 어머님 전에 올리려 합니다. 엎드려 바라옵건대 자식의 막심한 불효와 아침저녁 문안인사 못 드림을 용서하여 주시옵소서. 이 이슬과도 같은 허무한 세상에서 감정에 이기지 못하시고 이 불초자를 너무나 생각해 주시니 훗날 영원의 천당에서 만나 뵈올 것을 바라오며 또 기도하옵니다. … 분도(안 의사의 장남)는 장차 신부가 되게 하여 주시길 희망하오며, 후일에도 잊지 마시옵고 천주께 바치도록 키워 주십시오…. 그밖에도 드릴 말씀은 허다하오나 후일 천당에서 기쁘게 만나 뵈온 뒤 누누이 말씀드리겠습니다…. 아들 도마(안중근 의사 천주교 세례명) 올림."

조국을 위해 목숨을 바친 의연한 아들 뒤에는 단호한 어머니의 가르침이 있었다. 그 어머니에 그 아들이었다.

▷ "경기감사 한 것보다 기쁘다" 김구 어머니의 옥바라지

　조국 독립운동에 평생을 바치고 1944년 대한민국 임시정부 주석으로 활동했던 백범 김구 선생은 근대사에 한 획을 그은 역사적 인물로 꼽힌다. 김구 뒤에는 출중한 어머니가 있었다. 독립운동의 숨은 공로자 곽낙원 여사(1859-1939)이다.

　곽 여사는 황해도 출신으로 어려운 환경 속에서도 아들 김구의 훈육이 남달랐다. 어릴 적 아들을 서당에 보내 〈천자문〉, 〈동몽선습〉, 〈사서삼경〉을 익히도록 해 올바른 가치관을 심어주는 데 힘쓴다.

　청년 김구는 1896년 명성황후의 시해를 복수하기 위해 황해도 안악의 치하포에서 일본인 중위 스치기(土田壤亮)를 살해한다. 이 일로 아들이 감옥에 갇히자 곽 여사는 감옥 근처 부잣집에서 허드렛일과 떡장사를 하면서 아들을 뒷바라지했다. 평범한 시골 아낙네였던 어머니는 아들을 따라다니며 가시밭길을 걷게 된다.

　옥바라지를 하면서도 아들을 격려한다. '105인 사건'으로 서대문형무소에 있을 때 면회를 온 어머니가 "나는 네가 경기감사 한 것보다 더 기쁘게 생각한다"고 말했다고 김구는 《백범일지》에서 밝혔다.

　1922년, 김구가 중국 상해 대한민국임시정부 경무국장으로 활동하자 곽 여사는 아들을 따라 망명했다. 이후 며느리(최준례 여사)가 일찍 병사하자 손자 둘을 거두며 힘겨운 망명 생활을 해야 했다. 이후 고국 안악에 돌아와서도 생활비를 절약해 김구에게 송금하며 독립운동을 후원한다.

1934년 일본의 눈을 피해 다시 장손 김인을 데리고 중국 상하이로 건너간다. 그는 직접 손자를 군관학교에 입교시켰고 중앙군관학교 낙양분교에서 군사훈련 중인 청년 20여 명을 돌봤다. 임시정부를 돕는 데도 앞장섰다. 백범의 든든한 정신적 지주가 됐다. 생활이 어려워 손자(김신)를 고아원에 맡기면서도 독립에 대한 희망을 잃지 않았다. 그러나 세월은 기다려 주지 않았다. 김구와 임시정부의 독립운동을 위해 힘을 보태던 그는 1939년 해방을 보지 못한 채 세상을 떴다.

▷ 가난한 나라 대통령의 눈물, 독일 총리의 결정적 조언

"만리타향에서 이렇게 상봉하게 되니 감개무량합니다…."

대통령의 준비된 연설은 여기서 몇 구절 더 나아가지 못했다. 여기저기서 흘러나오던 흐느낌이 통곡으로 변해 가고 있었기 때문이다. 박정희 대통령은 아예 원고를 옆으로 밀친 뒤 이렇게 말했다.

"광부 여러분, 가족이나 고향 생각에 얼마나 괴로움이 많습니까? …비록 우리 생전에는 이룩하지 못하더라도 후손들에게만큼은 잘사는 나라를… 물려줍시다. 열심히 합시다. 나도 열심히…."

결국 대통령은 말을 맺지 못하고 소리 내어 울어 버렸다. 그 자리에 함께한 서독 하인리히 뤼브케 대통령도 눈시울을 적셨다. 육영수 여사도 눈물을 흘리며 광부들을 달랬다. 1964년 12월 10일 박 대통령이 루르 지방 함보른 탄광을 방문한 날의 광경이다.

당시 서독 신문과 방송에서 헌신적으로 일하는 한국 광부의 모습을 연일 보도하자 서독 대통령이 국빈 자격으로 박 대통령을 초청해 탄광 방문이 어렵게 성사됐던 것이다.

박 대통령은 또 눈물을 흘린다. 12월 5일 에르하르트 총리가 열어 준 만찬자리였다. 동양의 가난한 나라에서 온 당시 47살이던 박 대통령은 서독 총리 앞에서 울먹이며 호소했다.

"우리 국민 절반이 굶어 죽고 있습니다. 우리 국민 전부가 실업자입니다. 도와주십시오. 빌린 돈은 반드시 갚을 것입니다. 돈을 빌려주면 국가 재건을 위해 쓰겠습니다. 라인강의 기적을 우리도 꼭 만들겠습니다."

라인강 기적을 설계했던 에르하르트 총리는 박 대통령의 손을 꼭 잡으면서 경제 지원 약속과 함께 국가 발전 방안에 대해 조언을 했다.

"우선 아우토반 같은 고속도로를 닦으십시오. 그 동맥을 질주할 자동차산업도 필요합니다. 자동차산업은 고용 창출과 국가 세수에 큰 도움이 됩니다. 자동차를 만들려면 철이 필요합니다. 제철산업을 하십시오. 석유화학도 반드시 필요합니다. 수출을 위해서는 선박회사도 만들어야 합니다."

"서독 방문 일주일 동안 박 대통령은 자동차 전용도로 아우토반을 달리고 제철소도 방문해 건설에 드는 비용, 기간, 장비 등을 꼼꼼히 챙긴다. 결국 3년 뒤 경부고속도로 착공으로 이어진다."(한국경제, 2023. 2. 25)

결국 루트비히 에르하르트 서독 총리의 조언이 오늘날 한국경제 발전의 초석을 마련하는 데 결정적 역할을 한 것이다. 또한 파독광부와 간호사의 임금을 담보로 이뤄진 서독 상업차관이 한국 경제성장의 종잣돈 역할을 했다.

제발 돈을 꾸어 달라고 사정했던 가난한 나라 대한민국이 이제 후진국에 경제적 도움을 주는 나라로 발전했다.

▷ '4전 5기' 신화 홍수환 챔피언

1977년 11월 27일 세계복싱협회(WBA) 주니어페더급 초대 챔피언 결정전.

파나마로 날아간 스물일곱 홍수환은 링 한편에서 호흡을 가다듬고 있었다. 상대는 그보다 열 살 어린 헥토르 카라스키야. 11전 11KO승을 자랑하며 '지옥에서 온 악마'로 불리던 파나마의 신예 복서였다. 3년 전 남아프리카공화국에서 밴텀급 챔피언 자리에 오른 홍수환으로서는 이날 경기에서 승리하면 한국 프로복싱 사상 최초로 2체급을 석권할 수 있는 절호의 기회였다.

그러나 1회 난타전이 끝나고 2라운드가 시작되자 홍수환은 카라스키야의 무차별 공격을 견디지 못하고 고꾸라졌다. 연거푸 4번이나 쓰러졌지만, 그때마다 그는 다시 일어섰다. 3라운드 공이 울리자마자 반격이 시작됐다. 홍수환은 벼락같이 카라스키야의 오른쪽 옆구리에 레프트훅을 가했고, 비틀거리며 넘어지는 그의 턱에 회심의 일격을 가했다. 3회

48초 만에 역전 KO승. 한국 프로복싱 사상 가장 극적인 4전 5기 신화는 이렇게 탄생했다.

한국 스포츠가 만들어 낸 위대한 순간들이 있다. 그중에서도 홍수환의 '4전 5기' 승리는 한국 프로복싱 역사의 신화로 남은 명장면이다. 홍수환은 2라운드에서만 4번 쓰러지고도 3라운드에서 상대를 KO로 눕히고 챔피언 벨트를 차지했다.

"'홍수환의 4전 5기'는 1970년대 개발도상국 '대한민국'의 존재감을 세계에 알리고, 우리도 얼마든지 세계 정복이 가능하다는 것을 보여준 사건이었다."(조선일보, 2023. 8. 15.)

"엄마, 나 챔피언 먹었어."
"그래, 대한국민 만세다!"

승리를 거둔 뒤 아들과 어머니가 나눈 이 한마디가 당시 유행어가 됐다. 홍 선수는 어려운 가정 형편을 의지로 이겨낸 인간승리의 주인공이었다.

홀로 미군부대에서 식당일을 하는 어머니가 어렵게 살림을 꾸리며 아들을 뒷바라지하고 있었다. 그래서 감격적인 어머니와 아들의 대화가 더욱 감동을 줬다.

홍 선수는 '작은 주먹' 신체적 열세와 어려운 가정환경을 극복하고 우뚝 일어선 청년이었다. 인생에서도 멋진 어퍼컷 한 방으로 고난을 극복하고 역전승을 거둔 의지의 한국인이었던 것이다.

▷ 장애인올림픽도 금메달, 마라톤 전설 아베베

- "맨발의 영웅, 세계 신기록"

1960년 로마올림픽 대회 최종일. 이날 아프리카 스포츠계에 역사적인 사건이 일어났다. '맨발의 영웅' 비킬라 아베베(에티오피아)가 육상의 불모지로 여겨졌던 아프리카에 최초로 올림픽 금메달을 안겼다. 그의 기록은 '인간 기관차' 에밀 자토펙(체코)이 가지고 있던 세계 최고 기록(2시간 23분 3초)을 무려 8분이나 앞당겼다(2시간 15분 16초). 당시 인간의 한계로 느껴지던 '2시간 20분' 벽을 넘어선 것이다.

아베베는 전 구간 42.195km를 맨발로 완주해 화제를 모은다. 황제의 극진한 대접을 받으며 에티오피아의 영웅이 되었다.

아베베의 신화는 또 한 번 화제가 된다. 4년 후 도쿄올림픽에서 맨발이 아닌 러닝화를 신고 출전해 2시간 12분 11초로 우승을 차지한 것이다. 더욱이 도쿄올림픽에 출전하기 불과 한 달 전에 충수염으로 수술대에 오른 그였기에 그의 우승은 놀라움을 더했다.

- "교통사고 장애 딛고 장애인올림픽 금메달 2개 추가!"

그의 신화는 여기서 끝나지 않는다. 오히려 반전의 감동을 안긴다. 장애를 이겨낸 마라토너로 이름을 빛냈다.

그는 1968년 멕시코올림픽이 열린 1년 뒤에 교통사고를 당한다. 하반신이 마비된다. 그러나 다시 일어난다. 자신의 핸디캡을 이겨냈다.

1970년 노르웨이에서 개최된 25km 장애인 눈썰매 크로스컨트리 대회에 출전해 당당히 금메달을 따낸다.

그의 도전은 계속된다. 하반신 마비에도 굴하지 않고 휠체어 양궁선수로 새 삶을 시작했다. 결국 그는 노르웨이 장애인올림픽에서 양궁 금메달을 목에 걸었다.

언제나 인간 한계에 도전했던 비킬라 아베베. 그는 마라톤계에 살아있는 전설로 남아 있다.

▷ 가뭄에 양수기 끌어안고 울어버린 육영수 여사

육영수 여사는 국민들의 아픔을 내 아픔처럼 여겼다.

1968년 여름 호남 지방에 비가 한 방울도 오지 않는 폭염이 이어졌다. 대통령은 밤잠을 설치며 초조해했고 그런 남편을 지켜보는 여사의 마음도 마찬가지였다.

어느 날 대통령 부부는 가뭄이 가장 심하다는 전남 나주로 내려갔다. 논바닥에 있는 양수기가 눈에 띄었다. 그런데 육 여사가 양수기 쪽으로 가더니 갑자기 페달을 밟기 시작하는 것 아닌가. 하지만 아무리 쉼 없이 힘주어 밟아도 물이 나오지 않자 여사는 양수기에 얼굴을 묻고 울음을 터뜨리고 말았다. 이를 바라보는 주변은 온통 눈물바다가 되었다.

육 여사는 청와대에서 신문 사회면과 방송을 빼놓지 않고 봤다. 세상 물정을 파악하고 어려운 사람들의 처지를 그 나름대로 돕기 위해서였다.

어느 날에는 이촌동 판자촌에 사는 여인이 아들을 낳았는데 미역국은 고사하고 쌀이 없어 굶어 죽게 생겼다는 기사를 보았다. 육 여사는 산모를 직접 찾아 나서기로 한다. 그러고는 폐수와 오물로 넘치는 판자촌에서 어렵사리 집을 찾아 몸이 퉁퉁 부은 산모와 굶어 죽어 가고 있는 어린 생명을 위해 직접 밥을 안치고 국을 끓여 주었다.

"여사에게는 대변인도 공보관도 없었지만 국민에게 베푸는 선행은 입에서 입으로 전해졌다. 민초들이 보내는 신뢰와 애정은 깊어만 갔고 그 깊이에 비례해 편지도 줄을 이었다."(동아일보, 2013. 7. 11.)

▷ "기자에게 무례한 질문이란 없다"

헬렌 토머스 기자는 1961년 뉴욕타임스 매거진 인터뷰 말미에 "기자에게 무례한(rude) 질문이란 없다"고 말했다. 최초의 여성 백악관 출입기자인 헬렌 토머스는 직설적인 질문을 하는 것으로 유명했다. 미국 조지 부시 대통령 시절에는 비판적 질문으로 한때 백악관 출입 금지를 당하기도 했다. 그러나 복귀 후에도 부당성을 추궁하는 태도는 변하지 않았다. 대통령으로 상징되는 권력에 대한 기자의 질문은 기자 개인이 아니라 국민을 대신해 묻는 것이라는 지론을 폈다.

미국 존 F. 케네디 대통령 이후 45년간 9명의 현직 대통령을 취재한 헬렌 토머스 기자가 86세의 나이로 책을 썼다. 책의 제목은 《우리가 민주주의의 파수견이라고?》(Watchdogs of Democracy)였다. 직업이 '백악관 출입기자'였던 토머스는 자신의 저서에서 기자정신을 말한다.

"기자에게 가장 중요한 것은 글을 쓰는 솜씨도 사진을 잘 찍는 기술도 아니다. 바로 질문이 필요할 때에 손을 들 수 있는 용기다. 기자는 늘 질문해야만 하는 사람이다…."

- 한국 기자들은 왜 질문을 주저하는가

2010년 서울에서 열린 G20 정상회의 폐막식 기자회견에서 난처한 일이 벌어졌다. 오바마 미국 대통령이 개최국인 한국에 예의를 표시하는 의미로 한국 기자들에게 질문권을 줬다.

과연 그날 손을 든 기자가 몇 명이나 됐을까. 아무도 입을 열지 못한 채 오랜 정적이 이어졌다. 영어가 문제라면 통역을 써도 좋다는 오바마 대통령의 말에 좌중은 모두 웃음을 터뜨렸다. 결국 그날 첫 질문의 기회는 질문하지 않은 한국 기자들을 대신해 자신 있게 손을 든 중국인 기자에게 넘어갔다.

이를 지켜보는 사람들은 G20 개최국인 한국의 국제적 망신이라며 기자들을 못마땅해했다. 그날 기자들은 왜 질문하지 못했을까. 언론인 출신으로서 민망한 생각이 든다.

"기자에게 무례한 질문이란 없다", "기자는 늘 질문해야만 하는 사람이다" 한때 백악관 출입금지 조치를 당하면서도 자신의 소신을 굽히지 않은 최초의 여성 백악관 출입 기자, 헬렌 토머스의 말이 채찍으로 다가온다.

▷ '사랑의 원자탄' 손양원 목사

자신의 목숨보다 귀한 아들 둘을 살해한 원수를 용서하고 사랑할 수 있을까. 이를 실천한 인물이 '사랑의 원자탄'으로 불리는 손양원 목사이다. 손 목사는 광복 후 두 아들이 공산당원의 총에 맞아 죽었지만, 아들을 죽인 원수마저도 양자로 삼아 하나님의 사랑을 몸소 실천했다.

1902년 경남 함안에서 태어난 손양원 목사는 일제강점기에 신사참배를 끝까지 거부했던 목회자이자 항일 독립운동가였다. 1939년 애양원 부임 이후 '나환자의 아버지'로 불린 손 목사는 가족에게조차 버림받은 나환자의 상처에 피고름을 빨아내는 열성을 보이며 구호 사업과 전도 활동에 일생을 바쳤다.

6·25 전쟁 중에도 나환자들과 교회를 지키다 인민군에게 총살당한다. 끝까지 신앙인으로서 순교자의 길을 간 것이다.

손 목사의 일대기는 1977년 11월 영화 〈사랑의 원자탄〉으로 제작돼 화제를 모은 데 이어 2013년 12월 KBS에서 성탄특집 다큐멘터리 〈죽음보다 강한 사랑 손양원〉(권혁만 연출)이 방송돼 시청자들의 큰 감동을 불러일으켰다.

▷ "실수 많이 했죠" 국민가수 이미자의 솔직함

2005년 5월, 〈가요무대〉 20주년 특집 녹화 직후 열린 KBS 출입기자 기자회견에서 국민가수 이미자는 거침이 없었다. 최고는 뭔가 달랐다.

한국 대중가요 레전드, 엘리지의 여왕이라 불리는 이미자는 녹화 중 노래가 마음에 들지 않자 "미안합니다"라며 다시 불렀다. 완벽한 작품을 위해 최선을 다하는 모습이었다. 오히려 방청객들은 박수를 보낸다.

기자들의 질문에도 솔직함과 겸손이 그대로 묻어났다. 홍보부장 재직 시 이를 현장에서 지켜보았다.

Q. 실수한 적 있나요?

A. 평소 실수 수도 없이 많이 했죠. 인간이니까… 가사 까먹을 때 많고, 매일 실수….(웃음)

Q. 집에 있을 때는 어떻게 소일하는지요?

A. 무(無)취미가 취미… 아무것도 안 해요. 집에만 그냥 있을 때가 많아요.

Q. 50주년 기념 리사이틀은 어떻게 하실 생각인가요?

A. 아직 5년 남았는데… 아무 계획 없어요. 당장 내년이 어떻게 될지도 모르는 판인데….(2005. 5. 12. KBS 기자회견)

- "죽는 날까지 노래"…이미자는 아직 현역 가수

그로부터 세월이 흘렀다. 50주년 기념 리사이틀을 걱정했던 이미자는 건재했다. 50주년을 거뜬히 건너뛰고 2023년 1월 14일 노래 인생 60년 기념 음악회를 열었다. 80대 고령에도 특유의 애절한 목소리는 여전했다.

1959년 〈열아홉 순정〉으로 데뷔한 가수 이미자는 60년이 넘는 시간, 수많은 명곡을 노래하며 국민가수로 사랑을 받아 왔다. 한국 가요계의 '살아 있는 역사'로 평가받고 있다.

이미자는 언론과의 인터뷰에서 "내가 노래하는 것은 하늘에서 부여받은 소명이며, 죽는 날까지 혼신을 다해 노래하고 싶다"고 의지를 밝히기도 했다. 이미자는 아직도 현역이다.

▷ 한눈에 남진·나훈아 발굴한 기획사 대표

1968년 여름. 서울 장충동 오아시스레코드 스튜디오. 당시 최고 음반사이던 이 회사 손진석 대표는 속이 탔다. 녹음 시간에 가수가 나타나지 않았기 때문이다.

그때 "가수가 꿈"이라며 부산에서 올라와 온갖 잡일을 도맡던 21세 사환 최홍기의 투박한 얼굴에 눈길이 갔다. "에라이, 홍기야, 이 노래 너나 한번 해 봐라." 청년은 일생일대 기회를 놓치지 않았다. 절박했던 탓인가, 한층 구성진 노래가 나왔고, 손 사장은 입을 떡 벌리며 경탄했다. 그는 주저 없이 이 청년과 계약을 맺고 바로 데뷔 음반을 제작했다. 예명도 지어 줬다. 나훈아.

"손 사장은 3년 전 역시 "가수가 꿈"이라며 찾아온 19세 청년 남진(본명 김남진)의 재능도 바로 알아보고 데뷔시킨 특별한 안목의 소유자였다. 남진·나훈아는 이후 수십 년 한국 가요계를 휘어잡은 전설적 스타가 됐다."(조선일보, 2011. 3. 14)

숨은 보석을 한 눈에 알아보는 기획사 대표의 뛰어난 안목, 선구안(選球眼)이 트로트 레전드를 발굴하고 한국 가요사에 한 획을 그은 것이다.

▷ BTS도 무명 시절이 있었다

레전드들도 무명 시절과 신인 시절을 거쳤다는 사실을 간과하기 쉽다.

세계적인 K-POP 스타 BTS도 이름이 알려지지 않은 신인 시절이 있었다.

지상파 음악 방송은 엄두도 못 내던 무명 시절 BTS는 해외에 송출되는 국내 영어 방송에 자주 출연했다. 덕분에 데뷔 초부터 전 세계 시청자를 만날 수 있었다. 사실 매우 전략적인 선택이었다.

당시 대부분 아이돌은 인기를 얻으려 지상파나 음악 전문 케이블 TV 가요 순위 프로그램 출연에 총력을 기울였다. 국내에서 먼저 인기를 쌓고 해외에 진출하는 순서였다.

하지만 BTS는 시작부터 해외로 타깃을 정했다. 당시 해외 시청자가 뽑은 최고의 K팝 스타 1위에 올랐을 때도 국내 방송에선 BTS를 신인으로 분류하고 있을 정도였다.

"BTS 사례를 본다면 이미 나 있는 발자국을 따라가는 건 안전하고 쉽지만 가장 먼저 도착하는 새 길을 개척할 수는 없다. BTS의 성공은 우연이나 행운이 아니라 수많은 시행착오를 되풀이한 결과였다. BTS의 노래 〈Lost〉의 가사에서도 짐작할 수 있다."(조선일보, 2024. 6. 5)

인기가수로 활동한 현철, 송대관, 김국환 가수도 오랜 무명 시절을 가난과 눈물로 보내다 "쨍하고 해 뜨는" 인생의 전환점을 맞게 된다. 노래 한 곡이 뜰 때까지 온갖 설움을 겪어야 했다.

최근 스타로 우뚝 선 트로트 가수 임영웅, 송가인 스토리도 감동을 준다. 임영웅은 홀어머니 슬하에서 어렵게 자라 대학생 시절 월세방과 편의점 알바 생활을 해야 했다. 그러나 오디션 프로그램 우승으로 무명 가수에서 곧장 트로트 신화를 창조했다.

진도 출신 송가인 트로트 가수는 특산물 진돗개보다 더 유명해졌다고 말하곤 한다. 송가인에게도 무명 생활이 길었다. 화장실에서 옷을 갈아입어야 했던 서러운 무명 생활을 하다 2019년 〈내일은 미스트롯〉 진이 되면서 운명이 바뀐다.

▷ 가왕 조용필의 〈비련〉이 남긴 기적

조용필에게는 기적 같은 일화가 전해진다.

가왕이 4집을 발매한 후 어느 날 한 요양병원 원장에게서 매니저를 통해 연락이 왔다. 자신의 병원에 입원 중인 14세 지체장애 소녀가 〈비련〉을 듣더니 눈물을 흘렸다고 한다. 무려 입원 8년 만에 처음으로 감정을 나타낸 것이다. 기적 같은 이 사실이 가족에게 전달되었고, 가족은 병원장을 통해 "사례비는 원하는 만큼 드릴 테니 가왕이 직접 와서 비련을 불러줄 수 없겠느냐?"고 부탁을 했다.

1982년 당시 가왕은 밤무대에서 한 곡을 부르면 지금 돈으로 4,000만 원 정도를 받았다. 그런데 매니저가 이 얘기를 했더니 가왕은 곧바로 병원으로 달려갔다고 한다. 그날 출연 행사가 4곳이나 있었는데, 모두 취소 위약금을 물어주고 결정한 행동이었다. 갑자기 도착한 가왕을 마주친 병원 사람들과 환자의 가족이 놀란 것은 너무나 당연했다.

가왕은 사연 속의 소녀를 찾았다. 소녀는 아무 표정 없이 멍하니 있었는데 기적은 이때부터 시작되었다. 가왕이 소녀의 손을 잡고 〈비련〉을 부르자 무표정이던 그 소녀가 펑펑 운 것이었다. 소녀의 부모와 주위의 사람들까지도 울음바다였다.

가왕이 소녀를 안아 주고 사인한 CD를 주고서 차에 타려는데, 소녀 엄마가 "사례비는 얼마를 어디로 보내 드리면 되냐?"고 물었다.
이에 가왕은 "따님 눈물이 제 평생 벌었던 돈보다 더 비쌉니다"라고 하면서 정중히 거절했다고 한다.

이 글은 실화이다. 〈가왕 조용필의 무서운 자기 변신〉 칼럼을 쓴 한대규 전 한전 책임교수가 1982년 조용필 가수 매니저 최동규 씨와 심야에 막걸리 한잔하면서 들었던 내용을 방송가에 전하면서 알려졌다.

▷ 저금통장 통째로 넘겨준 탤런트 김혜자

2024년 가을, 세상을 떠난 탤런트 김수미 씨는 MBC 장수드라마 〈전원일기〉의 '일용엄니'로 유명했다. 화끈하고 걸쭉한 입담이 화제를 모으곤 했다.
김 씨는 한때 금전 문제로 혹독한 고통을 겪고 있었다. 수십 년 사업을 한 남편은 어디서 1억 원도 구해 오지 못했고, 돈 많은 친척도 모르는 체 했다. 김 씨는 지인들에게 몇백만 원씩 꾸어 임시변통을 해야 했다. 그런데 어느 날 김혜자 씨가 자기를 꾸짖으며 말했다고 한다.

"'너 왜 나한테는 얘기 안 하니? 추접스럽게 몇백만 원씩 꾸지 말고, 필요한 액수가 얼마나 되니?' 하셨다. 언니는 화장품 케이스에서 통장을 꺼내시며 '이게 내 전 재산이야. 나는 돈 쓸 일 없어. 다음 달에 아프리카에 가려고 했는데, 아프리카가 여기 있네. 다 찾아서 해결해. 그리고 갚지 마. 혹시 돈이 넘쳐 나면 그때 주든가.' 하셨다."(김수미, 《얘들아 힘들면 연락해》, 2009)

김수미 씨는 염치없이 통장 잔고를 하나도 남기지 않고 탈탈 털어 모든 은행 문제를 해결했다고 생전에 털어놓았다.

곤경에 빠진 후배에게 전 재산이 담긴 통장을 통째로 건네며 안 갚아도 된다고 말한 김혜자 탤런트의 통 큰 배포가 여장부답다. 장수 드라마 〈전원일기〉에서의 자애로운 어머니상이 연기만은 아니었다는 생각이 든다. '용식엄니'와 '일용엄니'의 드라마를 떠난 각별한 인연이 진정성을 담은 메시지의 소재로 떠오른다.

▷ 국보급 아나운서 이광재, 임택근

아나운서 세계에도 수많은 별들이 있었다. 그중 초창기 국보급 아나운서로는 단연 이광재, 임택근 아나운서가 떠오른다. 해외 경기 중계방송에서 승전보를 알리며 웅변조로 말했던 "고국에 계신 동포 여러분 기뻐해 주십시오"가 트레이드마크가 됐다. 스포츠 중계방송의 달인이었다. 라디오 중계방송 시절에는 상황 묘사와 함께 얼마나 말을 빠르게 하느냐도 인기 요소였는데 두 레전드는 이 요건을 다 갖췄었다.

- '고국에 계신 동포 여러분!' 중계방송의 달인

이광재(李光宰, 1932-2012)는 라디오방송 시대 대한민국의 대표적인 아나운서이다. 1956년 KBS에 들어와 임택근 아나운서와 1960년 로마 올림픽, 1964년 도쿄 올림픽을 중계하고, KBS 아나운서 실장으로 근무한다. 1970년에 〈미국의 소리(Voice of America)〉 방송에 파견 가서 한국어 방송을 했다.

1984년 로스앤젤레스로 이주, 한인 기독교방송의 국장으로 방송 선교에 종사했다.

이광재 아나운서는 제대 후 법학과 2학년 재학 중 100 대 1의 경쟁률을 뚫고 KBS 아나운서 시험에 합격한다. 대학생이어서 일단 촉탁 근무 후 졸업하면 정규직으로 발령을 낸다는 조건부 입사였다. 방송 초기부터 두각을 나타낸다. 아나운서 실장의 배려에다 임택근 아나운서 사정으로 권투중계에 단독으로 투입된 것이 대성공을 거둔다.

"90분 중계가 끝나니 엔지니어가 엄지손가락을 내보인다. 중계차를 타고 남산 방송국에 돌아왔다. 중계차에서 내리니 2층, 3층에서 직원들이 밑을 내려다보고 있었다. 수위장이 뛰어나오더니 방송국장님이 부른다는 전갈이었다. 급히 가니 방송국장이 등을 두드리며 칭찬해 주고, 과장들이 번갈아 칭찬하며 어깨를 두드렸다."

이 내용은 이광재 아나운서가 쓴 〈그때 그시절 1960년대 회고록〉(3)편에 나온다.(이광재 특별기고 《나와 KBS》, KBS저널, 2000년 1월호.)

이광재 아나운서는 방송국장의 특별 당부로 16가지 스포츠 중계방송을 맡게 된다. 특히 1960년 로마 올림픽 중계방송은 임택근, 이광재 두 아나운서로 결정이 되어 중계방송 달인의 날개를 달아 준다. 중계방송과 함께 뉴스 방송도 전달력이 독보적이었다. 이광재 아나운서 실장의 12시뉴스는 금속성의 카랑카랑한 보이스로 박진감 있게 진행하는 것이 일품이었다.

1951년에 KBS에 입사하면서 마이크를 잡았던 임택근 아나운서도 격변의 시절, 특히 라디오 방송과 애환을 함께해 온 우리 방송사의 산 증인이다. 정확한 상황묘사와 속도감 있는 발음은 '타의 추종을 불허했다'.
KBS 대표 아나운서로 활동하다가 1964년 MBC 영입 제안을 받고 문화방송으로 이직했다. 이후 MBC에서 〈MBC 모닝쇼〉 등을 진행했다. 이후 문화방송 상무와 전무를 지내고 1980년에 MBC를 떠났다.
아나운서의 레전드 두 아나운서는 2002 월드컵 때 다시 마이크를 잡고 중계방송을 해 화제를 모으기도 했다.
1950-60년대 라디오시대를 풍미했던 임택근(71), 이광재(69) 아나운서. 두 원로 아나운서의 축구 중계는 녹슬지 않았다. 국민 가슴을 떨리게 했던 '그때 그 목소리'가 살아났다. 40-50년 전 중계방송의 추억을 소환했다. 첨단 디지털 시대 고전적인 '라디오 중계' 프로그램을 기획한 MBC 라디오 기획의도도 시니어 청취자들에게 추억을 되살려 주기 위한 서비

스 차원에서 마련된 것이었다.

▷ 사형 직전 김구 살린 전화 한 통

"김구의 사형 집행을 멈추라."

1896년 10월 인천형무소로 다급한 전화 한 통이 걸려 온다. 발신자는 다름 아닌 고종황제였다.

당시 인천형무소에서는 일본군에 살해된 명성황후의 원수를 갚기 위해 격투를 벌이다 일본인을 살해한 김창수(김구의 청년 시절 이름)의 사형 집행을 앞두고 있었다.

각 죄수의 심문서를 보고받던 고종이 김창수의 '국모보수(國母報讐: 국모의 원수를 갚다)'라는 죄목을 발견했고, 사형 집행 당일 인천형무소 감리에게 전화를 걸어 사형 집행을 중지하라는 명령을 내렸다.

이 한 통의 전화가 대한민국 독립운동 역사에 큰 획을 그은 백범 김구 선생의 목숨을 살린다. 만약 전화가 없었다면 왕명의 전달이 늦어져 사형을 모면하긴 어려웠을 것이다.

그런데 여기에도 놀라운 사실이 있었다. 서울과 인천 사이에 전화가 가설된 것은 사형 집행일로부터 불과 사흘 전이었다. 전화 개통이 며칠만 늦었다면 역사적 위인의 목숨을 구할 수 없었을 것이다.

초기 전화의 중요성을 말해 주는 유명한 일화로 인용된다.

김구 선생도《백범일지》에서 당시 상황을 기록했다.

"대군주(고종)께서 친히 전화하신 것만은 사실이었다. 이상하게 생각되는 것은 그때 경성부 안에는 이미 전화가 가설된 지 오래였으나, 인천까지의 전화 가설공사가 완공된 지 3일째 되는 병신년 8월 26일(양력 1896년 10월 2일)의 일이었다. 만에 하나 그때까지 전화 준공이 못 되었다면, 바로 사형이 집행되었을 거라고들 하였다."

"1896년 고종 황제가 머물던 덕수궁에 우리나라 최초로 설치된 전화기는 '덕률풍'(德律風)이었다. 전화기의 영어 이름인 '텔레폰(telephone)'과 비슷한 한자음을 갖다 붙인 것이다."(뉴스핌, 2022. 8. 16.)

당시 고종이 중요한 일이 있을 때 신하와 직접 통화를 했다. 전화는 곧 임금을 의미했다. 전화가 오면 신하들은 전화 방향으로 큰절을 네 번 올린 뒤 무릎을 꿇은 자세로 엎드려 전화를 받았다고 전해진다.

▷ 젊음 되살리는 '시곗바늘 거꾸로 돌리기'

미국 하버드대 심리학과 엘렌 제인 랭어(Ellen Jane Langer) 교수는 특이한 실험에 도전한다. 실험의 목적은 심리적인 시간을 되돌릴 때 나타나는 사람의 생리적 변화를 관찰하는 것이었다.

1979년 외딴 시골 수도원에서 75-89세 노인들을 대상으로 실험이 진행된다.

연구팀은 수도원 내부를 20년 전인 1959년처럼 꾸몄다. 1959년 이전에 생산된 TV·라디오·신문·가구·집기 등을 배치했다. TV와 라디오에서는 1959년 당시 드라마·뉴스·쇼가 흘러나왔고 신문도 1959년의 것이었다. 한마디로 1979년의 분위기는 사라지고 누가 봐도 20년 전으로 돌아간 느낌이 들도록 했다.

노인들에게 일주일간 20년 전의 본인으로 돌아가 생활해 달라고 주문했다. 미국 최초의 인공위성인 익스플로러 1호 발사, 피델 카스트로의 아바나 진격 등 1959년의 사건에 대해 이야기하되 과거시제가 아니라 현재시제를 사용하도록 했다.

결과는 어땠을까. 심리적 시계를 20년 전으로 돌린 이들의 신체에는 어떤 변화가 생겼을까.

일주일이 다 지나기도 전에 노인들의 행동은 물론 태도까지 변했다.

면접을 보러 처음 하버드대를 찾았을 땐 당시 데려다준 가족에게 극단적으로 의존하던 노인들이 수도원 도착 직후부터 모두 독립적으로 행동했다.

일주일 후엔 모두 청력과 기억력, 악력이 향상되었으며 관절 유연성과 손놀림이 월등히 나아졌다. 키·몸무게·걸음걸이·자세도 좋아졌다.

이 연구가 세계적으로 주목받으며 랭어 교수는 일약 심리학계의 스타로 떠올랐다.

"랭어 교수(75)의 연구 결론은 노인에 대한 고정관념에서 벗어나 젊게 살면 실제로 신체적인 노화도 지연된다는 것이다. 즉 '젊게 살면 오래 산다'는 의미이다."(조선일보, 2022. 2. 5.)

랭어 교수의 저서 《늙는다는 착각》(2022)의 원제가 《Counterclockwise (시곗바늘 거꾸로 돌리기)》인 것은 그 때문이다.

▷ 간호사를 울린 '편지로 한 임종'

임종(臨終)엔 두 가지 뜻이 있다. '죽음을 맞음'과 '부모가 돌아가실 때 곁을 지킴'이다. 어느 뜻이건 임종은 삶과 죽음이 갈라서는 순간이다. 이승과 저승이 교차하는 마지막 고해(告解) 자리다. 떠나는 이가 의식이 있는 동안 가족은 핏줄과 사랑을 확인한다. 한 생(生)을 함께해 행복했다며 서로 고마워한다. 마음속 응어리를 털어놓고 용서를 구한다. 손 붙잡아 하나가 된다. 임종은 가장 슬프면서도 가장 아름답고 숭고한 의식(儀式)이다.

메르스 환자의 임종은 쓸쓸했다. 가족까지 격리돼 곁에 없기 일쑤다. 격리 대상 아닌 가족도 방호복을 입고 유리창 너머로 지켜볼 뿐이다.
숨진 환자는 이중 방수 백에 담긴다. 염(殮)도 못 하고 수의도 못 입힌다. 곧바로 화장(火葬)한다. 메르스 환자라면 거절하는 화장장과 장례식장도 많았다. 중세 페스트 환자가 따로 없다. '모시기'보다 '처리하기'에 가깝다. 자식에겐 더한 불효가 없다. 못 한 임종이 한(恨)으로 남는다.

대전 을지대병원 중환자실 예순다섯 살 할머니는 메르스 환자가 아니어도 여드레째 가족을 보지 못했다. 뇌경색으로 입원한 이 병원에서 메르스 환자가 나오면서 격리됐다. 간병하던 남편과 남매도 집에 갇혔다.

할머니는 상태가 나빠져 수술을 받았지만 나아지지 않았다. 만나볼 수조차 없게 된 남편이 중환자실에 전화를 걸어 "아내에게 가족이 쓴 편지를 읽어 달라"고 부탁했다. 다섯 간호사가 할머니 앞에서 남편 편지부터 읽었다.

"38년 고생도 하고 보람도 컸는데 갑자기 헤어지게 돼 가슴이 미어집니다. 당신 뜻 잘 새겨 자식·손자들과 살아갈 것이오. 이제 호강할 때 돌아가시니 아쉬움이 너무 큽니다. 이 세상 모든 근심 떨쳐 버리고 천국에서 행복하게 지켜봐 주시오."

읽던 간호사가 목이 메어 다른 간호사가 이어받았다.

"가난한 집에 시집와 살림 일으키고, 약한 아이들 훌륭하게 키우고, 못난 남편을 회사의 큰 책임자로 키워 내고, 노후 준비도 잘했는데…."

아들 편지가 이어졌다.

"얼굴 한번 보여 주는 것이 이리도 힘들까. 세상이 원망스럽기도 했지만 이제 받아들이고 엄마가 이 순간 편안하시길 바랄 뿐입니다."

딸 편지를 읽는 순간 간호사들이 울음을 터뜨렸다.

"엄마 딸로 살아 행복했고 아이들도 엄마가 제게 주신 사랑으로 키울

게요. 다음 생에도 엄마와 딸로 만나요."

할머니는 다섯 시간 뒤 편안한 얼굴로 숨을 거뒀다고 한다. 편지로나마 받은 남편의 배웅과 자식의 임종 덕분일 것이다.
모든 것을 가로막는 메르스도 가족의 사랑만은 막지 못했다. 슬프고도 아름다운 사랑이다.(조선일보(만물상), 2015. 6. 18.)

2015년 메르스로 인한 쓸쓸한 환자의 임종은 그로부터 6년 뒤 코로나19 사태로 재연된다. 특히 2022년 1월부터 4월 사이, 코로나 최고 단계가 이어지면서 장례 대란이란 말이 나올 정도로 많은 코로나 확진자의 장례식이 진행되었다.
유족들은 예의를 갖춘 임종은커녕 화장장, 장례식장을 구할 수조차 없는 형편이었다.
고인을 모실 때 가족들은 방호복 착용이 필수였다. 조문객도 찾을 수 없어 장례식장은 썰렁하기만 했다. 팬데믹이 몰고 온 쓸쓸한 임종, 썰렁한 장례에 유족들의 상심은 더욱 클 수밖에 없었다.

- 9편 -

홍보는 전략이다

1장 명암 엇갈린 홍보의 세계

▷ "청와대에서 가장 힘센 수석"

'가장 힘이 센 수석'이란 말을 꺼낸 인사는 김동연 경기도지사였다. 국무조정실장, 아주대 총장, 경제부총리를 지낸 김 지사는 한때 청와대 비서관을 지내기도 했다. 청와대(대통령실)에서 가장 힘센 수석은 내로라하는 정무수석, 민정수석, 외교안보수석, 경제기획수석도 아니라고 했다. 그 답은 바로 '홍보수석'이었다. 국가의 주요 정책은 정무감각이 있는 홍보수석을 거쳐야 집행이 가능하다는 설명이었다.

홍보수석은 언론과 여론의 동향을 빨리 간파하고 대통령과 수시로 만나거나 통화하는 위치에 있다. 김 지사의 표현은 바로 홍보의 중요성과 영향력을 강조한 것이었다. 청와대 행정관에서 비서실장보좌관, 청와대 경제금융비서관, 국정과제비서관을 두루 거친 경험을 바탕으로 한 것이어서 그 말에 힘이 실렸다.

정치인들은 홍보의 중요성과 필요성을 체감으로 안다. 오죽하면 "정치인에게는 자신의 부음(訃音)기사만 빼고 다른 모든 것은 기사화되는 것이 이득"이라는 말까지 나왔을 정도이다. 비록 부정적인 기사가 나올지라도 그로 인한 인지도가 높아져 선거에서 유리하게 작용한다는 것이다.

지명도가 높았던 4선 국회의원은 원내대표 당시 "기자와 자주 밥을 먹으라"고 초선의원들에게 당부하곤 했다. 소통과 자신의 홍보를 강조한 말이었다.

정치인의 말 한마디, 홍보의 전략이 선거에서 당락을 가르기도 한다.

▷ CEO 되려면 홍보 코스는 필수

홍보는 기업과 행정 분야에서 앞서 갔다. 일찍이 삼성그룹 이건희 회장은 "홍보가 기업의 생사여탈권을 쥐고 있다"며 홍보의 역할을 강조했다. 삼성전자 최초의 홍보팀장에 이어 홍보담당 사장까지 오른 이순동 삼성홍보전문가의 탄생도 최고경영자의 확고한 의지가 있어 가능했다. 결국 국내 홍보맨 1호, 홍보의 전설로 불린 이 사장 등을 비롯한 홍보맨들의 활약이 삼성을 초일류 기업으로 성장시키는 데 밑거름이 된다.

기업홍보의 모델을 제시한 삼성의 홍보는 국내 기업 홍보의 매뉴얼 역할을 톡톡히 해내게 된다.

우리나라 대기업들도 이제 홍보를 경쟁력을 높이는 필수 요소로 인식하고 있다. 제품과 기업 이미지 홍보에 사활을 걸고 있다. 홍보 효과를 높여야 기업 이미지도 좋아지고 매출도 크게 늘어난다는 점을 실감하고 있기 때문이다. 홍보 분야에 유능한 인력을 집중 배치하고 지원을 강화하고 있다.

"기업 홍보 기능이 중요시되면서 홍보맨 출신 최고경영자(CEO)가 잇달아 등장하고 있다. 홍보 경력이 CEO가 되기 위해 거쳐야 할 등용문이라는 인식이 확산될 정도이다. 이제 홍보 담당 임원들이 CEO 후보군으로 급부상하고 있다."(홍보출신 CEO 뜬다, 매일경제, 2003. 3. 5.)

실제로 최근 들어 홍보맨들의 승진 인사가 잇따랐다. 언론계 기자 출신의 임원 발탁이 두드러졌다. 코로나19 대유행 여파와 경제난으로 인해 기업의 대내외적인 커뮤니케이션 역량과 리스크 관리 능력이 그 어느 때보다 중요해지면서 홍보인 위상 역시 높아지는 추세다.
고위 관료로 발탁된 인사 가운데도 홍보와 정책 분야 출신이 많다는 점은 이미 알려진 사실이다.

▷ "홍보는 한여름 돼지고기"

삼성의 초창기 홍보를 성공적으로 이끈 책임자가 술회한 말이 인상적이다.
"홍보는 한여름 돼지고기와 같다." 돼지고기는 지방이 많아 상하기 쉽다. 그러니 한여름 잘 먹어야 본전이란 말이 나왔다. 냉장고가 흔하지 않았던 시절, 여름철에 삶아 놓은 돼지고기를 잘못 먹을 경우 식중독에 걸려 배탈이 나곤 했었다.
홍보도 마찬가지였다. 잘하면 그냥 넘어가고 일이 꼬이면 홍보 책임으로 지적되곤 했다.

언론에 보도된 원인 행위의 책임은 최고위층, 제작부서, 행위자에게 있는데도 신문에 활자화되면 그 결과는 이를 막지 못한 홍보실로 떠넘겨지게 된다. 여기에서 홍보맨의 어려움이 시작된다.

▷ 홍보실장 떠나자 "지옥 탈출" 환호

홍보의 어려움을 드러내는 일화도 많다. 금융계 고위 인사는 홍보실장 당시 "언론의 비판 보도로 화병이 나 토했다"는 글을 쓰기도 했다. KBS 홍보실장을 지낸 분은 다른 곳으로 전보 발령이 나자 '지옥 탈출'이라며 환호했다는 말을 남기기도 했다. 얼마나 그 자리가 힘든 곳인지를 실감하게 한다.

일단 신문에 비판 기사가 나면 먼저 홍보실 간부가 전화로 호출된다. 임원회의에서도 보도 경위보다 이를 사전에 알지 못하고 막지 못한 홍보실에 질책이 돌아오는 것이 일상이었다. 토요일 조간신문에 나온 기사 때문에 휴일에도 임원회의가 소집되기도 한다.

초창기 홍보실 직원은 신문 가판 기사를 기다렸다가 기사 글자 한 자를 바꾸려 신문사로 쳐들어갔다는 무용담이 나올 정도였다. 조간신문이 배달되는 새벽이면 상대사 신문의 머리기사부터 확인하며 마음 졸이곤 했다는 신문기자의 말을 들은 적이 있다. 홍보맨들도 일찍 일어나면 언론에 자기 회사에 대한 보도 내용이 있는지부터 확인한다. 희비가 엇갈리는 순간이다. 관련 내용이 없으면 그날은 일단 안도의 숨을 내쉰다. 그러나 부정적 보도나 심지어 사실과 다른 악의적 보도가 나오면 비상 상황에 돌입한다. 즉각 회의 자료와 대응 방안을 마련해야 했다.

바람이 불고 흐린 날이 더 많을 수밖에 없다. 좋은 기사보다 그렇지 못한 기사가 더 많은 것이 다반사(茶飯事)이고 병가지상사(兵家之常事)려니 생각했다. 홍보맨의 숙명이다.

2장 되돌아본 홍보 6년, '그때 그 홍보'

1. 휴일 없는 홍보맨, 희비 엇갈린 방송 홍보

2004년 KBS 청주방송총국 보도국장에서 본사 홍보부장으로 자리를 옮겼다. 당시 홍보팀장, 홍보부장, 홍보실장은 언론사 기자와 만나는 위치여서 기자 직종에서 맡았다.

우리나라 대표적인 공영방송인 KBS에도 홍보실이 있느냐는 질문도 많이 받았다. 방송의 채널이 많고 영향력이 막강한 조직에서 별도로 홍보 기능이 왜 필요한가라는 의문이었다. 그러나 홍보의 기능은 중요했다. 다른 언론사의 비판적 보도에 대한 대응, 해명과 바로잡기, 공영방송의 공적책무 알리기, 프로그램 홍보를 위해서도 홍보는 필수였다.

홍보부장을 3년간 한 뒤 보도본부에서 뉴스편집 업무와 앵커를 거친 후 다시 홍보실장으로 홍보업무를 3년 가까이 하게 된다. 거의 6년간 홍보업무를 담당하는 동안 희비가 엇갈렸다. 때로는 월 화 수 목 금, 금, 금 휴일 없이 긴장의 연속인 '극한 직업'을 경험해야 했다. 홍보 활동을 한 뒤 그 효과가 나왔을 때는 팀원들이 함께 기뻐하고 문제가 발생했을 때는 솔루션 찾기에 골몰해야 했다. 이른바 '산전수전 공중전'을 다 경험한 셈이다.

되돌아보면 군대 생활처럼 다시 돌아가고 싶지 않지만 낚시에서 대어를 잡을 때처럼 잊지 못할 짜릿한 순간도 있었다. 그 맛에 홍보를 하게 되는가 보다.

이제 지난 세월을 복기(復棋)해 본다. 이론을 떠나 경험을 통한 사례 중심으로 홍보 역정(歷程)을 되돌아보고자 한다.

▷ KBS 최장수 홍보실장?

필자는 홍보부장을 3년 거친 뒤 앵커를 하다 홍보실장을 2년 7개월을 했다. 세월호 참사 이후 사장이 임기 중 바뀌고 보궐선거로 새로운 사장이 취임하는 KBS 역사의 우여곡절을 겪으며 사장 2명을 모신 기록에다 최장수 홍보실장 기록을 세운 것이다. 이는 결코 자랑이 될 수 없고 의도한 바가 아니었다.

KBS 홍보실장 자리는 휴일이 없는 긴장 속의 격무로 대개 1년 안팎으로 교체됐다. 그런데 당시 KBS 상황이 위기의 연속이어서 전보가 미뤄지고 있었다. 사운을 건 수신료 인상 추진 과정에서의 어려움, 세월호 참사 보도 후유증으로 인한 사태 악화 등 악재가 잇따랐다. 사장이 해임되고 새로운 사장으로 교체되는 비상 상황에서 대내외적으로 위기 대응 홍보를 맡을 적임자가 필요했다. "전쟁 중 장수를 바꿀 수 없다"는 사장의 말과 함께 위기 대응 홍보를 계속 맡아야 할 적임자라는 임원진의 강력한 주장이 나온 것도 홍보책임자로 장기 복무를 하게 된 연유였다.

나름 홍보실장을 장기간 맡으면서 실전을 통한 노하우가 없을 수 없다. 경험을 통해 체득한 비결을 풀어 보고자 한다.

행정이나 조직의 참모로서 갖춰야 할 자세이자 덕목이기도 하다.

2. '무엇을', '어떻게' 홍보의 핵심 포인트 찾기

홍보는 PR이다. '피알' 글자대로 '피할 것은 피하고 알릴 것은 알리자'라고 흔히 말한다. 홍보는 조직이 가지고 있는 긍정적인 정보(메시지)를 전략적으로 외부 공중에게 알려 신뢰도를 높이고 우호적인 이미지를 만드는 과정이다. 최근에는 홍보에도 쌍방향 소통 개념이 추가되기도 한다.

필자가 홍보실장을 맡으며 내세운 KBS의 홍보 목표이자 전략은 '포지티브(Positive) 극대화, 네거티브(Negative) 최소화'였다. 공영방송에 대한 언론의 우호적 보도를 많이 이끌어내고 부정적 보도는 선제 대응으로 가급적 줄여 보자는 의도였다. 이를 사례별로 복기해 본다.

▷ 시청자에게 다가가는 '친근한 KBS' 이미지 홍보

최우선 홍보 전략은 '포지티브 극대화'였다.

공격적 홍보가 최선의 방어 역할을 한다. 시청자에게 다가가는 '친근한 KBS' 홍보로 스테이션 이미지를 높여보자는 의도가 있었다. 홍보실 업무는 크게 공영방송 이미지를 높이기 위한 브랜드 홍보와 각종 콘텐츠 홍보로 나누어진다.

공영방송의 브랜드 홍보로 장애인, 어려운 이웃과 함께하는 '공적 책무' 분야 홍보에 우선 집중했다. 친근한 이미지를 살리기 위해 〈1박 2일〉로 유명해진 나영석, 유호진 PD와 〈개그콘서트〉의 서수민 PD 띄우기에 나섰다. 대학생을 초청해 KBS 스타 특강 행사도 열었다. 수용자의 원트와 니즈를 살린 KBS 친화적 이벤트로 대성공이었다.

봄철 벚꽃데이, 드라마데이를 열고 '학교 시리즈' 등 다큐 시사회와 인기 대하드라마 시사회, 기자와 시청자가 참여하는 드라마 촬영 현장 공개 행사도 이어졌다. 당시 인기 드라마 제작 발표회와 시사회에는 신문과 인터넷 매체 기자 250명이 한꺼번에 몰릴 정도로 성황을 이뤘다.

지역축제에 맞춰 진행되는 〈열린음악회〉, 〈전국노래자랑〉, 〈가요무대〉 공개 녹화와 각종 라디오 공개 방송도 주요 홍보 수단으로 활용되었다.

필자가 창안한 청소년을 위한 'TV바로보기' TV활용교육(TIE)에도 전국 중고교 학생들이 다수 참여해 공영방송의 순기능을 보여 주었다. 당시 뉴미디어 알리기 차원에서 행사장에 비치해 놓은 사진 자동촬영 서비스가 인기를 얻기도 했다. 마이너리티에 대한 배려 메시지와 함께 장애인 앵커 기용을 부각했다.

브랜드 홍보와 교양 다큐, 드라마와 예능 프로그램 등 콘텐츠 홍보는 시청률을 높이려는 의도도 있었으나 전체적으로 공영방송의 친근한 이미지를 살리는 효과가 컸다. 홍보실의 '포지티브 극대화'를 위한 노력으로 기대 이상의 호응을 얻었다.

3. KBS 콘텐츠, 빛났다

　홍보실의 책무 가운데 중요한 것은 프로그램 홍보이다. 특히 예능분야와 드라마의 경우 2TV 광고와 관련된 마케팅 측면에서도 콘텐츠 홍보는 중요한 과제였다.
　당시 대내외에 지면과 애플리케이션, 트위터로 배포되는 〈KBS 사보〉는 홍보실에서 제작되고 홍보실장이 편집인으로 책임을 맡고 있었다.
　당시 사보 기사(2014. 6. 30. 발행, KBS사보 575호)를 중심으로 콘텐츠 홍보가 어떻게 이뤄지고 있었는지를 살펴보기로 한다. 게재됐던 기사 내용이다.

▷ 2014 월드컵 KBS 시청률 압도적 1위

　이근호의 통쾌한 첫 골. 이영표 예언 그대로였다.
　"KBS 중계는 달랐다", "명품 중계였다"
　월드컵 대표방송 KBS가 이번 2014 월드컵에서 신화를 만들고 있다.
　'新 삼국지'라 불릴 만큼 치열한 중계 전쟁에서 KBS가 파죽지세 상승세를 이어가고 있다. 브라질 월드컵의 하이라이트인 한국 대 러시아 경기와 한국 대 알제리 경기에서 KBS는 단연 '시청률 1위'였다. 그것도 압도적이었다.
　이영표의 족집게 해설과 조우종의 맛깔나는 콤비 중계방송에 화제가 집중됐다.
　KBS의 월드컵 주요 경기 UHD 생중계는 세계 최초의 시도이다. 차별화된 고품질 기술력, 미래지향적 서비스로 공영방송의 역량을 다시 한번 보여 준 KBS의 월드컵 중계를 통해 대한민국은 하나가 되었다

▷ 다큐에 강한 KBS, 국내외 대상 수상

KBS 콘텐츠의 힘이 국내외를 휩쓸었다.

국내외에 KBS 콘텐츠의 우수성이 잇따라 빛을 발하고 있다.

2012년 대기획 〈슈퍼피쉬〉는 최고 시청률 13.3%를 기록하며 ABU 다큐멘터리 최우수상, 휴스턴국제영화제 다큐멘터리 부문 대상을 수상했다. 대기획 〈순례〉는 뉴욕 TV & 필름 페스티벌 금상을 받았다.

KBS는 〈누들로드〉로 2010년 방송통신위원회 방송대상을 수상한 데 이어 2014년 〈의궤, 8일간의 축제〉로 4년 만에 다시 대상 수상의 영예를 안았다. 드라마 〈굿닥터〉와 함께 〈색, 네 개의 욕망〉이 3대 국제상 중 하나인 반프상 '심사위원 대상'을 수상한 데 이은 겹경사이다.

한민족방송을 통해 방송된 〈탈북청년, 비틀즈를 만나다〉가 뉴욕 라디오 페스티벌에서 다큐멘터리 시사부문 동상을 수상하며 같은 페스티벌에서 4년 연속 수상이라는 쾌거를 달성했다. 이와 함께 예능 분야 〈1박 2일〉과 〈인간의 조건〉, 그리고 TV드라마 부문 〈비밀〉도 호평 속에 아시아레인보우TV 어워즈를 수상했다.

▷ 국민과 함께 한 KBS 감동 드라마

2010년 방영된 드라마 〈수상한 삼형제〉는 2010년 이후 드라마 최

고 시청률인 54.3%를 기록했고 2001년 방영된 대하사극 〈태조 왕건〉은 KBS 사극 드라마 최고 시청률 기록인 60.2%를 보유하고 있다.(MBC 〈허준〉 63.7%, 〈대장금〉 57.8%, KBS 〈용의 눈물〉 49.6%)

1996년 9월부터 66부작으로 방송된 KBS2TV 주말드라마 〈첫사랑〉은 시청률이 65.8%로 드라마 사상 역대 최고 시청률을 기록한 바 있다.

2014년은 1월부터 시작된 대하드라마 50부작 〈정도전〉이 화제를 모았다. 정통 역사드라마로 열풍을 넘어 신드롬까지 몰고 왔다. KBS 홍보가 집중됐다.

칼이 아닌 붓을 들어 여말선초라는 미증유의 난세를 평정한 정도전의 일대기가 시선을 집중시켰다. 준비 기간만 2년, 허구가 사실을 압도하는 픽션 사극이 범람하고 있는 대한민국 드라마 시장에서 철저하게 사실에 입각한 스토리 전개가 시선을 끌었다. 그 위에 '재미'와 '품격'까지 더한 고품격 리얼 정치 사극이어서 주목도를 높였다.

주요 일간지 문화부 기자들도 모처럼 호평 일색이다.

"역사의 행간까지 들여다보게 만드는 드라마"(한겨레), "시나리오, 연출, 연기 다 갖춘 사극"(조선일보), "마지막까지 긴장감 최고의 성공 드라마"(연합뉴스), "2014 대한민국에 던진 묵직한 울림"(스포츠서울), "대사 하나하나가 모두 어록"(경향신문).

▷ **K-POP의 열풍 전도사, 〈뮤직뱅크〉 해외 공연**

'세계를 휩쓸고 있는 한류의 진원지가 바로 KBS'라는 점이 홍보의 키워드였다.

　최초의 한류 드라마로는 2002년 방송된 KBS 〈겨울연가〉가 꼽힌다. 한국 방영이 종료된 지 1년 후 일본 NHK에서 수입해 방송되면서 사회 현상으로까지 불릴 만큼 붐을 일으켰다. 한류 열풍을 촉발시키는 기폭제 역할을 단단히 했다.

　2011년 시작한 뮤직뱅크 해외투어가 K-POP의 열풍을 선도하고 있다. 일본 도쿄를 시작으로 프랑스 파리와 홍콩, 칠레, 인도네시아 자카르타, 튀르키예 이스탄불까지 세계 곳곳을 돌며 월드투어를 펼쳐 큰 호응을 얻는다. 특히 2014년 KBS 〈뮤직뱅크〉는 7번째 월드투어 개최지로 월드컵이 열리는 브라질을 택했다.

　2014년 6월 7일 브라질, 리우데자네이루 HSBC 아레나에서 열린 〈뮤직뱅크 in 브라질〉에는 샤이니, 엠블랙, 씨엔블루, 인피니트, B.A.P, 에일리, M.I.B 등 해외 팬들이 선호하는 가수들이 출연해 열렬한 환호를 받았다.

　이번 〈뮤직뱅크 in 브라질〉은 월드투어 타이틀에 걸맞게 전 세계 각국의 해외 팬들을 위한 다양한 스페셜 스테이지를 준비했다. 2014 브라질 월드컵에 맞춰 펼쳐지는 공연인 만큼 출연 가수 모두가 월드컵 응원 메들리를 열창하며 월드컵 열기를 고조시켰다. 홍보실에서는 감동의 해외 공연 실황을 릴리스하고 언론은 〈'뮤직뱅크 in 브라질', 브라질리언의 떼창… '진화한 K팝' 입증〉 제목으로 호의적으로 보도했다.

3장 국민과 함께한 감동 그 현장

홍보실에서 제작한 2013년 3월 5일자 KBS사보 544호에는 공사창립 40주년 특집으로 〈국민과 함께한 감동 40년〉 기획물을 실었다.

여기에는 '감동의 인간드라마 이산가족 찾기 생방송', 'KBS 금모으기 운동, 나라를 살렸다', '88 서울올림픽과 2002 월드컵, 전 세계에 KBS 역량 과시' 등 3편이 게재됐다.

주요 내용을 간추려 본다.

1. 감동의 인간드라마 〈이산가족 찾기〉 생방송

전국을 울음바다로 만든 혈육 만남의 순간, "맞다, 맞아, 엄마 맞네!" 30년간 생사조차 몰랐던 어머니 얼굴을 화면으로 마주한 딸의 절규였다. 모녀의 상봉에 이산가족 방청객들의 박수가 터진다. 이산가족 찾기에서 감동적인 장면은 허현철, 허현옥 남매의 극적 상봉이다.

"제가 어렸을 때 이발소에 맡겨 두고 갔어요."
"예, 맞아요."
"날씨가 흐리고요."
"맞아요."
"오빠…!"

33년 만의 기적 같은 만남이었다.

한국전쟁 당시 6살과 4살이었던 이들 남매의 극적 상봉은 시청자들의 뇌리에 아직도 생생하게 남아 있다. 전쟁 당시 부모를 잃은 두 남매는 서로 다른 보육원을 거쳐 제주와 대전에서 살다 감격스러운 상봉이 이뤄졌다. TV 화면에 나타난 남매의 모습은 똑같이 닮아 있었다.(1983. 7. 5)

이날 상봉은 KBS제주-KBS대전 화상 연결로 이뤄졌다. 방송의 힘이었다.

〈누가 이 사람을 모르시나요〉 패티 김의 애절한 노래와 설운도를 최단시간 내 인기가수로 만든 〈잃어버린 30년〉 노래가 흘러나왔던 1983년 KBS 이산가족 찾기 생방송.

전국의 시청자들은 뜬눈으로 밤을 새우며 헤어졌던 가족의 기적 같은 재회의 순간을 지켜보았다. 감동의 순간들이었다.

이산가족 찾기 방송은 6.25 특집 1회 방송으로 편성됐으나 숱한 이산가족들의 애끓는 신청은 끝없이 밀려들었다. 결국 생방송이 138일간 453시간 45분 동안 진행돼 기네스북에 '세계 최장 시간 생방송' 기록을 남겼다. 당시 유철종·이지연 MC는 하루 16시간 35분 동안 쉬지 않고 방송을 진행해야 했다.

5만 명이 넘는 사람들이 생이별한 가족을 찾기 위해 여의도를 찾았고 가족을 찾는 벽보가 방송사 건물을 빼곡하게 채웠다. 30여 년 만에 가족을 만난 사람들은 스튜디오에서 얼싸안고 통곡했고 시청자들도 감격의 눈물을 흘렸다.

입사 3년 차인 필자도 청주방송국에서 밤을 새우며 이산가족을 소개했던 기억이 아직도 생생하다.

이산가족 찾기 생방송은 30년 넘게 생사조차 몰랐던 10,189명의 극적 상봉을 이뤄냈다. 무려 78%라는 최고 시청률을 기록했고 2015년 마침내 유네스코 기록유산으로 등재되기에 이른다.

당시 생방송은 온 세계가 지켜본 인간 드라마였다. AP, 로이터 등 세계 4대 통신과 미국의 3대 TV방송, 일본 NHK 등 세계 주요 언론들은 "한국TV가 보여 줬던 어떤 프로그램보다 감격적이었으며 생생한 휴먼 다큐였다"고 평가했다.

KBS 이산가족 찾기 생방송은 '국민 모두가 하나'였던 감동의 시간인 동시에 처절했던 한국 전쟁의 상흔, 남북 분단의 현실을 재조명하는 계기를 마련했다는 점에서 의미가 컸다. 또한 한걸음 더 나아가 '남북 이산가족 상봉의 필요성과 민족화합의 분위기를 조성하는 마중물' 역할을 했다는 기록을 남겼다.

2. 외환위기 극복의 불씨 '금 모으기 운동'

▷ KBS가 일으킨 희망의 불꽃

1997년 외환위기로 나라 경제가 휘청거리던 때 KBS는 작은 불꽃을 일으켰다. 그 불꽃은 온 나라로 확산되면서 희망의 불꽃이 되었다. 바로 KBS '금 모으기 운동'이다.

IMF사태가 몰아닥친 1997년 말, KBS는 12월 25일 〈KBS 9시뉴스〉

에서 '금 모아 수출하자'는 용태영 기자의 리포트를 보도하였다. 뉴스 직후 시청자들 전화가 폭주하였고, KBS는 신속하게 '금 모으기 운동'이라는 범국민적 캠페인을 전개한다. KBS가 홍보하고, 주택은행이 금을 수집하고, 대우가 수출을 맡기로 역할을 분담한 후 1998년 1월 5일 '나라사랑 금 모으기' 캠페인을 시작했다.

KBS는 1998년 1월 10일과 23일 두 차례에 걸쳐 '나라를 살립시다', '금을 모읍시다' 특별 생방송을 펼치면서 전 국민의 가슴에 불을 지폈다. 이렇게 시작된 금 모으기 운동 열기가 확산돼 접수창구마다 줄을 이었다. 필자도 집에 있던 돌반지를 모아 이 운동에 동참했던 기억이 새롭다. 전 국민이 한마음으로 뭉친, 가슴 찡한 나라 살리기 국민운동이었다.

▷ 전 세계가 깜짝 놀란 '금 모으기 운동'

1998년 한국발 톱뉴스인 '금 모으기 운동'은 전 세계를 놀라게 했다. 영국의 BBC방송을 비롯한 외국 방송사들의 취재 열기가 뜨거웠다. 해외 취재진들의 눈에 비친 한국 국민의 나라사랑 행동은 경이로웠다. IMF 관리 체제로 넘어가 형편없이 구겨진 국민의 자존심을 다시 일으켜 세우고 한국 경제의 잠재력을 재인식시켜 주었다.

두 달간 계속된 금모으기 운동의 성과는 놀라웠다. 전국에서 캠페인에 참여한 국민이 350만 명, 캠페인으로 모아진 금이 227톤, 수출한 금액은 22억 달러나 됐다. 이는 IMF에서 빌린 돈의 10%를 갚을 수 있는 금액이었다.

KBS가 앞장서 추진했던 '금 모으기 운동'은 우리 경제를 되살리는데 큰 역할을 하였고 암울하기만 했던 국민의 가슴에 희망을 심어 주었다. 일제강점기 시대 '국채보상운동'에 이어 위기에 처한 국난을 극복한 역사로 남게 됐다. 공영방송 KBS의 역할이 빛나는 순간이었다.

3. 세계에 한국 알린 88 서울올림픽, 2002 월드컵

▷ 서울올림픽 방송, 한국 경제와 문화의 저력 전파

1988년 9월 17일 세계 50억 인구의 축제가 열리는 잠실 올림픽 주경기장.

굴렁쇠를 굴리며 한 작은 소년이 그라운드로 들어섰다. 녹색 운동장 위로 은색 원이 반짝이며 살아 있는 듯 굴렀다. 마치 지구촌의 영원한 전진, 평화 그리고 화합을 상징하는 듯 보였다. KBS가 제작한 국제 신호를 통해 전 세계로 생중계된 '단 1분의 퍼포먼스'는 50억 전 세계 시청자들의 탄성을 자아내며 마음속에 강렬한 이미지를 남겼다.

서울에서 개최된 제24회 하계올림픽은 세계에 대한민국의 경제발전과 문화 저력을 보여 주는 계기가 되었다.

▷ 올림픽, 월드컵 주관 방송사로 '고품질 영상' 제공

KBS는 서울올림픽 주관 방송사로서 국제 스포츠 행사 중계를 책임지면서 그 역량을 보여 주었다.

KBS가 제공한 국제신호(IS)는 세계 최고 수준이라는 평가를 받았다. 세계 방송인들의 찬사를 받았던 KBS의 기술력은 14년 후에 찾아온 2002 한일 월드컵에서도 다시 한번 빛을 발하게 된다. 사상 처음으로 HD방송을 선보이면서 월드컵 4강 신화의 생생한 감동을 고품질 화면으로 국민에게 전달해 호응을 얻었다.

4. 한류 이끈 〈겨울연가〉, 명품 KBS 콘텐츠

KBS 공사창립 40주년인 2013년을 기준으로 예능, 드라마, 교양, 보도 부문에서 국민의 사랑을 받았던 명품 콘텐츠들이 뜨고 졌다. 그중에서 특히 홍보 측면에서 중점을 뒀던 대표적인 명품 콘텐츠를 돌아본다.

▷ 한류 촉발 드라마 〈겨울연가〉, 시청률 1위 〈첫사랑〉

- "욘사마 인기가 일본 수상보다 높다", 〈겨울연가〉로 일본 열도 '들썩'

2002년 1월 14일부터 2002년 3월 19일까지 20부작으로 방송되었던 월화 미니시리즈 〈겨울연가〉는 한류를 촉발시킨 대표적인 KBS 드라마로 기록된다.

결혼을 앞둔 한 여자에게 죽은 첫사랑과 닮은 한 남자가 나타나면서 벌어지는 일들을 그린 드라마로 화제를 모았다.

2004년 문화관광부(현 문화체육관광부)의 공식 집계에 따르면 10여 개국에 수출되고 특히 일본의 경우 1년간 1,072억 엔(한화 약 1조 720

억 원)의 경제적 파급 효과를 냈다.

2004년 7월 25일 〈KBS 일요스페셜〉을 통해 '일본열도를 사로잡은 겨울연가 열풍'이라는 다큐멘터리가 방송될 정도였다. 일본을 강타하고 있는 〈겨울연가〉의 인기 비결과 경제적 파급 효과를 분석해 주목도를 높였다.

배용준, 최지우, 박용하 등 주연 배우는 일본에서 큰 호평을 받았다. 2004년 당시 일본 수상이었던 고이즈미 준이치로 총리는 "욘사마가 나보다 더 인기 있다"라고 언급해 화제가 되기도 했다.

드라마의 주요 배경지가 된 춘천의 남이섬은 일본인 팬들이 크게 몰려 관광코스로 자리 잡게 된다.

- 시청률 1위, 전설적 드라마 〈첫사랑〉

1996년 9월 7일부터 1997년 4월 20일까지 방영된 KBS2TV 주말연속극 〈첫사랑〉은 시청률 1위 콘텐츠로 등극한다. 당시 최고 시청률(65.8%)을 기록한 전설적인 드라마이다.

역시 배용준, 최지우와 함께 최수종, 이승연이 출연했다.

1980년대에서 1990년대까지를 배경으로 신분의 벽을 뛰어넘는 젊은 이들의 첫사랑과 강한 형제애를 그린 드라마로 화제를 모았다.

정통사극을 자랑하는 KBS 대하드라마로는 〈용의 눈물〉, 〈불멸의 이순신〉, 〈정도전〉, 〈장영실〉, 〈해신〉 등을 들 수 있다. 시간이 지나도 빛이 나는 대하역사드라마로 손꼽히고 있다.

- 국민 관심 집중시킨 화제작 〈여로〉(女路)

KBS 드라마 역사상 기념비적 화제작은 〈여로〉(女路)였다. 방송사상 최고의 인기를 얻었다. 1972년 4월 3일부터 12월 29일까지 일일연속극으로 211회 방송됐다.

시대적 배경은 1950년대이다. 가난 때문에 정신지체 장애인 남편과 인연을 맺게 된 한 여인이 고난의 시집살이를 하게 되는 내용을 담고 있다. 주인공은 분이 역의 태현실, 영구 역의 장욱제가 맡았다(이남섭 극본, 연출).

TV드라마로서 70%에 달하는 놀라운 시청률을 기록했다. 드라마가 방송되는 7시 30분부터 20분간, TV가 있는 집, 전파사, 다방, 만화가게 등 TV를 볼 수 있는 곳이면 사람들이 모여들었다. 그 시간대면 시가지가 한산할 정도였다.(이장춘, KBS사우회보, 2024. 3. 1.)

택시기사들도 영업을 멈추고 전파상 앞에서 〈여로〉를 봤다. 극장에서도 관객들이 영화 보다 말고 〈여로〉를 보는 바람에 영화 상영을 20분간 중단하기도 했다. 드라마 〈여로〉를 보는 데 집중하느라 도둑맞은 집, 밥을 태워 먹은 집들도 속출했다는 얘기도 나돌 정도였다. 당시 박정희 대통령도 〈여로〉를 즐겨 보고 국무회의가 열리기 전에 〈여로〉의 줄거리가 화제가 되었다는 후일담이 전해질 정도였다. KBS 드라마 PD들은 드라마 전설을 되살리기 위해 오늘도 뛰고 있다.

▷ 파독 광부 간호사 울린 〈독일 가요무대〉

2013년 8월 3일 한·독 수교 130주년, 광부·간호사 파독 50주년 기념

특별무대로 〈가요무대〉가 진행됐다. 독일 루르공업지대 중심부 루르콩그레스 보훔에서 열린 공연에는 광부와 간호사 출신 교포 등 3,000명이 넘는 관객이 나와 열띤 호응을 보였다.

〈노란셔츠의 사나이(김연자)〉, 〈갈대의 순정(송대관)〉, 〈대머리총각(김상희)〉, 〈이별(권성희)〉, 〈빨간구두 아가씨(설운도)〉, 〈봄날은 간다(장사익)〉 등 1960-70년대 파독근로자들의 귀에 익숙한 노래들이 소개돼 청중들의 환호를 받았다. 이어 근로자 파독 50주년 다큐 필름, 그 시절의 영상을 보며 눈물을 흘리기도 했다.

독일 가요무대가 방송되자 반향이 컸다. 우리나라가 어려웠던 시절 경제 발전의 종잣돈을 보내줬던 파독 광부와 간호사들의 헌신이 재조명되고 시청률도 높게 나왔다.

방송 후 국내외 반응과 독일 교포가 보낸 감사의 편지를 KBS사보 1면에 게재하고 이를 교민회장에게 우송했던 기억도 생생하다.

▷ 고품격 다큐 〈차마고도〉

KBS 명품관에서는 〈차마고도〉, 〈누들로드〉, 〈요리인류〉 등 한국 방송 제작 역량을 확인할 수 있는 고품격 다큐멘터리를 볼 수 있다.

특히 〈차마고도〉는 2007년 3월 방영 당시 제44회 백상예술대상 교양 프로그램상, 제35회 한국방송대상을 수상했을 뿐 아니라, 국제 에미상에서 국내 작품으로서는 최초로 본선에 노미네이트되는 진기록을 세웠다. 명실상부 대한민국을 대표하는 다큐멘터리로 그 작품성과 완성도를 인정받은 작품이다.

다큐멘터리 부문 수상작인 〈차마고도〉는 2년여 기간 기획, 제작 과정을 거쳐 완성됐다. 중국 운남에서 티베트를 넘어 인도까지 이어지는 5,000km의 장대한 문명 교역로 〈차마고도〉 전 구간을 세계 최초로 담은 문명 다큐라는 점에서 높은 평가를 받았다.

5. 시청자가 뽑은 KBS TOP 10 프로그램

시청자들은 어떤 프로그램을 선호할까.

KBS가 2013. 2. 18.-20. 이틀 동안 전국 만 19세 이상 성인 남녀 KBS 국민패널 2,206명을 대상으로 인터넷 설문조사를 했다. 'KBS 방송 개시 86년, 공사창립 40년'의 세월 동안 드라마, 예능, 교양, 다큐 프로그램 중 가장 좋아하는 프로그램은 무엇인가에 대한 조사였다. 그 결과는 다음과 같다.

1위 〈개그콘서트〉, 2위 〈가족오락관〉, 3위 〈전국노래자랑〉, 4위 〈1박 2일〉, 5위 〈인간극장〉, 6위 〈가요무대〉, 7위 〈TV는 사랑을 싣고〉, 8위 〈넝쿨째 굴러온 당신〉(드라마), 9위 〈가을동화〉, 10위 〈생로병사의 비밀〉로 나타났다.(KBS사보 544호, 2013. 3. 5.)

4장 네거티브 보도 대응 홍보 전략

1. 진영논리로 엇갈린 공영방송 관련 보도

KBS는 대한민국의 대표적 공영방송이고 언론 매체 중 신뢰도와 영향력, 열독률 부문 설문조사에서 종합 1위 자리를 차지했다.(시사저널, 2014. 4. 1.) 그러나 이런 위상에 걸맞지 않게 주요 일간지와 인터넷 매체로부터 비판의 표적이 되곤 했다.

당시 언론의 보도는 극명하게 갈렸다. KBS 사장 선임 배경과 언론 매체의 성향에 따라 달랐다.

진보 출신 사장일 경우 보수 언론이, 보수 출신 사장이면 이른바 진보 성향 언론 매체가 비판 기사를 많이 보도했다. 이러다 보니 홍보와 대응도 그만큼 어려울 수밖에 없었다.

과거에는 홍보실 직원이 신문 가판이나 초판 기사를 살펴보는 과정이 첫 업무였다. 부정적 보도 내용이 발견되면 해당 언론사에 읍소 작전을 펴 비판 강도를 약화시키려 노력했다는 에피소드가 회자됐다. 급한 마음에 해당 기자에게 항의 전화를 했다가 되레 화를 자초하는 경우도 있었다.

물론 언론 보도 가운데는 공영방송의 건전한 발전을 위해 비판하는 논조도 있었다. 이런 경우 프로그램이나 공사 정책에 반영돼 더 나은 방향으로 개선되는 긍정적 효과를 가져온다.

그러나 보도 내용 중에는 진영논리 프레임에 갇혀 일방적으로 비판하거나 더 나아가 팩트와 다른 보도도 있었다.

여기에서 사례로 드는 이슈는 현재 관점으로는 논의가 필요한 부분도 있을 수 있다. 그동안 달라진 상황에 비추어 KBS 입장만을 강변할 이유가 없다. 또한 현직을 떠난 필자도 이제는 자유로운 시각으로 재단이 가능해졌다.

여기서는 다만 위기대응 홍보가 어떻게 이뤄지고 그 중요성과 필요성이 무엇인지를 강조하기 위해 당시 실제로 경험한 사례를 적시했다는 점을 분명히 밝힌다.

2. 팩트 체크 후, 문서로 차분하게 대응하라

2013년 유력 일간지는 사설에 KBS를 사실과 다르게 논평하면서 KBS를 '무뇌아 집단'이라고 모멸적으로 표현했다. 보도 내용에 대한 내부 반발도 거셌다. 스테이션 이미지와 구성원들의 자존감과도 직결되는 문제였다. 홍보실장 부임 초기여서 대응 방안을 놓고 고심을 거듭했다. 단안이 내려졌다. 정정당당히 정면 대응해 보자는 것이었다.

해당 언론사에 팩트와 다른 사설 내용을 정정 보도 하고 지나친 표현에 대한 사과를 요구하는 공문을 KBS 사장 직인까지 날인하여 등기 속달 우편으로 보냈다. 사실과 다른 내용을 낱낱이 구체적으로 적시한 뒤 "조속한 시일 내에 요구사항을 이행하지 않을 경우 부득이 법적 대응에 나설 것임을 정중히 알려 드립니다"라는 문구도 넣었다. KBS 법무실 소속 변호사의 법률적 자문도 거쳤다.

해당 언론사의 처리 결과는 신속했다. 우편물을 보낸 이튿날 사설 내용을 바로잡는 정정 보도문이 게재된 것이다. 해당 언론사가 이례적으로 잘못을 인정하고 발 빠르게 정정 보도문을 내보낸 이유는 무엇일까. 자신들의 보도 내용이 사실과 다르다는 점이 명백히 드러난 상황에서 언론중재위원회에 회부될 경우 간부가 일일이 출석해야 하는 번거로움에다 비용이 들어가는 것을 감안해 서둘러 정정 보도를 한 것으로 보였다.

첫 정정 보도 내용이 보고되자 그날 임원회의에서는 박수가 터졌다. 주요 언론의 비판적 보도에 그동안 속수무책으로 당하기만 하며 지내오다 반전을 이뤄냈기 때문이었다.

주요 일간지로부터 곧바로 정정 보도문을 받아낸 것은 초유의 사례였다. 이를 계기로 팩트와 다른 부정적 보도와 일방적인 비판 보도에 대해 정정 보도를 요구하는 공문을 발송하는 것이 하나의 매뉴얼로 자리잡는다.

주요 일간지의 "알려왔습니다" "바로잡습니다" 반론 보도와 정정 보도가 잇따랐다.

이후 언론의 KBS에 대한 부정적 보도가 일단 크게 줄어들었다. 언론사에서 기사화할 경우에도 홍보실을 통해 사실 여부를 확인하는 과정을 거쳤다. 보도할 경우에도 기사에서 KBS 입장을 반론으로 충실히 실어주는 모습으로 바뀌었다.

당시 언론의 행태로 비춰볼 때 엄청난 변화였다. 홍보실의 정교하고 적극적인 대처에 따른 긍정적 변화였다.

3. 긴급 해명자료 릴리스, 기자회견으로 확산 차단

'네거티브 최소화'는 어려움이 많았다. 상대가 있느니만큼 의도적인 부정적 보도에는 대응이 쉽지 않았다. 회사에서 촉각을 곤두세우는 사안에 대한 위기 대응 홍보가 관건이었다.

홍보실에서는 위기 대응 매뉴얼을 만들고 맞춤형 홍보 전략을 수시로 점검해야 했다. 사실이 아닌 보도 내용의 경우 긴급 대응에 나선다. "사실이 아닙니다"라고 반박하는 보도자료의 릴리스를 통해 다른 언론사로의 기사 확산을 막는 것이 우선이다. 팩트와 다른 내용을 보도한 해당 언론사에는 "바로잡습니다" 정정 보도를 요청했다.

이슈가 확산되면 이를 차단하기 위해 기자 간담회나 기자회견을 열어 경영진이 해명에 나서기도 했다.

4. 네거티브 보도, 전략적으로 대응하라

홍보에는 강온 전략이 병행돼야 효과적이다. 사태를 지켜보면서 자연히 진화되기를 기다려 본다. 그러나 확산 조짐을 보이면 2단계가 시작된다. 메시지를 강하게 전달하는 돌직구 홍보가 있는가 하면 의도적인 네거티브 보도가 지속될 경우 법적 대응에 들어간다. 일단 언론중재위원회에 회부해 정정 보도를 이끌어내는 방법이 그것이다.

집요하게 의도적으로 부정적 보도를 시리즈로 하는 한 매체에 대해 강경 대응에 나선 경험이 있다. 3회에 걸친 언론중재위원회 회부 끝에 마침내 그 언론사는 공격을 멈췄다. 정정 보도를 받아내고 꼬리를 내리게 한 것이 아직도 기억 속에 남아 있다. 팩트와 다른 네거티브 보도를 끈질기게 하는 경우 정정당당히 맞서는 것도 하나의 솔루션이 될 수 있다. 방관하거나 소극적으로 대응할 경우 오히려 화를 키울 수 있다.

5. '사실 왜곡' 기고문에는 반박문으로 대응

사실을 왜곡한 기고문에는 반박문으로 대응하는 방안도 있다.

2015년 6월 29일자 한 일간지에는 유력 신문사 출신 언론단체 대표의 기고문이 실렸다. 팩트를 왜곡하는 내용이었다.

문제의 기고문을 실은 언론사에 같은 분량의 반박문 게재를 강력히 요청했다.

이와 같은 요구가 받아들여져 해당 칼럼 내용을 조목조목 반박하는 반론이 KBS 홍보실장 명의로 신문에 게재됐다. 역으로 KBS 입장을 홍보하는 장으로 활용된 셈이다.

수세적으로 당하는 홍보가 아닌, 적극적인 자세로의 홍보 전환이 구체적인 결과물로 나온 것이다. 사내의 화제가 됐다. 자연히 홍보실 내부 사기가 높아지고 분위기도 활기를 띠게 된다.

5장 위기대응 홍보, 어떻게 할 것인가?

1. 위기 대응 홍보, 베스트와 워스트 사례?

국가나 회사나 위기가 있기 마련이다. 문제는 이를 초기에 효과적으로 대응해 피해를 어느 정도 최소화하느냐에 있다. 위기 대응 홍보 사례 중 대표적인 베스트(Best)와 워스트(Worst) 사례가 인용된다.

베스트 사례로는 'LG전자 헬기 사고' 관련 홍보 사례를 들 수 있다.
2013년 11월 16일 짙은 안개 속에 LG전자 헬기가 추락해 서울 삼성동 아이파크 아파트 건물과 충돌하는 사고가 발생한다. 기장과 부기장은 사망했다.
갑작스러운 사고 발생에도 회사 측의 초기 대응은 신속했다. 아파트 주민 긴급 대피, 부상자 운송, 치료비 부담, 사과문 발표 등이 잇따랐다. 회사에 대한 비난 여론과 부정적 보도를 최소화한 것은 바로 신속한 초기 대응이었다.

반면 워스트 사례로는 'A 항공 땅콩 회항 사건'이 거론된다.
2014년 12월 5일 뉴욕발 A 항공 1등석에서 회장의 장녀인 부사장이 승무원의 땅콩 서비스를 문제 삼아 회항을 지시하고 사무장을 내리게 한다. 이 사건이 언론에 보도되면서 재벌가 갑질 논란을 촉발시킨다. 회사 측의 뒤늦은 사과에다 승무원에게 책임을 돌리는 내용은 사태를 악화시킨다. 승객 감소로 인한 영업 손실과 항공사 이미지 추락은 물론 급기야

당사자의 구속으로 이어졌다.

위 사례에서 보듯이 위기에 대응하는 홍보 비결은 '타이밍'과 '선제 대응'이다.

LG의 경우 신속한 초기 대처와 피해 주민에 대한 선제 대응 조치가 회사에 대한 부정적 여론과 네거티브 보도를 최소화시켰다. 반면 A 항공은 뒤늦은 사과에다 진정성이 없는 사과 내용이 오히려 기름을 붓는 역효과를 내고 말았다.

위기 대응 홍보의 핵심은 메시지를 타깃에게 타이밍에 맞춰 적절하게 전달해 리스크를 최소화하고 긍정적 결과물을 내는 데 있는 것이다. 그러자면 순발력, 임기응변, 선제 대응 등 초기 상황 판단과 대처 능력이 필요하다.

또한 전달력, 설득력, 소구력이 있는 메시지가 요구된다. 한국에서 식당이 성공하려면 '음식 제공이 빠르고, 맛이 좋아야 한다'는 말이 있다. 곧 신속성과 콘텐츠의 품질을 가리킨다.

2. 위기 최소화 솔루션 있다

악재가 발생했을 때 대응 홍보는 사과의 타이밍, 진정성 있는 해명이 중요하다. 또한 사과문에 재발 방지 조치 등 앞으로 다짐을 싣는 성의가 필요하다. 위기관리(Crisis Management) 홍보의 기본 원칙으로는 다섯 가지가 제시된다.

문제 발생 3시간 이내 언론에 발표하는 '신속성의 원칙', 조직 구성원이 한목소리를 내는 '일관성의 원칙', 기자들에 대한 열린 소통 창구로서의 '개방성의 원칙', 책임 있는 행동으로 공감을 이끄는 '공감의 원칙', 최고책임자가 전면에 나서는 '신뢰성의 원칙' 등 5가지를 위기 대응 홍보 전략으로 들 수 있다.(박성호,《홍보학개론》, 2008, P. 323-324 참조)

이동규 교수는 '위기대응 커뮤니케이션(Crisis Communication)'의 설득의 핵심을 다음과 같이 정리한다.

첫째, 쓸데없이 변명하지 말라. 잘잘못을 떠나 벌어진 사실에 대해 이러쿵저러쿵하면 첫 단추부터 실패한 것이다.

둘째, 타이밍이다. 문제가 생겼을 때 미적미적하다간 오히려 의혹만 증폭될 것이다.

셋째, 절대 네 탓이 아니라 내 탓임을 보여라. 설득은 정직함의 산물이다. 상대 입장에서 이야기하고 가장 중요한 원료는 정직이라는 것이다.(조선일보, 2021. 10. 1.)

위기에도 침착하게 대응한다면 오히려 악재를 역전 기회로 만들 수 있다.

3. 발상의 전환, 위기를 기회로

홍보의 필드에 있다 보면 하루에도 여러 차례 호재와 악재가 꼬리를 문다. 악재의 대처 방안으로는 수많은 '경우의 수'가 있다. 교과서적인 정통 요법이 안 통하는 경우가 더 많다. 이때 오랜 기간 임상을 거친 홍보 전문의가 나서야 한다.

정통 요법이 안 먹히면 때로는 발상의 전환이나 변화구, 돌직구 정면 돌파가 필요하다.

▷ '곡성' 브랜드로 역이용, 관광 대박

2016년 5월 12일에 개봉된 영화 〈곡성〉(哭聲)은 그 제목에서 나타나 듯이 마을 연쇄 살인사건 스토리를 다룬 공포 스릴러 영화이다. 영화 제목과 이름이 같은 곡성(谷城)군은 지역 이미지에 나쁜 영향을 끼치지 않을까 우려되는 상황이었다.

이때 유근기 곡성군수의 역발상이 빛을 발한다. 위기를 기회로 활용하자며 오히려 영화 포스터에 한자를 병기해 표기하도록 했고, 영화 상영 시 '본 영화는 곡성 지역과 무관하다'는 자막을 표기하도록 요청하는 등의 노력으로 오히려 장미축제 홍보에 역이용한다.

영화는 관객 700만을 육박하며 흥행으로 이어지고 곡성군의 브랜드 가치도 수직 상승했다. 관광 수입이 덩달아 크게 늘어나는 호기를 맞았다. 악재를 호재로 바꾼 '역발상 홍보'의 성공 사례였다.

▷ 태풍 이겨낸 '합격사과' 불티

발상의 전환으로 성공한 케이스는 일본에도 있었다.

세계적으로 유명한 사과 생산지인 일본의 아오모리(青森)현에 1991년 태풍이 들이닥친다. 당시 출하를 앞두고 있던 사과의 약 90% 정도에 피해가 발생했다. 이러한 위기 상황 속에서 모두가 망연자실하고 있을 때 한 농부가 위기를 기회로 바꾸는 작업에 나선다. 태풍으로부터 살아남은 사과를 '합격사과'로 이름을 붙여서, 정상 가격의 2-3배 가격으로 파는 것을 시도한 것이다.

아이디어는 적중했다. 대학 시험을 앞둔 수험생 사이에서 큰 인기를 얻어 날개 돋친 듯 팔려 나갔다. 농민의 역발상 아이디어가 솔루션 역할을 한 것이다.

이는 오늘날까지 유명한 위기 극복 마케팅의 모범사례로 전해지고 있다.

"에스키모인에게 냉장고를 팔고 사막에서 우산을 팔아라"라는 얘기가 있다. 역발상을 강조한 말이다. 그런데 실제로 추운 러시아에 에어컨을 수출하고 열사의 나라 중동에 난로를 수출한 중소기업이 있다. 역발상은 시도하기에 달렸다.

▷ 여성 타깃, 드라마 제목 즉석 개명 '적중'

드라마 제목이 시청자의 시선을 끄는 첫 요소이다. 마케팅을 위해서도 작명에 신경을 쓸 수밖에 없다.

2005년 9월 드라마 홍보대책 회의가 열렸다. 이날 새로운 일일드라마로 '별난 남자 별난 여자'가 소개됐다. 회의 중 긴급 제안을 했다. 타이틀을 '별난 여자 별난 남자'로 바꾸는 것이 낫지 않겠느냐는 의견이었다. 별난 여자를 앞세워야 호기심이 더 생기고 여성 퍼스트에다 실질적으로 가정에서 드라마 채널 우선권을 주부들이나 중장년 세대 여성이 쥐고 있는 현실을 감안해야 한다는 의견도 덧붙였다. 예능본부장이 좋은 의견이라며 받아들여 즉석에서 드라마 제목이 개명됐다.

당시 9시뉴스 직전에 방송되는 일일 드라마는 방송사의 대표적인 콘텐츠였다. 드라마 시청률이 9시뉴스 시청률과도 연동돼 보도본부에서도 관심 대상이었다. 오죽하면 "보도본부장이 드라마국장에게 술을 사야 된다"는 말까지 나올 정도였다.

2005년 9월 26일부터 1년 가까이 방송된 일일드라마 〈별난 여자 별난 남자〉는 170부작에 평균 시청률 34%대의 성공작으로 기록됐다. 네 청춘 남녀의 사랑과 야망을 그린 드라마로 화제를 모았다.

번뜩이는 즉석 아이디어로 드라마 제목을 바꿔 주목도를 높인 사례이다.

6장 효율적인 홍보를 위한 전략

나름 홍보실장을 장기간 맡으면서 수많은 실전을 통해 어렵게 익힌 노하우가 없을 수 없다. 체득한 비결을 6가지로 요약해 본다.

홍보 책임자로서의 바람직한 역할이자 조직의 참모로서 갖춰야 할 자세, 덕목이기도 하다.

▷ 먼저 정무적 감각이다

판세를 정확하게 읽을 수 있는 판단력이 요구된다. 상황 판단이 정확해야 뛰어난 경영 전략과 '맞춤형' 대응 전략이 나올 수 있다. 이것은 곧 성과로 이어진다.

판단이 어려울 경우 때로는 입장을 바꿔 보는 역지사지(易地思之) 발상의 전환도 필요하다.

▷ 상사의 의중을 정확히 읽어내야 한다

잘못 판단하면 매일 지적을 받을 수밖에 없다. 이른바 상사의 원트(Want)와 니즈(Needs)를 정확히 파악해야 한다. 경영자가 무엇을 원하고 필요로 하는지를 살펴야 한다.

그러자면 24시간 안테나를 세워 놓아야 한다. 비서실이나 최측근 인사를 통해 CEO의 움직임과 분위기를 감지해야 한다.

▷ 무엇보다 중요한 것은 선제 대응이다

현대그룹에서 정주영 왕회장에게 유일하게 질책을 받지 않고 오히려 칭찬을 받은 인물이 이후 대통령을 지낸 이명박 사장이란 일화가 있다. 그 비결은 다름 아닌 '선제 대응'이었다.

선제 대응은 빠른 판단과 대응 조치를 말한다. 이는 '주인 의식'이 있을 때 가능하다. 실무선에서 먼저 조직의 최대 이익을 위해 어떻게 하는 것이 최선인지를 판단해서 먼저 조치하는 것이 필요하다. 그래야 일처리도 빠르고 위기에도 신속 대응할 수 있다.

군대에서 쓰는 '선(先)조치 후(後)보고'가 여기서도 필요하다. "그거 어떻게 됐어?" 하는 상사의 질문이 있기에 앞서 먼저 처리 결과나 추진 경과가 보고돼야 한다. 그리고 관리자의 질문에 대비해 항상 1안, 2안, 3안까지 준비돼 있어야 한다. 추진 과정에서 대안을 탐색할 때 큰 도움이 된다.

▷ 적확한 타이밍과 순발력도 필수 요건이다

인터넷 매체나 언론에 기사가 발견됐을 때 상사에게 즉시 1보를 보고하는 것이 급선무이다. 그래야 회사 내부에서도 이를 인지해 즉각 대응 체제를 갖출 수 있고 홍보 부서의 책임도 어느 정도 덜 수 있다.

선제 조치 내용을 2보로 보내고 진행 경과를 3보로 보낸다. 언론 보도 내용과 홍보실 조치 반영 여부를 4보로 보내고 5보에서는 대면 보고나 회의용 자료로 이슈 배경, 중간 결과 분석 및 후속대응 대책 등을 요약한다.

1보는 긴급 속보로 일단 휴대폰 문자메시지로 보내고 2보 이후는 문자메시지나 전화로 보고한다. 대부분 중요한 위기 상황일 경우 1보만 보내도 상층부의 전화가 오게 된다. 이렇게 홍보실에서 순발력 있는 선제 조치를 하여 악재를 최소화하거나 사측의 반론 내용이 기사에 반영되면 '수고했다'는 말을 듣게 된다. 그러나 초등 조치가 미흡하거나 아무런 보고가 없었을 경우 그 책임은 온통 홍보실로 돌아오게 마련이다.

▷ 때로는 책사(策士) 역할을 해야 한다

조직에 큰 현안이 발생했을 경우 이를 타개할 솔루션을 제시해야 한다. 풍부한 경험과 정확한 상황 판단 능력, 돌파구를 마련할 아이디어가 있어야 가능하다.

특히 홍보실장은 언론의 창구 역할로 대내외 환경을 폭넓게 조망할 수 있는 위치여서 유연하고 기발한 아이디어가 나오곤 했다. 대책회의나 CEO와의 독대 자리에서 솔루션 아이디어를 제시하면 조직으로서는 활로가 트이고 제안자로서는 능력을 인정받게 된다.

▷ 프로 역량과 승부사 기질도 필요하다

홍보맨들이 맞닥뜨리는 카운터 파트 역시 영향력이 쟁쟁한 언론사 기자들이다. 저널리스트로서의 퍼스낼리티가 강하고 한번 쓴 기사를 손질하기를 꺼려한다. 섣불리 접근했다가 되레 혹을 붙이는 낭패를 당할 수도 있다. 홍보데스크는 대부분 기자 출신이라 상대사 기자와 동종업계끼리 대화가 통하기도 하지만 다른 직종에 있는 홍보맨이 시시비비를 가리려 나섰다 오히려 화를 자초하는 경우도 적지 않았다.

홍보에도 프로세스가 중요하다. 핵심을 정확히 파악해 전략적으로 나서야 해결책이 나온다. 프로 정신과 승부사 기질이 필요한 이유이다.

▷ 홍보맨끼리의 팀워크도 중요한 요소이다

조직의 공동 목표인 홍보를 위해 함께 뛰는 구성원끼리의 화합이 시너지 효과를 낸다. 상호 신뢰와 커뮤니케이션 소통은 필수이다. 국민교육헌장 문구대로 '타고난 저마다의 소질'이 홍보맨에게도 있다. 이른바 특유의 장기(長技)이다.

술을 잘 마시며 취재원과 홍보 대상자와의 평소 인간관계를 잘하는 팀원이 있다. 이런 팀원은 꼭 필요한 대목에서 장애물 제거에 결정적 한 방을 날리기도 한다.

'홍보거리(소재)'를 잘 찾아내는 아이디어맨도 있다. 홍보의 방향을 설정하고 윤활유 역할을 톡톡히 해낸다.

주도적으로 나서지는 못하지만 일단 전략이 짜이면 현장에서 이를 잘 추진하는 '돌쇠형' 직원도 있다. 섭외는 물론 회식 장소를 잘 고르고 분위기를 띄우는 장기 소유자도 있다.

사보, 홍보물을 잘 만들고 웹 홍보에 일가견이 있는 일꾼도 있다. 이런 다양한 특기를 가진 개성 강한 홍보맨들이 서로 뭉쳐 하모니를 이뤄내야 한다. 그런 분위기를 만들어내는 것은 홍보책임자의 역량이자 과제이다.

결국 구성원끼리의 잘 짜여진 팀워크가 성공적인 홍보 성과물을 이끌어낸다.

에필로그

　박사학위 도전, 책 쓰기는 나의 버킷리스트의 주요 과제였다. 다행히 두 가지 목표는 이뤘다. 그러나 기대치를 채우기는 어려웠다. 특히 나의 한평생, 방송 인생을 정리하는 부분은 쉽지 않았다. 공중에 쏘아올린 'ON AIR' 말들을 다시 모으는 작업에 완벽을 기하려다 보니 스토리 전개와 표현이 조심스럽기만 했다.

　방송의 강점과 영향력을 강조하다 보면 지나친 과장과 자화자찬을 경계해야 했다. 그렇다고 이를 낮추면 글의 힘이 약해 보이는 점도 고민이었다.

　1980년대 아날로그 시절의 시대상을 반영한 농업 분야 취재 아이템, 정책으로 이끈 리포트, 국민을 하나로 모은 캠페인 등 방송의 순기능을 살린 다양한 기록은 한 방송실무자의 경험을 넘어 그 시대 공영방송 역사의 한 단면이라는 점에서도 의미가 있을 것이다.

　특히 방송 분야에 꿈이 있는 젊은이가 있다면 실제 방송의 강점과 매력은 무엇인지, 방송은 어떻게 해야 메시지를 효과적으로 전달할 수 있는지를 파악하는 데 다소나마 도움이 되길 바란다.

로컬 TV방송 앵커 20년, 본사 라디오 방송 앵커 5년, 시사토론 MC를 하면서 체득한 경험을 살려 앵커가 방송할 때의 개선 방안을 찾고자 시도했다. 효과적인 앵커 멘트 작성 요령을 제시하고, 앵커 멘트의 리모델링을 예시한 것이 바로 그것이다. 먼저 경험한 방송인으로서 앵커 지망생과 현역 앵커들에게 참고가 되길 바라는 마음에서 언급했다.

나의 평생 직업이었던 방송 생활을 정리하면서 만감이 교차했다. 뿌듯한 마음이 들다가도 아쉬움도 없지 않았다. 그러나 있는 그대로 '내가 걸어온 길'을 정리하려 노력했다.

문득 퇴직 후 첫날, 포항에서 속초까지 해파랑길 304km를 '나 홀로 걷기'에 나섰던 기억이 떠오른다. 힘겨웠던 그때 들었던 프랭크 시나트라의 자전적 명곡 〈마이 웨이〉(My Way) 노랫말이 큰 위안이 됐다.

'Yes, it was my way'(그래, 이게 내 방식이었어)
'I did it my way'(난 그걸 내 방식대로 해냈지)

누구의 인생이든 굴곡이 있게 마련이다. 35년 직장생활 동안 힘들 때마다 마음을 다잡아 준 문구가 있었다. 경주 최부잣집 가훈 육연(六然)에 나오는 '득의담연'(得意淡然) '실의태연'(失意泰然)이다. 뜻을 이뤘다고 우쭐대지도 말고 원하는 대로 안 됐을 경우에도 태연한 자세를 견지하라는 의미이다.

매화는 '모진 추위를 겪은 뒤에야 맑은 향기를 내뿜는다'(梅經寒苦發淸香)는 시경의 문구도 큰 위안이 되었다. 특히 혹한을 이겨낸 '코끝을 치는 봄 매화 향기'를 일컫는 황벽 선사의 '박비향'(撲鼻香)이란 시구는 백미였다.

"누구의 인생에도 비는 내린다"(롱펠로), "그치지 않는 비는 없다"(마크 트웨인)도 힘들 때면 힘이되는 힐링 문구이다.

서재 잘 보이는 곳에 아다지오(Adagio)와 딜리트(Delete), 두 단어를 써 붙이고 생활의 지표로 삼으려 노력하고 있다. '천천히 움직이고 잡념을 제거하자.'

되돌아보면 베이비부머 첫 세대는 급격한 사회 변화를 온몸으로 겪어 내야 했다. 등잔불에서 LED까지, '꺼먹 전화'에서 폴더폰에 이어 5G 시대를 맞고 있다. 1차 산업에서 AI로 상징되는 4차 산업혁명까지를 두루 경험한 '디지로그' 첫 세대이다. 어려움도 많았지만 이를 이겨내고 해냈다는 보람도 크다.
《끝이 좋으면 다 좋아》, 셰익스피어가 쓴 희곡의 제목이다.
고희(古稀) 70을 목전에 두고 나는 감히 선언한다.

"내 인생은 행복했다."
"그리고 앞으로도 행복할 것이다."

'80세에 나무를 심는다'(八十種樹)는 예화가 《송천필담》에 나온다. 하루하루 '긍정'과 '감사'의 마음으로 '행복'의 씨앗을 심고 가꿔 나가려 한다.

여기 이해인 시인이 "새소리에 잠을 깨면서, 선물로 다가온 하루의 시작에 감사하며 한다"는 기도문 구절을 음미하며 이 책의 엔딩 크레딧을 올린다.

"오늘은 그대의 남은 생애의 첫날입니다"("Today is the first day of the rest of your life")
'오늘이 내 남은 생애의 첫날임을 기억하며 살게 하소서!'